Alles was RECHT ist! – Baselbieterinnen auf dem Weg zu Gleichberechtigung und Gleichstellung

Zu beziehen beim	Amt für Museen und Archäologie Rathausstrasse 2 CH-4410 Liestal/Schweiz oder im Buchhandel
Redaktion	Pascale Meyer, Sabine Kubli
Typografische Gestaltung	Marga Haller
Druck	Thür AG, Offsetdruck, Pratteln

© 1992 by Amt für Museen und Archäologie Liestal/Schweiz
ISBN 3-905069-19-9

Alles was RECHT ist!

Baselbieterinnen auf dem Weg zu Gleichberechtigung und Gleichstellung

Begleitpublikation zur gleichnamigen Ausstellung
Herausgegeben von Pascale Meyer und Sabine Kubli

Museum im alten Zeughaus, Liestal
28. März bis 2. August 1992
Archäologie und Museum, Heft 024
Berichte aus der Arbeit des Amtes für Museen und Archäologie des Kantons Baselland

Alles was RECHT ist!

Inhaltsverzeichnis

1	Vorwort «Denn die Frauen werden ja wohl auch zum Volke gezählt werden»	Sabine Kubli Pascale Meyer	9
2	Hebammenwahlen **Das erste Wahlrecht der Baselbieterinnen**	Claudia Wirthlin	19
3	Die Geschlechtsvormundschaft **Die Geschlechtsvormundschaft im 19. Jahrhundert**	Annamarie Ryter	31
4	Mädchenbildung **Ein Hindernislauf durch das Fortschrittsdenken**	Ruth Haener	41
5	Gemeinnützige Frauenarbeit **Frauen stricken Maschen für ein soziales Netz**	Sibylle Benz Hübner	53
6	Waschen im Dorf **«Hesch Wösch?»**	Beatrice Schumacher	69
7	Das Nachtarbeitsverbot **«Sauber und blank für den Sonntag»**	Regina Wecker	83
8	Frauenstimmrecht Baselland 1926–1957 **«Es gelte auszuharren», Teil 1**	Sabine Kubli	97
9	Frauenstimmrecht Baselland 1957–1968 **«Es gelte auszuharren», Teil 2**	Pascale Meyer	113

Inhaltsverzeichnis

1 0 Ein Gespräch — Sabine Braunschweig — 125
Ein Gespräch mit der Baselbieter Politikerin Susanne Leutenegger Oberholzer

1 1 Die Frauenkommission — Mitglieder der Arbeitsgruppe Ausstellung — 131
Die Beratende Kommission für Frauenfragen des Kantons Basel-Landschaft

1 2 Das Gleichstellungsgesetz — Marie-Thérèse Kuhn-Schleiniger — 139
Dem Wohlwollen ein Ende

1 3 Der Gleichstellungsauftrag — Claudia Kaufmann — 151
«Dass die Gleichstellung von Mann und Frau allmählich vom Kampf zur Selbstverständlichkeit wird»

1 4 Das Arbeitsbewertungssystem — Inge Fehlbaum — 161
Diskriminierung durch die Hintertür

1 5 Lohngleichheitsprozesse — Elisabeth Freivogel — 171
Gleicher Lohn für gleichwertige Arbeit

Alles was RECHT ist!

Unterstützung

Die folgenden Personen, Firmen und Institutionen haben uns Gegenstände, Bild- und Dokumentationsmaterial für die Ausstellung zur Verfügung gestellt. Wir danken ihnen für ihre Hilfe, ohne die unser Vorhaben gar nicht hätte verwirklicht werden können.

Beatrice Aegerter, Muttenz
Annalore Bader-Müller, Liestal
Elisabeth Balscheit, Sissach
Basellandschaftliche Zeitung
Ruth Bieder, Ramlinsburg
Liz Berger, Liestal
Frida Bloch, Aesch
Markus Bolliger, Basel
Elisabeth Bühler-Merz, Lupsingen
Familie Buess-Zingg, Oberwil
Büro für Gleichstellung
   von Frau und Mann, Liestal
     (Inge Fehlbaum,
     Marie-Thérèse Kuhn-Schleiniger,
     Danielle Schwab)
Jacqueline Castiglia, Reigoldswil
Gemeindearchiv Sissach
Gosteli-Archiv, Worblaufen
Roland Gretler, Bildarchiv zur Geschichte
   der Arbeiterbewegung, Zürich
Felix Gysin, Mikrofilmstelle
   Staatsarchiv Baselland, Liestal
Martha Jäggy-Bader, Biel-Benken
Susanne Kaufmann-Strübin, Liestal
Helene Kopp-Müller, Liestal
Susanne Leutenegger Oberholzer, Allschwil

Willi Löffel, Ziefen
Susanne Müller, Frick
Plakatsammlung des Museums
   für Gestaltung, Basel
Lina Maier-Mutschler, Basel
Regula Maier-Kubli, Sissach
Ortsmuseum Binningen
Ortsmuseum Arlesheim
Ortsmuseum Birsfelden
Heimatmuseum Reinach
PTT-Generaldirektion, Bern
Frieda Ramp, Binningen
Irene Reinhardt-Schoch, Münchenstein
Ronda AG, Lausen
Peter K. Rudin, Basel
Myriam Spiess, Bubendorf
Hermann Senn, Ziefen
Schweizerisches Sozialarchiv Zürich
Staatsarchiv Baselland, Liestal
Staatsarchiv Basel-Stadt
Marianne Strübin-Hegner, Liestal
Irene Stübi, Hölstein
Peter Suter, Arboldswil
Anneliese Villard-Traber, Basel
Regina Wecker, Reinach
WWZ, Basel

Ein Geleitwort

W Wenn Frauen Rechte verlangten, wurde ihnen seit jeher vom indigniert-ungnädig die Bitte Verweigernden bedeutet, dass ihre Haltung, ihre Wortwahl, ihre Lautstärke usw. ihrem Vorhaben sehr geschadet habe. Der Forderung als solcher sei damit allzuviel und ungebührlicher Nachdruck verliehen worden. Die Bittstellerinnen hätten es sich daher selbst zuzuschreiben, wenn sie nicht zu ihrem – «angeblichen!» – Recht kämen. Darin gleichen «die Frauen» kaum einer andern Gruppe von Bittstellern oder Bittstellerinnen in der Menschheitsgeschichte.

Liest man heute als einigermassen «aufgeklärter» Mann – und ich meine, dieses Buch und diese Ausstellung handeln von einem Thema, bei dessen Diskussion und Beurteilung sich wieder einmal «Aufklärung» (oder eben deren Fehlen) manifestiere – wenn man also die Texte dieses Buches liest, greift einen «des Frauseins ganzer Jammer» wirklich an. Vor allem die «Argumente» der allzuoft allzu gnädig-herablassend-verweigernden Männerherrlichkeit, die sich noch bis weit ins dritte Viertel dieses Jahrhunderts hervortut, erscheinen meist unglaublich trivial und dümmlich, sinnlos und «dämlich». Und doch: schlimmer noch empfinde ich oft genug die Tatsache, dass die uralt-gleichen Argumente (die sich so manches Mal nur noch am nicht wegzudiskutierenden Strohhalm des Sexualdimorphismus halten) auch heute noch anzutreffen sind, je nach dem Grad der «Maskulinität» und auch dem Stand des Durchschnittsalters eines bestimmten Milieus, in welchem man sich bewegt.

Was dieses «Milieu der Aufklärung» im frauenfreundlichen – um das Wort «feministisch» zu vermeiden – Sinn betrifft, darf ich mit Genugtuung feststellen und ist es nicht verwunderlich, dass in einem Betrieb wie gerade unserem Amt für Museen und Archäologie, in welchem das Durchschnittsalter aller rund 70 Beamtinnen und Beamten sowie Angestellten 42 Jahre beträgt (dasjenige des akademischen Personals allein 38,5 Jahre), und in welchem 55 % weiblichen Geschlechts sind – dass also in einem derartigen Betrieb eine gewisse «Gynophilie» gedeihen kann. Dass sich der Vorsteher dieses Betriebes in einem Alter, das immerhin doch 11 Jahre über dem Durchschnitt liegt, mit frauenfreundlichen Themen gerne identifiziert, scheint diesem selbst umso erfreulicher.

Ein Geleitwort

Sabine Kubli, die das Thema Ende der achtziger Jahre angeregt hatte, hat die «kämpferischsten» Verdienste um die Thematik. In Pascale Meyer fanden wir eine ebenso engagierte «Mitstreiterin»; gemeinsam haben die beiden Ausstellung und Publikation konzipiert und realisiert. Beiden Mitarbeiterinnen danke ich herzlich für ihren grossen und engagierten Einsatz.

Das Vorhaben war umfangreich und bedeutend – und damit auch nicht billig; es hätte die regulären Mittel des Kantonsmuseums Baselland, des Museums im alten Zeughaus zu Liestal, weit überfordert. Dass der Regierungsrat des Kantons Basel-Landschaft die Realisierung von Ausstellung und Publikation mit einem ausserordentlichen Beitrag aus dem Lotteriefonds ermöglicht hat, dafür sei ihm namens des Museums, der Autorinnen und der Ausstellungsmacherinnen herzlich gedankt.

Liestal, im Januar 1992
Jürg Ewald

Sabine Kubli
Pascale Meyer

Vorwort

**«Denn die Frauen werden ja
wohl auch zum Volke gezählt werden»**

Alles was recht ist! – Am 14. Juni 1991 legten Tausende von Frauen für einen Tag ihre Arbeit nieder und bevölkerten die Strassen und Plätze kleinerer und grösserer Orte in der Schweiz, um gegen die noch immer nicht verwirklichte Gleichstellung von Frau und Mann zu protestieren. Im August 1862 wandten sich 30 Sissacherinnen empört an den Verfassungsrat und verlangten neben besseren Bildungsmöglichkeiten für Frauen und einem gerechteren Erbschaftsgesetz ganz allgemein: «Räumen Sie überhaupt dem weiblichen Geschlechte gegenüber seinen *Pflichten*, diejenigen *Rechte* ein, welche dasselbe nicht mehr zum untergeordneten Wesen in der menschlichen Gesellschaft machen...».

Zwischen diesen deutlichen Zeichen weiblichen Aufbegehrens liegen 129 Jahre, die uns neugierig gemacht haben. Wir nahmen das Jubiläum «20 Jahre eidgenössisches Stimm- und Wahlrecht der Frauen und 10 Jahre Gleiche Rechte für Mann und Frau» zum Anlass, die Stimmrechtsgeschichte und die Gleichstellungsthematik im Kanton Basel-Landschaft zu untersuchen und 1992 zu präsentieren. Denn für die Baselbieterinnen gilt es heute, der vor 130 Jahren gestellten ersten schriftlichen Forderungen von Frauen nach mehr Rechten zu gedenken.

Alles, «was Recht ist» – eben alles, was im Zusammenhang mit den politischen Rechten der Baselbieterinnen steht, hat uns interessiert. Es ging nicht um eine Beschäftigung mit «der Frau», sondern um die Auseinandersetzung mit der Verflechtung von rechtlichen und gesellschaftlichen Normen und den Lebensrealitäten von Frauen im Kanton Basel-Landschaft.

Frauengeschichtliche Forschung stellt Historikerinnen – und dies nicht nur im Kanton Baselland – vor grosse Schwierigkeiten: Literatur über frauenspezifische Themen fehlt meist. Roger Blum, der Autor der Baselbieter Verfassungsgeschichte, bedauert, dass er so wenig über Frauen berichten könne.[1] Immerhin finden sich einige Quellentexte in den Dokumentenbänden von Fritz Klaus.[2] Einen fundierten Einstieg in die Basellandschaftliche Frauengeschichte bieten jedoch vor allem die mit diesem Forschungsbereich beauftragten Historikerinnen der Forschungsstelle für Baselbieter Geschichte. Trotzdem gestaltet sich die Suche nach Quellen wie die Suche nach der Stecknadel im Heuhaufen. Nahezu die meisten Dokumente der Baselbieter Frauenorganisationen sind in Privathäusern aufbewahrt und entsprechend schwierig zugänglich. Umso grösser war aber die Unterstützung durch die Frauenrechtskämpferinnen und Feministinnen der alten wie der neuen Frauenbewegung. Und doch entstand der Eindruck, dass sie ihre eigenen Leistungen gering schätzen; dass sie ihre Dokumente nicht dem Staatsarchiv übergeben, dass sie sich selten fotografieren liessen und lassen und sich oft nur mit Mühe an ihre Tätigkeiten erinnern können. Die Arbeit über die Frauenrechtsgeschichte in diesem Kanton bedeutete, Grundlagenforschung zu betreiben, die viele Fragen zu anderen Gebieten aufwarf. Wir haben deshalb Historikerinnen, Juristinnen und Ökonominnen beigezogen, die einen breiteren Hintergrund zu den Ausstellungsthemen erarbeiten konnten. Im Gegensatz zu den knapp gehaltenen Ausstellungstexten sollen es die ausführlichen Aufsätze der Begleitpublikation ermöglichen, sich in bequemer Lesestellung gründlich zu informieren.

Die Petition der 30 Sissacherinnen von 1862[3]

Die ersten schriftlich vorliegenden Rechtsforderungen von Baselbieterinnen verdienen besondere Aufmerksamkeit, denn zuvor hatten Schweizer Frauen mit Ausnahme der Bernerinnen, die 1846 gegen die Geschlechtsbeistandschaft petitionierten, keine Ansprüche dieser Art gestellt.[4] Wir drucken die Sissacher Quelle deshalb erstmals im vollen Wortlaut im Anhang ab. Obwohl sie noch nicht vollständig im zeitgenössischen Zusammenhang erforscht ist, gibt sie uns Gelegenheit, punktuell und exemplarisch die schwierige, doch höchst aktuelle und faszinierende Spurensuche nach spezifischen weiblichen Rechts-, Lebens- und Arbeitszusammenhängen zu beleuchten.[5]

Die Petition der 30 Sissacherinnen steht im Zusammenhang mit der Baselbieter Verfassungsrevision von 1862, welche die demokratische Bewegung auf ihrem Höhepunkt erreicht hatte und zu der 75 Petitionen eingereicht wurden. Im schweizerischen Vergleich sehr früh formulierten die Frauen selbstbewusst ihren «Volkswunsch» – «denn die Frauen werden ja wohl auch zum Volke gezählt werden.» Überrascht stockt frau beim Lesen, kennt sie doch die heute noch oft gestellte Frage, ob sie nun «mitgemeint» oder ausgeschlossen sei. Die Bundesverfassung hielt zwar schon 1848 in Art. 4 fest: «Alle Schweizer sind vor dem Gesetze gleich. Es gibt in der Schweiz keine Untertanenverhältnisse, keine Vorrechte des Ortes, der Geburt, der Familien oder Personen». Doch für Schweizerinnen galt dieser Artikel nur bedingt, obwohl mit der Einführung des «allgemeinen» Stimm- und Wahlrechts von 1848 die Vollendung der Demokratie verkündet wurde: die grössere Hälfte der erwachsenen Bevölkerung war eben nicht gleich oder gleichgestellt, sondern von den wichtigsten bürgerlichen Rechten ausgeschlossen. Es dauerte 133 Jahre, bis mit dem Gleichstellungsartikel die begründeten Zweifel der Frauen, ob sie tatsächlich vor dem Gesetze «gleich» seien und zu den «Schweizern» oder dem «Volke» gehörten, ausgeräumt wurden.

Auch der Glaube der Sissacherinnen, ihr «Wunsch» werde «von anderer Seite oder doch aus dem Schoosse ihrer h. Behörde selbst gestellt werden», kommt uns noch bekannt vor. Wie die zu lange dauernde, über 100jährige Geschichte des Frauenstimmrechts zeigt, hat sich die Hoffnung von Frauen in das Gerechtigkeitsgefühl der Behörden trotz gegenteiliger Erfahrungen hartnäckig gehalten. Die Sissacherinnen erkannten in letzter Minute, dass sie ihre Forderungen selber und gemeinsam

Das erste Blatt der vierseitigen «Sturmpetition der Weiber Basellands», wie sie im «Baselbieter» angekündigt wurde.

Die Baselbieterinnen wurden von der revolutionären Kantonsgründung 1832/33 bis zur definitiven Einführung des Frauenstimmrechts 1968 von der «schmutzigen Politik» ferngehalten.

vortragen mussten. Ihre erste, ausführlich begründete Forderung entspricht dem immer wiederkehrenden Postulat der Frauenbewegung nach mehr Bildung, das erst 1981 in den Gleichstellungsauftrag aufgenommen und somit in der Verfassung verankert wurde.[6] Die Sissacherinnen forderten «dass *von Staats wegen mehr* für die Bildung des weiblichen Geschlechts geschehe, als bishin» und die «Abänderung des Erbengesetzes in der Weise, dass in Erbfällen die Vorrechte des Mannes gegenüber dem Weibe aufhören».

«Ist es nicht in der Regel die sorgende Hausfrau, die ihr in die Ehe gebrachtes Vermögen durch Fleiss und Streben am meisten heben hilft?». Die Sissacherinnen stellten Überlegungen an, die heute noch genauso gelten, auch wenn zumindest die erwähnte diskriminierende Erbteilung 1891 aufgehoben wurde.

2

Die den Sissacherinnen «zu Hilfe eilenden» Waldenburgerinnen unterstützten deren Begehren in der Basellandschaftlichen Zeitung und dokumentierten, dass das allgemeine Stimmrecht für Frauen auch schon in dieser Zeit ein Thema, jedoch noch keine dringende Forderung der Frauen war: «Wir Frauen im Waldenburger-Thal schliessen uns den Wünschen der Sissacher Frauen an. Zwar verlangen wir nicht allgemeines Stimmrecht (ein Missverständnis, das durch ein Gerücht über die ‹Sissacher Sturmpetition› entstanden war, A.d.V.), statt dessen aber 1). dass unsere Unterschrift gesetzliche Gültigkeit habe ohne Beistand; 2). Gleichmässige Theilung der Hinterlassenschaft 3). dass wir leichter freie Mittelverwaltung erlangen könnten.»[7]

Das Stimm- und Wahlrecht zu fordern, lag den politisch pragmatisch denkenden Baselbieterinnen (noch) fern. Ihre Kräfte setzten sie ein, um gegen die rechtliche und wirtschaftliche Benachteiligung zu protestieren und um bessere Bildungsmöglichkeiten zu fordern. Und dies unabhängig von ihrer sozialen Lage. Unter den identifizierten 11 Petentinnen waren zahlreiche Posamenterinnen wie auch die Ehefrauen eines Apothekers, eines Bezirksrichters und eines Wagners.[8] Den Sissacherinnen war unabhängig von ihrem Zivilstand oder der Vermögenslage ihres Ehemannes daran gelegen, über ihr erarbeitetes Kapital oder ihr eigenes Vermögen verfügen zu können.

Die wirtschaftliche und soziale Besserstellung der Frauen war auch das oberste Ziel der Vereine, die sich später für das Frauenstimmrecht einsetzten. Um dieses Ziel zu erreichen, kämpften sie für die politischen Rechte, die den Frauen den Zugang zu den Institutionen, in denen die Entscheidungen gefällt wurden, erst ermöglichten. So wie lange Zeit die Stimmrechtsforderungen grosses Aufsehen erregten, aber bis 1959 nirgends in der Schweiz positive Konsequenzen nach sich zogen, fanden auch die «Wünsche wohl des gesamten Frauenvolkes von Baselland» trotz grossem Wirbel in der Presse keine Aufnahme in die Verfassung von 1863.

Auf dem «Weg» der Baselbieterinnen zur Chancengleichheit

Die ersten fassbaren Frauenrechtsforderungen geben mehr Fragen als Antworten auf. Wir liessen uns von ihnen zu den einzelnen Ausstellungs- und Aufsatzthemen leiten: Das erste noch im Gewohnheitsrecht verankerte Wahlrecht der Baselbieterinnen, das Hebammenwahlrecht (Claudia Wirthlin), die erst 1879 aufgehobene Geschlechtsvormundschaft über die ledigen und verwitweten Frauen (Annamarie Ryter), der Stand der Mädchenbildung im 19. Jahrhundert (ruth haener) waren Themen, die im direkten Umfeld der Sissacher Quelle standen. Der hohe Organisationsgrad der Baselbieterinnen und ihre starke Verankerung in Schul-, Kirchen- und Armensachen legten Nachforschungen über die bürgerlichen Frauenvereine nahe (Sibylle Benz Hübner), aber auch das «Gerede» der Frauen im Dorf, z.B. bei einer typischen Frauenarbeit wie dem Waschen, interessierte (Beatrice Schumacher). In dem Ende des 19. Jahrhunderts stark industrialisierten Baselbiet waren viele Frauen in der Textil- und Uhrenindustrie tätig. Schutzgesetze für Frauen in der Fabrikgesetzgebung wie das Nachtarbeitsverbot zementieren bis heute die gesonderte Behandlung der Frauen im Arbeitsbereich (Regina Wecker). Der Weg der Baselbieterinnen zum Stimm- und Wahlrecht sollte aufgrund der Entwicklung der Frauenstimmrechtsvereine (Sabine Kubli und Pascale Meyer) und der Bilanz einer Politikerin, die sich für die Gleichstellung eingesetzt hat, nachvollzogen werden (Susanne Leutenegger Oberholzer). Die aktuelle konkrete Arbeit an der Verwirklichung der Gleichstellung dokumentiert die Arbeitsgruppe der Frauenkommission Baselland. Dazu gehört auch der Entwurf zu einem Gleichstellungsgesetz (Marie-Thérèse Kuhn-Schleiniger) und seine sehr unterschiedliche Aufnahme bei den Kantonen (Claudia Kaufmann). Im Detail eindrücklich sind die Abhängigkeiten von geschlechtsspezifischen Normen bei der Arbeitsbewertung (Inge Fehlbaum) und die Schwierigkeiten von Lohngleichheitsprozessen auf der bestehenden Rechtsgrundlage (Elisabeth Freivogel). Sie zeigen in einem Teilbereich des gesellschaftlichen Lebens die allgemeine Notwendigkeit von Gesetzesrevisionen und Massnahmen zur Verwirklichung der Gleichstellung von Frauen und Männern. Der

1 Vorwort

Die Liestaler Justitia (um 1600) an der Rathausstrasse ist nicht blind wie viele ihrer allegorischen Schwestern – wäre sie doch lebendig!

3

Weg der Baselbieterinnen ist also noch lange nicht abgeschritten. Frauen haben sich Rechte erkämpft und in verschiedenen Lebenssituationen Strukturen geschaffen, die den Weg zur politischen Gleichberechtigung ebneten. Männer hingegen taten (und tun sich heute noch) schwer damit, Machtansprüche aufzugeben und ihre «Sitze» in Regierung und Parlamenten, in Management und Universitäten zu räumen und neue Orte z.B. im Betreuungsbereich, in den Familien zu entdecken.

«Alles was RECHT ist!» – Aufsatzsammlung und Ausstellung zeigen Puzzleteile des immer noch nicht vollständigen und deshalb utopischen Bildes einer verwirklichten Chancengleichheit von Frauen und Männern. Die dreidimensionale Darstellung der wechselseitigen Beeinflussung von Rechtsnormen und Lebensrealität im historischen Zusammenhang war eine grosse Herausforderung für alle an der Ausstellung Beteiligten. Zwei nach Geschlecht getrennte Wege führen einerseits das männliche Publikum direkt in das den Ausstellungsraum dominierende «Herrenhaus». Die Frauen andererseits werden auf den steinigen, aber nichtsdestotrotz interessanten Weg entlang verschiedenen «Frauenorten» geschickt. Diese «Frauenorte», Inszenierungen zu den Themen Frauenvereine, Arbeitsplätze in Industrie, Geburtshilfe, Waschhaus etc. zeigen gesellschaftlich wichtige Räume von Frauen auf. Sie dokumentieren den Gegensatz zwischen Stärke und Handlungsfähigkeiten von Frauen einerseits und diskriminierenden Verordnungen oder verfassungsmässiger Rechtslosigkeit andererseits. Gesetze, Verfassungsparagraphen, Erlasse begegnen daher den BesucherInnen wörtlich auf Schritt und Tritt. Einblicke in das «Herrenhaus» versuchen, eine Entflechtung von Rollenbildern von Frauen und bestehender oder historischer Realität zu vermitteln.

Im Zusammenhang mit dem zeitgenössischen Teil der Ausstellung entwickelte sich eine gute Zusammenarbeit mit der Arbeitsgruppe der Frauenkommission und dem Büro für Gleichstellung. Diese organisierten die Rahmenveranstaltungen. Die Organisation der Schlussveranstaltung übernahmen die Frauen der Abteilung Kulturelles aus der Erziehungs- und Kulturdirektion.

Für die grosszügigen Mittel aus dem Lotteriefonds danken wir dem Regierungsrat des Kantons Basel-Landschaft. Dr. Jürg Ewald – überzeugt vom Ausstellungsthema und voller Vertrauen in unsere Pläne und Arbeit – gab uns jederzeit Unterstützung und half uns bei der Redaktion. Der Grafiker und Gestalter Kurt G.I. Walter brachte unsere Ideen in eine ansprechende Form; den Ausstellungsraum im ersten Stock hat er in einen hindernisreichen, überraschenden Parcours durch die Frauenrechtsfragen des Baselbiets verwandelt. Dass eine Publikation von hoher grafischer Qualität erscheinen konnte, ist das Verdienst der engagiert und sorgfältig arbeitenden Marga Haller.

Allen Mitwirkenden, besonders den zahlreichen LeihgeberInnen und Interviewpartnerinnen sei hier ein grosser herzlicher Dank ausgesprochen.

Januar 1992
Sabine Kubli und Pascale Meyer

Anmerkungen

1
Blum Roger, Die politische Beteiligung des Volkes im jungen Kanton Baselland (1832–1875), Liestal 1977, S. XXVI.

2
Klaus Fritz, Basel-Landschaft in historischen Dokumenten, Liestal 1982/83/85, Bd.1–3.

3
Verfassungsakten B 5/4, Staatsarchiv Baselland, Liestal (StaBL).

4
Das 1850 gestellte Begehren nach «Entlassung der volljährigen Weibsperson aus der Bevogtigung», eines von 33 Postulaten aus einer Petition von Heinrich Völlmin, war vom Verfassungsrat ohne weitere Begründung abgelehnt worden. Vgl. dazu auch: Mesmer Beatrix, Ausgeklammert – Eingeklammert. Frauen und Frauenorganisationen in der Schweiz des 19. Jahrhunderts, Basel 1988, S. 81 ff.

5
Zu Lebens- und Arbeitszusammenhängen von Frauen in der Schweiz vgl. Joris Elisabeth/Witzig Heidi (Hrsg.), Frauengeschichte(n). Dokumente aus zwei Jahrhunderten zur Situation der Frauen in der Schweiz, Zürich 1986.

6
Zur schweizerischen Frauenbewegung vgl. Woodtli Susanna, Gleichberechtigung. Der Kampf um die politischen Rechte der Frau in der Schweiz, Frauenfeld 1975 und Ruckstuhl Lotti, Frauen sprengen Fesseln. Hindernislauf zum Frauenstimmrecht in der Schweiz, Bonstetten, o.J. [1986].

7
Basellandschaftliche Zeitung 20. September 1862.

8
Aus: Familienregister, Kirchen-Akten, E 9 1812–1862, Taufregister, Kirchen-Akten E 9, StaBL sowie Vogts-Verhandlungsprotokoll 1876–1900, Gemeindearchiv Sissach.

Bildnachweis

1
Reproduktion Mikrofilmstelle, StaBL

2
Jakob Senn (1790–1881): Vorstellung einer Landraths-Sitzung zu Liestal, Aquarell, Kantonsmuseum Baselland, 29,5 x 40,2 cm, KM 1950.312

3
Foto Ursula Schild, Rheinfelden

Anhang

An den h. Verfassungsrath des Kantons Baselland

Bürger Präsident!
Bürger Verfassungsräthe!

Wenn die Unterzeichnerinnen dieses Volkswunsches – denn die Frauen werden ja wohl auch zum Volke gezählt werden – erst heute kurz vor Thorschluss mit dieser Zuschrift an Sie tit. gelangen, so entschuldigen Sie diese Verzögerung dadurch, dass wir mit Recht glauben durften, es werde dieser Wunsch von anderer Seite oder aber doch aus dem Schoosse ihrer h. Behörde selbst gestellt werden.

Wir wünschen nämlich:
a) dass *von Staats wegen mehr* für die Bildung des weibl. Geschlechts geschehe, als bishin;
und
b) *Abänderung des Erbsgesetzes* in der Weise, dass in Erbfällen die Vorrechte des Mannes gegenüber dem Weibe aufhören, dass in Zukunft das Vermögen statt wie bishin zu $2/3$ und $1/3$ – zur *Hälfte* auf des Mannes und *zur Hälfte* auf der *Frauen Seite* fallen soll.

Bürger Verfassungsräthe! Hören Sie vorerst die Motive welche unsern Wunsch begleiten, und wir sind gewiss, dass diejenige Behörde, die soeben in § 5 des neuen Verfassungsentwurfes die «Vorrechte» abschafft und alle Bürger gleichstellt, unserm Gesuche entsprechen wird.

Wem liegt gerade die erste Pflege des Menschen ob, als der Mutter? Wer sorgt mehr für die sittliche u. geistige Entwicklung des Kindes und wer legt den religiösen Keim in die junge Pflanze, als gerade die Frau des Hauses, das so verpönte Weib?!

Und wenn die Frau leider nicht allenthalben auf der Höhe ihrer Mission steht, wer trägt daran die grösste Schuld als der Staat dadurch, dass es als allgemeine Regel gilt, das weibl. Geschlecht bedürfe keiner höheren Bildung als etwa nothdürftig einer Haushaltung vorstehen, kochen und waschen zu können, daher gelang es auch der zweiten Gemeinde unseres Kantons welche eine Mädchenschule gründete nur mit Mühe, an diese Fortbildungsanstalt des weibl. Geschlechts einen unbedeutenden Staatsbeitrag zu erhalten.

In unserem Erbrechte nun sind die Vorrechte des Mannes gegenüber der Frau so sehr bloss gelegt, dass sie endlich dem Zahn der Zeit und dem rechtlichen Menschenverstande verfallen sein dürften. Ist es nicht in der Regel die sorgende Hausfrau, die ihr in die Ehe gebrachtes Vermögen durch Fleiss und Streben am meisten heben hilft? die den Gatten (von) manchem flüchtig gefassten Entschlusse abhält, nach welchen die Familie ökonomisch gefährdet würde; sie die Frau erhält beim unersetzlichen Verluste des Familienvaters als der schwächere Theil, denn nur den drittheil des Vermögens, dessen Hauptgründerin sie vielleicht war!

Bürger Verfassungsräthe! Gewiss, Sie müssen zugeben, dass der Mann gegenüber dem Weibe Vorrechte geniesst, und diese wollen Sie ja durch das neue Grundgesetz – die Verfassung – aufheben; und geben Sie diesem schönem Grundsatze Ausdruck dadurch, dass Sie jetzt schon bestimmen, dass bei Berathung der Landesordnung – die nach § 90 des Entwurfes ja unverzüglich revidirt werden soll – das Erbenrecht geändert werden, wie wir angedeutet haben; gründen Sie vorerst, wie für die Knaben, eine Bezirksschulen für Töchter; räumen Sie überhaupt dem weibl. Geschlechte gegenüber seinen *Pflichten*, diejenigen *Rechte* ein, welche dasselbe nicht mehr zum untergeordneten Wesen in der menschlichen Gesellschaft machen, so hat Ihre h. Behörde das Verdienst ein Werk geschaffen zu haben, dessen guten Früchte sicher nicht ausbleiben werden.

Wir haben Ihnen nun die Wünsche wohl des gesamten Frauenvolkes v. Baselland ausgedrückt, haben Sie tit. nun die Güte, dieselben einer aufmerksamen berathung zu unterwerfen, und – Sie werden uns entsprechen. Genehmigen Sie inzwischen die Zusicherung unserer Hochachtung.

Sissach, den 29. August 1862
(30 Unterschriften)

Claudia Wirthlin, lic. phil. I,
Basel, Historikerin, Mitarbeiterin der Forschungsstelle
Baselbieter Geschichte,
Projektthema:
Baselbieter Frauen in der
dörflichen Öffentlichkeit

Das erste Wahlrecht der Baselbieterinnen

Vom Mitbestimmungsrecht der Frauen bei Hebammenwahlen im Kanton Baselland

Gesetzliche Grundlagen

Einer der wenigen Bereiche, in denen Frauen traditionellerweise eine herausragende Rolle spielten, ist das Hebammenwesen. Gebären, Schwangerschaft, Wochenbett und Geburtshilfe galten als reine Frauenangelegenheiten. Wenn es um die Berufung einer Hebamme ging, besassen die Frauen seit jeher ein gewisses Mitspracherecht – im Baselbiet war das bis weit ins 20. Jahrhundert hinein so. Ursprünglich gab es wohl keine Hebammen im eigentlichen Sinn, sondern die Frauen halfen sich gegenseitig bei den Geburten. Generell war das geburtshelferische Wissen unter den Dorffrauen recht breit gestreut, die fähigsten unter ihnen genossen ein besonderes Ansehen und wurden am häufigsten gerufen. Die Frauen gebaren also in «Eigenregie» und bestimmten selber, wen sie als Hebamme beiziehen wollten.

Auch später, als sich Obrigkeit und Staat aus religiösen, moralischen, bevölkerungs- und gesundheitspolitischen Gründen vermehrt in diese traditionelle Frauendomäne einzumischen begannen, mussten die Ansprüche der Frauenwelt – zumindest ansatzweise – berücksichtigt werden. Die «Hebammen-Ordnung für die Hebammen auf der Landschaft» vom 24. Januar 1770 enthält zwar nirgends explizit ein Mitbestimmungsrecht der Dorffrauen bei der Wahl einer Hebamme. In Artikel II heisst es lediglich, eine oder mehrere zum Hebammenamt taugliche Frauen sollten «von der Gemeind ihrem Herrn Pfarrer in Vorschlag gegeben werden».[1] Dass die Frauen aber bei der Vorentscheidung in der Gemeinde mitredeten, ist anzunehmen. Darauf weist auch die «Hebammen-Ordnung für den Kanton Basel» aus dem Jahre 1814 hin, welche diejenige von 1770 ablöst und den Frauen auf der Landschaft ausdrücklich ein Vorschlagsrecht bei der Wahl der Dorfhebamme einräumt. Die «vorläufige Ernennung» hatte laut Artikel 9 folgendermassen vonstatten zu gehen: «Alle verheiratheten Frauenspersonen und Wittwen der betreffenden Gemeinde werden nach einer vierzehntägigen Auskündung unter Vorsitz des Herrn Pfarrers, zur Handhabung der Ordnung in Beysein eines Gemeinderaths, in der Kirche versammelt, und aus der Zahl der sich um die Stelle bewerbenden Personen eine durch das öffentliche Stimmenmehr vorgeschlagen; die Vorgeschlagene wird dem Bezirksarzt angegeben, und dieser macht löbl. Sanitäts Rath eine umständliche Anzeige davon».[2] In der Hebammenordnung von 1814, die auch für die Basler Landschaft galt, ist also zum ersten Mal

Gebärstuhl, verwendet bis um 1900. Die Bezirksärzte mussten z.B. für die Revision der Gebärstühle sorgen und waren verantwortlich dafür, dass jeder Hebamme von der Gemeinde ein Handbuch ausgehändigt wurde.

1

von institutionalisierten Frauenversammlungen die Rede. Das Mitbestimmungsrecht der Frauen wurde gesetzlich verankert. Das lag durchaus im Interesse der Obrigkeit: eine einzelne, durch die Frauen im Dorf legitimierte Hebamme war leichter zu kontrollieren als mehrere, in einem nichtinstitutionalisierten Verfahren auserkorene Geburtshelferinnen, welche ausschliesslich der weiblichen Kontrolle unterlagen. Eine auf diese Weise erwählte Dorfhebamme wurde ein Stück weit dem Einfluss der dörflichen Frauenwelt entzogen: sie musste obrigkeitlichen Ansprüchen genauso genügen wie den Anforderungen, welche die Frauen an sie stellten. Die Beziehungen zwischen Dorffrauen, Hebamme und Obrigkeit boten somit von Anfang an reichen Konfliktstoff.

Im ersten Sanitätsgesetz des neuen Kantons Baselland von 1855, welches die Bestimmungen von 1814 ersetzte, wurde das Vorschlagsrecht der Frauen bei Hebammenwahlen zu einem eigentlichen Wahlrecht ausgebaut. In Artikel 69 hiess es: «Die Wahl der Hebammen geschieht unter dem Vorsitz des betreffenden Gemeindepräsidenten durch die verheiratheten Frauen und Wittwen der Gemeinde».[3] Auch im revidierten Gesetz von 1865 wurde dieser Artikel beibehalten, der in der Folge bis ins Jahr 1908 in Kraft blieb. Im «Gesetz betreffend das Hebammenwesen» vom 28. September 1908 wurde dann obige Gesetzesbestimmung entscheidend eingeschränkt. In Artikel 2 des neuen Gesetzes hiess es zwar immer noch, die Wahl der Hebamme geschehe durch die verheirateten Frauen und die Witwen der Gemeinde und der Gemeindepräsident leite die Wahlversammlung. Zusätzlich hiess es: «Das Protokoll wird vom Gemeindeschreiber geführt. – Die Frauengemeinde kann das Wahlrecht dem Gemeinderat übertragen».[4] Ebenfalls neu war der Zusatz, dass eine Hebamme von der Gemeinde angestellt werden musste, um überhaupt ihren

> «Die Wahl der Hebammen geschieht unter dem Vorsitz des betreffenden Gemeindepräsidenten durch die verheiratheten Frauen und Wittwen der Gemeinde».
> (Sanitätsgesetz von 1855)

Beruf ausüben zu können. Das freie Praktizieren wurde somit verboten. Das Gesetz von 1908 brachte also nicht nur für die Hebammen einschneidende Veränderungen, sondern auch für die Frauen, die sie wählten: diese waren von da an im Begriff, ihr «einziges Wahlrecht» zu verlieren.

Hebammenwahlen in der Praxis

Die Tatsache, dass das Recht, die Hebamme zu wählen, in der zweiten Hälfte des 19. Jahrhunderts gesetzlich verankert wurde, sicherte den Frauen einen ihrer traditionellen Handlungsräume. Bis weit ins 20. Jahrhundert hinein hatten sie in Sachen Hebamme ein gewichtiges Wort mitzureden, und sie waren sich durchaus bewusst, dass das Hebammenwahlrecht das «einzige Wahlrecht» für Baselbieter Frauen überhaupt war. 16 Muttenzer Frauen formulierten es anno 1861 im Schlusssatz einer Wahlbeschwerdeschrift so: «Die ehrerbietigst Unterzeichneten wünschen nun, dass durch einen neuen, besser angeordneten Wahlakt ihnen auch Gelegenheit geboten werde, ihr einziges Wahlrecht auszuüben».[5]

Nicht nur in Muttenz, auch in andern Gemeinden mussten die Frauen dieses Recht immer wieder gegen männliche Übergriffe verteidigen, denn die Behörden auf allen Ebenen versuchten, wo immer möglich, den weiblichen Handlungsraum einzuschränken. Dass Hebammenwahlen – vom Arboldswiler Gemeindepräsidenten anno 1844 etwas verächtlich «Spektakel» genannt – in der Praxis ziemlich anders aussahen als im Gesetzbuch, das sollen die folgenden Einblicke ins Geschehen rund um die Hebammenwahlen in verschiedenen Gemeinden zeigen.

Frauen verteidigen ihren traditionellen Handlungsraum in der zweiten Hälfte des 19. Jahrhunderts zunehmend mit schriftlichen Mitteln: sie schreiben Petitionen und Beschwerden. Hier ein Ausschnitt aus einer Petition aus Allschwil vom 11. April 1863, unterzeichnet von 127 Frauen.

2 Hebammenwahlen

Reigoldswil 1866[6]

Zu Beginn des Jahres 1866 stirbt die ältere der beiden Reigoldswiler Hebammen, Frau Weber-Schweizer. Am 4. März 1866, an einem Sonntagnachmittag, wie gewohnt um 14 Uhr, strömen 76 Reigoldswiler Frauen zur Wahl der neuen Hebamme im untern Schulhaus zusammen. Neben Gemeindepräsident Weber, der die Wahlversammlung leitet, ist auch Pfarrer Linder anwesend, und Lehrer Tschopp fungiert als Protokollführer. Drei Bewerberinnen stehen zur Auswahl; alle haben das gesetzlich vorgeschriebene Maximalalter von 35 Jahren bereits überschritten, was offenbar niemanden stört. Im zweiten Wahlgang wird die 36jährige Wäscherin Elisabeth Tanner mit 45 Stimmen gewählt. Einwände gegen die Wahl werden keine erhoben. – Zehn Tage später stellt ihr der Gemeinderat das erforderliche Leumundszeugnis aus. Er vermerkt darin, dass gegen Elisabeth Tanner keine Klagen vorlägen, und fährt weiter: «...hingegen aber hat sie früher ein uneheliches Kind geboren. – Was die bürgerlichen Rechte und Pflichten anbetrifft, so ist ihr Ehemann nun gegenwärtig im Amtsblatt amtlich ausgeküdet unter dem Namen Heinrich Tanner-Plüssiger, ob sie auch damit verstanden ist, ist uns unbekannt». Auf Betreiben des Gemeindepräsidenten wird Elisabeth Tanner Ende März vom Reigoldswiler Arzt Dr. Zehntner einer genauen Untersuchung unterzogen. Dieser stellt im ärztlichen Zeugnis vom 30. März fest, dass sie an einem Scheidenvorfall leide, der sie aber an der Ausübung des Hebammenberufes nicht hindere, und dass die kleinen Finger an beiden Händen eine leichte Krümmung aufwiesen. Der Regierungsrat, der die Reigoldswiler Wahl bestätigen muss, weist die

Frau Linder war 1910–1925 als Gemeindehebamme von Sissach tätig.

3

betreffenden Akten an Sanitätsrat Dr. Mesmer zurück mit dem Auftrag, er solle prüfen, ob das ärztliche Zeugnis «Anhaltspunkte darbiete zur Nichtbestätigung des Wahlprotokolles». Dr. Mesmer lässt sich zur Überprüfung sechs Wochen Zeit und schreibt dann am 31. Mai 1866 in seinem Bericht: «Frau Tanner aus Reigoldswil ist wegen Steifigkeit der kleinen Finger beider Hände nicht befähigt, den Dienst einer Hebamme gehörig verrichten zu können. – Die Gemeinde ist dazu anzuhalten, eine Neuwahl zu treffen». – Diese Neuwahl findet statt am 12. August 1866. Wieder leitet Gemeindepräsident Weber die Wahlversammlung, und wie gewohnt sind die Herren Pfarrer und Lehrer im Wahllokal anwesend. Drei Bewerberinnen stehen zur Auswahl. Im ersten Wahlgang, an dem sich insgesamt 62 Frauen beteiligen, verwerfen 44 von ihnen die Stimme. Dass diese Protestaktion, an der sich mehr als zwei Drittel der zur Wahl erschienenen Frauen beteiligten, einen Schwall von beschwichtigenden und empörenden Worten der drei anwesenden Herren zur Folge hatte, lässt sich nur vermuten. Denn im zweiten Wahlgang, an dem sich 65 Frauen beteiligen, wird mit 44 Stimmen Margaretha Plattner auf der Säge gewählt, die sich bereits knapp sechs Monate früher zur Wahl gestellt hatte. Sie ist zum Zeitpunkt ihrer Wahl 42 Jahre alt, verheiratet und laut ausführlichem ärztlichem Untersuchungsbericht scheint sie «eine gute Gesundheit zu besitzen, schreibt ordentlich und liest Geschriebenes ziemlich geläufig». Allerdings stellt Dr. Moser auch bei ihr eine Verkrümmung der Finger fest, zudem eine Anschwellung des linken Unterschenkels. Trotzdem empfiehlt er die Gewählte zur Annahme, «umso mehr, da die Auswahl zu diesen Geschäften nicht immer so gross ist, dass sich alle wünschbaren Eigenschaften in einer Person vereinigt vorfinden». – Nach weiteren Verzögerungen – sie muss sich nochmals von einem zweiten Arzt untersuchen lassen – wird Margaretha Plattners Wahl vom Regierungsrat bestätigt, und im April des folgenden Jahres wird sie nach bestandenem Examen patentiert. Da nützt auch der Protest des Reigoldswiler Arztes Dr. Zehntner nichts, der in einem Schreiben an den Sanitätsrat droht, «dass ich keinen Fall von Erkrankung, weder von Mutter noch Neugeborenen zu behandeln gesonnen bin, die diese Frau zu besorgen haben wird, die hier allgemein unter dem Spitznamen ‹Telegraph› bekannt ist».

> Im ersten Wahlgang, an dem insgesamt 62 Frauen teilnehmen, verwerfen 44 von ihnen die Stimme. An dieser Protestaktion beteiligten sich also mehr als zwei Drittel der zur Wahl erschienenen Frauen.

Oberdorf 1877[7]

Am 28. Januar 1877 wird die ledige Elisabeth Wiedmer mit 57 von 104 Stimmen im ersten Wahlgang zur zweiten Hebamme gewählt. Die Wahl geschieht auf Anordnung des Sanitätsrates, und es geht ihr am Vorabend eine vom Frauenverein einberufene Versammlung voraus, an der ungefähr 80 von insgesamt 141 stimmberechtigten Frauen beschliessen, die Anstellung einer zweiten Hebamme sei dringend notwendig. Fünf Tage nach der Wahl richten 12 Oberdörferinnen eine Beschwerde an den Regierungsrat. Als Gründe führen sie folgende Punkte an:

> «Erstens wurde zur Wahl nicht einmal vorgeboten, die Frauen wurden eingeladen vom löbl. Frauenverein Samstag, den 27. Januar Abends im Gemeindelokal zu erscheinen, zur Besprechung behufs Anstellung einer 2. Hebamme, es ist deshalb eine Wahl schon Sonntags den 28. Januar ungültig und nicht gesetzlich, weil gar nicht vorgeboten wurde, noch werden konnte. Das Gesetz spricht deutlich von einem 2mahl 24stündigen Vorbieten, und es haben daher Frauen, die an der Vorbesprechung nicht theilnehmen konnten, von einer Wahl nicht wissen können, wenn nicht per Gelegenheit erfahren hätten. Es kann deshalb das Bieten zu einer Vorbesprechung durchaus nicht für eine spätere Wahl gelten und es ist von jeher eine Norm, dass zwischen Anmeldung und Wahl wenigstens immer 8 Tage verstreichen sollen und ist eine sol-

che ungesetzliche Überstürzung einer so wichtigen Sache noch nie vorgekommen. Eine zweite Ungesetzlichkeit liegt ferner darin, dass Jungfrauen mit kaum 18 Jahren mitstimmen konnten (...). Als dritter Grund bezeichne auch, dass vielen Frauen auch nicht einmal zur Vorbesprechung geboten worden ist...». Der Gemeinderat von Oberdorf, vom Regierungsrat zu einer Stellungnahme aufgefordert, weist sämtliche Vorwürfe vehement zurück: er habe rechtmässig alle Frauen durch den Weibel aufbieten lassen, ledige Frauen hätten höchstens zwei oder drei teilgenommen, was am Wahlresultat nichts ändere, und die meisten der Beschwerdeführerinnen hätten an der Wahl selber teilgenommen. – In der Folge weist der Regierungsrat die Frauen ab; Elisabeth Wiedmer wird als Hebamme bestätigt.

Tenniken 1865[8]

Anlässlich der Hebammenwahlen vom 14. Mai 1865 leitet Pfarrer Wirz stellvertretend für den im Militärdienst weilenden Gemeindepräsidenten die Wahlversammlung. Das Wahlprotokoll schickt er zusammen mit einem Begleitbrief an den Statthalter. Im Brief vermerkt er folgendes: «Hr. Präsident Mundwiler bestimmte zum voraus, dass das relative Mehr gelten solle, (...), und so ist dann Verena Grieder, Tochter der verstorbenen Hebamme gewählt». – Der Regierungsrat, dem der Fall zum Entscheid vorgelegt wird, akzeptiert ein solches Vorgehen aber nicht. Tenniken muss nochmals eine Wahl abhalten und dabei das absolute Mehr berücksichtigen.

Möglichkeiten männlicher Einflussnahme

Die obigen Beispiele zeigen eines ganz deutlich: Die Möglichkeiten der Gemeindebehörden, Hebammenwahlen in ihrem Sinne zu beeinflussen, waren sehr zahlreich. – Die Bewerberinnen für eine Hebammenstelle benötigten z.B. ein Leumundszeugnis vom Gemeinderat ihrer Wohnsitzgemeinde. Stellte dieser ihnen ein schlechtes Zeugnis aus, so hatten sie zwar immer noch die Chance, von den Frauen trotzdem gewählt zu werden. Jedoch verweigerte der Sanitätsrat, d.h. die oberste Gesundheitsbehörde im Kanton, meistens in einem solchen Falle die Wahlbestätigung und ordnete Neuwahlen an. In Frenkendorf ging die gemeinderätliche Kontrolle sogar so weit, dass die Hebammenaspirantinnen vor der eigentlichen Wahl «eine kurze Prüfung in den Fächern Schreiben, Lesen, Verständnis des Gelesenen und mündliche Darstellung» ablegen mussten. D.h. den Frenkendörferinnen wurden 1877 nur diejenigen Bewerberinnen zur Wahl vorgestellt, die vom Gemeinderat vorgängig als genügend gebildet befunden worden waren.

> Es kam manchmal vor, dass eine offene Stelle gar nicht erst in den öffentlichen Aushang kam, weil der Gemeinderat kein Interesse daran hatte.

Der Gemeinderat war auch zuständig dafür, dass die neu zu besetzende Hebammenstelle ordnungsgemäss «ausgekündet» wurde und dass alle stimmberechtigten Frauen rechtzeitig zur Wahl aufgeboten wurden. Es kam manchmal vor, dass eine offene Stelle gar nicht erst in den öffentlichen Aushang kam, weil der Gemeinderat kein Interesse daran hatte. So half er anstelle der Frauenversammlung z.B. 1867 in Liestal tatkräftig mit, eine von Frauenverein und Pfarrer vorgeschlagene Frau zur vierten Hebamme zu machen. Dabei kam es dann zwar doch noch zur Einberufung einer Frauenversammlung. Sie hatte jedoch lediglich Proforma-Charakter, und die wenigen Frauen, die überhaupt daran teilnahmen, segneten widerspruchslos den gemeinderätlichen, resp. pfarrherrlichen Willen ab.

Als Wahlvorsitzendem, der für Ruhe, Ordnung und korrekten Verlauf der Wahl zuständig war, kam dem Gemeindepräsidenten während der Hebammenwahl selber eine wichtige Rolle zu. Er besass zwar kein Stimmrecht, konnte aber durch Reden und Gestik auf die Frauenversammlung grossen Einfluss nehmen. Oft wurde er deshalb von den Frauen der Wahlmanipulation bezichtigt. – Wie das Beispiel Reigoldswil gut veranschaulicht, waren die Frauen solchen Manipulationsversuchen seitens des Gemeindepräsidenten – im Verband mit Pfarrer und Lehrer jedenfalls – nicht immer gewachsen. So schnell wie in Reigoldswil gaben sie aber nicht überall nach: In Lausen beteiligen sich von insgesamt 189 stimmberechtigten Frauen 96 an der Wahl vom 12. Mai 1878. Von diesen 96 legen im ersten Wahlgang 67 leer ein, im zweiten Wahlgang 52 und im dritten immerhin noch 29.

> Oft wurde der Gemeindepräsident von den Frauen der Wahlmanipulation bezichtigt.

Hier muss festgestellt werden, dass es sich die Gemeindebehörden in der zweiten Hälfte des 19. Jahrhunderts auch kaum leisten konnten, die Wünsche und Interessen der «Frauenwelt» gänzlich unberücksichtigt zu lassen. Denn laut Gesetz waren sie ja dem Staat gegenüber dafür verantwortlich, dass die geburtshilfliche Versorgung der Frauen in ihrer Gemeinde gewährleistet war. Sie mussten dafür sorgen, dass eine Gemeindehebamme angestellt wurde. Und so lag es schliesslich in ihrem eigenen Interesse, dass eine gewählt wurde, die möglichst vielen Frauen passte und von ihnen bei möglichst allen Geburten zugezogen wurde. Denn dort, wo der Gemein-

Nicht immer spielte der Gemeindepräsident die erste Geige bei einer Wahlversammlung. In diesem Beispiel aus Ziefen vom 20. Februar 1865 besteht der Wahlvorstand ausschliesslich aus Frauen. Der Gemeindepräsident unterschreibt lediglich das Protokoll am untersten Blattrand (nicht mehr sichtbar).

2 Hebammenwahlen

derat eine Hebamme gegen den Willen der Mehrheit der Frauen durchsetzte, wurde deren Hilfe meist kaum beansprucht. Die Frauen bevorzugten in diesem Fall die Hebamme aus einer Nachbargemeinde oder eine freipraktizierende des gleichen Dorfes. Im schlimmsten Falle trat eine unbeliebte Hebamme schon nach kurzer Zeit zurück, da sie durch die wenigen Geburten kaum genug verdiente, und die Gemeinde stand wiederum ohne offizielle Hebamme da. Eine Neuwahl musste abgehalten werden, die Neugewählte musste zum bezirksärztlichen Unterricht geschickt werden oder – ab 1869 war das die Regel – in einen dreimonatigen Hebammenkurs nach Basel. Der Gemeinde entstanden wiederum Kosten (sie hatte die Hälfte der Ausbildungskosten zu übernehmen), dem Gemeinderat wiederum neue Umtriebe. – Kam noch dazu, dass das Hebammenamt vor allem in kleinen Gemeinden des oberen Kantonsteils alles andere als attraktiv war: minimale Verdienstmöglichkeiten, beschwerliche Fussmärsche bei Wind und Wetter zu den vielen Einzelhöfen. Anwärterinnen auf das Hebammenamt konnten oft nur mit Mühe gefunden werden. Auch die verlängerte Ausbildungszeit hinderte viele Frauen daran, sich für das Amt der Dorfhebamme zu melden. Vielen war es unmöglich, die eigene Familie für längere Zeit sich selbst zu überlassen (bis ca. 1910 waren die Hebammen meist verheiratete Frauen oder Witwen und hatten selber mehrere Kinder).

> Dort, wo der Gemeinderat eine Hebamme gegen den Willen der Mehrheit der Frauen durchsetzte, wurde deren Hilfe meist kaum beansprucht. Die Frauen bevorzugten in diesem Fall die Hebamme aus einer Nachbargemeinde oder eine freipraktizierende des gleichen Dorfes.

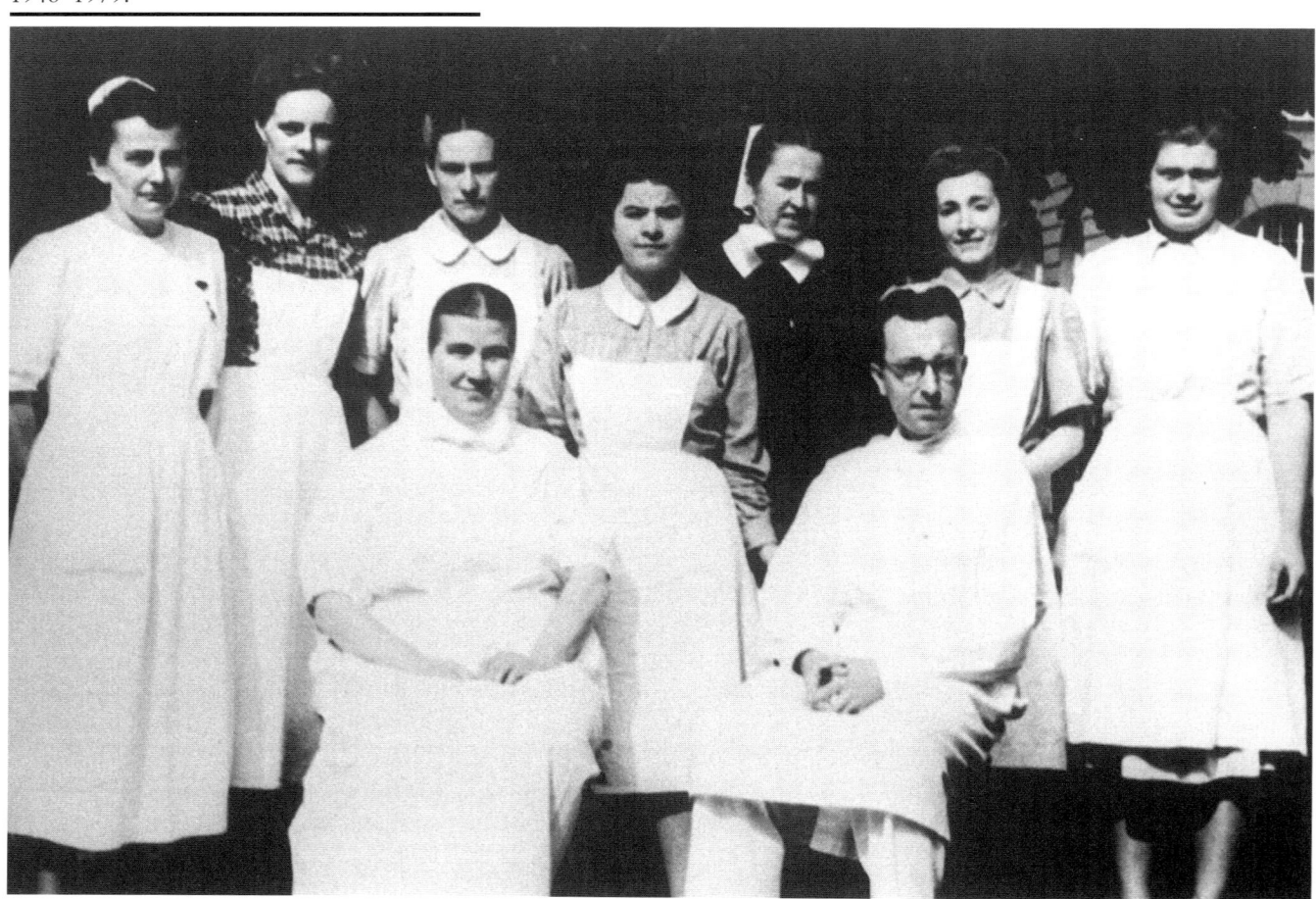

Seit 1869 findet die Ausbildung der Landhebammen meist im Frauenspital in Basel statt. Abschlussklasse 1948. Sitzend: Sr. Margrit Nidecker, Oberhebamme, und Dr. med. von Rütte. Zweite von rechts: Frida Bloch, Hebamme von Aesch und Umgebung 1948–1979.

Unter diesen Umständen wird deutlich: Die Macht der realen Lebensbedingungen setzte der Macht der Gemeindepräsidenten und Gemeinderäte relativ enge Grenzen. Sie konnten auf das Einverständnis der Frauen in ihrer Gemeinde kaum verzichten, wenn es um die Wahl der Dorfhebamme ging. – Unter dem Druck der «Frauenwelt» wurde in der zweiten Hälfte des 19. Jahrhunderts manch ein Gemeinderat gezwungen, gewisse Gesetzesbestimmungen nicht allzu wörtlich zu nehmen. Auch die oberste Gesundheitsbehörde im Kanton, der Sanitätsrat, war – zumindest punktuell – immer wieder gezwungen, sich auf Kompromisse einzulassen (etwa dort, wo eine von den Frauen gewählte Hebamme die zulässige Altersgrenze von 35 Jahren zum Zeitpunkt ihrer Wahl bereits überschritten hatte).

Solche Kompromisse wurden allerdings gegen die Jahrhundertwende hin immer seltener, der Sanitätsrat schien zunehmend eine härtere Linie zu vertreten. Seltener wurden auch Beschwerdeschriften und Petitionen von Frauen, die speziell das Hebammenwahlrecht betrafen. Hebammenwahlen hatten offenbar für die Frauen nicht mehr die gleiche Bedeutung und Wichtigkeit wie in den fünf Jahrzehnten vor 1900. Damit wurde natürlich auch die Stellung der Hebammen innerhalb der Gemeinde und in der Gesellschaft überhaupt geschwächt.

Veränderungen um die Jahrhundertwende und das Gesetz von 1908

Für die Veränderungen um die Jahrhundertwende waren verschiedene Gründe verantwortlich. Auf die wichtigsten will ich hier kurz eingehen:

Um 1900 hatte das traditionelle Prinzip «Frauen wählen eine Frau aus den eigenen Reihen, der sie besonderes Vertrauen entgegenbringen, zur Hebamme» ein Stück weit seine Gültigkeit verloren. «Vertrauen» war nicht mehr der zentrale Begriff, welcher die Beziehung zwischen Hebamme und Dorffrauen definierte. Andere Kriterien waren genauso wichtig geworden, wenn nicht sogar wichtiger: dass die Hebamme eine gute Ausbildung genossen hatte zum Beispiel. – Die Entscheidung darüber, ob eine Hebamme gut ausgebildet war oder nicht, oblag aber seit jeher dem Sanitätsrat, der sie examinierte, und nicht den Frauen. Ob sie aber einer Hebammenanwärterin volles Vertrauen entgegenzubringen bereit waren oder nicht, das konnten nur die Frauen selber entscheiden, dazu war eine Frauenversammlung nötig. Sie konnten auch am besten beurteilen, ob eine Bewerberin über genügende praktische Erfahrung in Sachen Geburtshilfe verfügte. Oft wählten sie die Tochter der abgetretenen Hebamme an deren Stelle.

> In der zweiten Hälfte des 19. Jahrhunderts waren auf medizinischem Gebiet zahlreiche Entdeckungen gemacht worden, die zu neuen Behandlungsmethoden etwa bei Kindbettfieber oder bei Augenkrankheiten der Neugeborenen führten.

In der zweiten Hälfte des 19. Jahrhunderts waren auf medizinischem Gebiet zahlreiche Entdeckungen gemacht worden, die zu neuen Behandlungsmethoden etwa bei Kindbettfieber oder bei Augenkrankheiten der Neugeborenen führten. Vor allem die älteren unter den Dorfhebammen, welche mit diesen neuen Methoden nicht vertraut waren, wurden nun gegen die Jahrhundertwende vermehrt von Seiten der Politiker und Ärzte dafür verantwortlich gemacht, dass die Kindersterblichkeit in der Schweiz im internationalen Vergleich relativ hoch war und Fortschritte in der

2 Hebammenwahlen

Bekämpfung des Kindbettfiebers nur langsam vonstatten gingen. Zunehmend wurden auch Baselbieter Hebammen von Ärzten angezeigt und wegen Pflichtverletzung vor Gericht gebracht. Solchen Anfeindungen seitens der Ärzteschaft waren die Hebammen relativ hilflos ausgeliefert. Ihr Ansehen in der weiblichen Bevölkerung begann Schaden zu nehmen, sie verloren an Rückhalt bei den Frauen ihres Dorfes. Die Frauen selber begannen, die geburtshelferischen Fähigkeiten ihrer Hebammen zu bezweifeln. Diejenigen, die es sich leisten konnten, gingen zur Geburt in ein Spital.

Durch die stete Zunahme der Spitalgeburten nach 1900 verschlechterte sich wiederum die Stellung und das Ansehen der Hebammen im Dorf. Je nach Kantonsteil wurden sie in unterschiedlichem Mass von dieser Entwicklung betroffen. In stadtnahen Gemeinden wie Binningen blieben ihnen praktisch nur noch die sogenannten «Armengeburten» übrig, für welche die Armenkasse nur die niedrigste Geburtstaxe zu bezahlen verpflichtet war. Viele Hebammen erlitten merkliche Einkommenseinbussen, ihre ökonomische Lage, die ohnehin nur selten rosig gewesen war, verschlechterte sich zusehends, und der Konkurrenzkampf unter den Hebammen nahm in der Folge härtere Formen an.

Um dieser Entwicklung entgegentreten und die eigenen Interessen besser verteidigen zu können, gründeten im Jahre 1890 13 Hebammen den Basellandschaftlichen Hebammenverein. Vier Jahre später entstand dann auch ein Verband auf gesamtschweizerischer Ebene, der sich aktiv in die Diskussionen um Besserstellung des Hebammenstandes einmischte. Diese Diskussionen wurden von der Schweizerischen Ärztekammer angeführt, die das gesamte Hebammenwesen der Schweiz reformieren und vereinheitlichen wollte. Ihren Höhepunkt hatten die Debatten in den Jahren 1901 bis 1908. In einigen Kantonen kam es in dieser Zeit gleichzeitig zu kantonalen Gesetzesrevisionen, so auch im Kanton Baselland.[9]

Das Gesetz betreffend das Hebammenwesen vom 28. September 1908 widerspiegelt ganz deutlich die geschwächte Position der Baselbieter Hebammen, wie ich sie weiter oben kurz geschildert habe. Kompetenzverlust und Verlust beruflicher Autonomie wurden nun gesetzlich verankert. Das Mitspracherecht der Frauen bei Hebammenwahlen wurde in seinem Kern angetastet: Die Frauenversammlung konnte das Wahlrecht dem Gemeinderat übertragen. Das erste Mal seit Jahrhunderten wurde es möglich, dass im Baselbiet ein Männergremium eine Hebamme anstellen konnte. In einigen Gemeinden geschah dies bereits kurz nach Erlass des neuen Gesetzes, so z.B. in Binningen, wo «die auf den 3. Mai 1909 gesetzlich aufgebotenen Frauen und Jungfrauen [...] beschlossen, die Hebammenwahl dem Gemeinderat zu übertragen». In andern Gemeinden wiederum wählten bis in die 1940er Jahre hinein weiterhin die verheirateten und verwitweten Frauen die Hebamme. Warum die Frauen in den einen Gemeinden das Wahlrecht schneller an den Gemeinderat abgaben und in anderen länger behielten, geht aus den Akten nicht hervor. Sicher wurden sie aber von den Gemeinderäten auch hier in ihrer freien Entscheidung beeinflusst. Der Binninger Gemeinderat z.B. hatte ein Interesse daran, im Hebammenwesen endlich für Ruhe und Ordnung zu sorgen, denn unter den Binninger Hebammen herrschte um 1910 starke Konkurrenz, was auch hiess, dass die Frauen uneinig waren, wen sie als Hebamme wählen wollten. Für den Gemeinderat war es einfacher, wenn er selber entscheiden konnte.

> Das erste Mal seit Jahrhunderten wurde es 1908 möglich, dass im Baselbiet ein Männergremium eine Hebamme anstellen konnte.

Die fünf Hebammen der «Geburtsstätte und Hebammengemeinschaft» in Muttenz feiern 1991 das einjährige Bestehen ihres in Eigenregie geführten Geburtshauses.

Alles in allem verloren die Baselbieter Frauen mit dem neuen Gesetz von 1908 nicht nur das Wahlrecht, sondern auch eine ihrer wenigen Möglichkeiten, auf eine Angelegenheit von öffentlichem Interesse direkt Einfluss nehmen zu können. Sie hatten nichts mehr zu entscheiden in einem Bereich, in dem sie traditionellerweise das Sagen hatten. Dementsprechend geschwächt wurde die Stellung der Hebammen, die ihre berufliche Autonomie gänzlich verloren und immer mehr zum ausführenden Organ der Ärzte und Spitalvorsteher wurden. Geburt und Gebären wurden nicht mehr als ureigenste Frauenangelegenheiten betrachtet, sondern als Krankheit, die im Spital behandelt werden musste.

Seit einigen Jahren wird diese Auffassung allerdings wieder stark in Frage gestellt, und immer mehr Frauen und Hebammen sind bereit, im Bereich Geburtshilfe vermehrt Eigenverantwortung zu übernehmen und sich für eine von Frauen selbstbestimmte Geburtshilfe einzusetzen. Frauen betrachten wieder vermehrt alles, was mit Schwangerschaft, Geburt und Wochenbett zu tun hat, als Frauensache. – In diesem Sinne versuchen sie überall dort, wo eine Revision des Hebammengesetzes im Gange ist, Einfluss zu nehmen und dafür zu sorgen, dass die veralteten Gesetze ihren Bedürfnissen angepasst werden. Dieser Prozess ist aber noch lange nicht abgeschlossen.

Anmerkungen

1
«Hebammen-Ordnung für die Hebammen auf der Landschaft» vom 24. Januar 1770, Artikel II, Staatsarchiv Basel, Sanitätsakten 16. Jh. 1834, G. 6 Hebammen, geschworene Weiber.

2
«Hebammen-Ordnung für den Kanton Basel, vom 24. Weinmonat 1814», Artikel 9, Staatsarchiv Baselland, Liestal (StaBL), Sanität D. 8.1.

3
«Gesetz über das Sanitätswesen» vom 26. November 1855, Artikel 69, StaBL, Sanität D. 8.1.

4
«Gesetz betreffend das Hebammenwesen» vom 28. September 1908, Artikel 2, StaBL, Sanität D. 8.1.

5
Dieses und sämtliche folgenden Quellenzitate ohne näheren Nachweis wurden dem Aktendossier der jeweils genannten Gemeinde entnommen, abgelegt im StaBL unter der Bezeichnung: Sanität D. 8.3., Hebammen in den einzelnen Gemeinden.

6
Vgl. Anm. 5

7
Vgl. Anm. 5

8
Vgl. Anm. 5

9
Die Debatte wurde u.a. aufgearbeitet von: Bettoli Lorenza, Sorcières, sages-femmes et infirmières, in: Schweizer Hebamme, Nr. 1, 1991, S. 2–7.

Bildnachweis

1
Historisches Museum Luzern

2
Reproduktion Mikrofilmstelle StaBL

3
Fotosammlung Hodel, Gemeindearchiv Sissach

4
Reproduktion Mikrofilmstelle StaBL

5
Frida Bloch, Aesch

6
Foto Christian Roth, Basellandschaftliche Zeitung, Liestal

Die Geschlechtsvormundschaft im 19. Jahrhundert

Im Widerspruch zur liberalen Verfassung des Kantons Basel-Landschaft

Annamarie Ryter, lic. phil. I, Basel, Mitarbeiterin der Forschungsstelle Baselbieter Geschichte, Projektthema: Veränderung der Handlungsräume von Frauen im 19. und 20. Jahrhundert

Konstanzie Brodbeck aus Therwil schreibt eine Beschwerde

«Unsere Kantons-Verfassung garantiert jedem Bürger (der Bürgerin?) Sicherheit von Ehre, Freiheit, Leben und Eigenthum, Ähnliches spricht auch die Bundesverfassung aus...».

So begann Konstanzie Brodbeck im Jahre 1876 ihre Beschwerde an den Regierungsrat. In jedem ihrer Sätze schwingt helle Empörung mit: Der Gemeinderat von Therwil habe einfach verfügt, ihr Land sei zur Gant freizugeben – ohne ihre Einwilligung, wohlverstanden – so etwas müsse doch Gesetz und Verfassung widersprechen! «Letzten Sonntag wurde an hiesiger Gemeindeversammlung die Gantbewilligung abgelesen und mir die Mähr hinterbracht: ich glaubte es nicht. Montag Abends begegnete mir auf der Strasse H. Gemeindepräsident Brodbeck und sagte mir: *«Es wird Dir Dein Land vergantet, weil du dasselbe doch nicht ordnungsgemäss anpflanzest.»* Mein Staunen war unaussprechlich! ...Das mir gehörende Land ist mein wohl- und rechtlich erworbenes Eigenthum, an solches hat weder der Staat, noch Gemeinde, noch Verwandte, noch Kind ein Anspruchsrecht – ich habe keine Schulden – wenigstens nicht solche, welche zur Betreibung übergeben sind. Ich verlange weder von Gemeinde, noch von Privaten Unterstützung; ich bezahle Abgaben und Steuer, so gut und bald wie jeder andere... Ich bin nicht fallit, nicht liederlich, nicht schlecht – ich bin einfach nur als Weibsbild bevogtet, aber damit werde ich doch nicht Sklavin sein? Bin ich Eigenthümerin, oder der Vogt, oder die Gemeinde? *Ich* bin es, und wenn ich gerne mein Land *ein oder zwei Jahre brach liegen lasse* – oder gerne Nesseln pflanze, wird wohl Niemand *das Recht* haben, mir deshalb mein Eigenthum abzusprechen.»[1]

Konstanzie Brodbeck täuschte sich. Mochte sie ihre Rechtschaffenheit noch so sehr betonen und sich gegen «liederliche» Menschen abgrenzen, ihr Verhalten spielte in dieser Angelegenheit keine Rolle. Als nicht verheiratete Frau war sie – zwar nicht gerade den unmündigen Kindern – wohl aber den kriminellen, verschwenderischen und geistesbeschränkten Männern gleichgestellt, eben «einfach nur als Weibsbild bevogtet» (= unter Vormundschaft gestellt). Denn § 1 des Baselbieter Vormundschaftsgesetzes von 1853 bestimmte, dass «alle mehrjährigen Weibspersonen» prinzipiell unter Vormundschaft standen. Das bedeutete, dass sie keine rechtsgültige

3 Die Geschlechtsvormundschaft

Unterschrift ohne ihren Vormund tätigen konnten oder dass ein Mann sie vor Gericht vertreten musste (persönliche Angelegenheiten wie z.B. Scheidung ausgenommen). Zwar durften die ledigen, geschiedenen und verwitweten Frauen wie auch die unter Vormundschaft stehenden Männer über ihren laufenden Verdienst verfügen, das Vermögen hingegen verwaltete der Vormund.

Insofern hatten der Vormund von Konstanzie Brodbeck und der Gemeinderat rechtmässig gehandelt. Sie konnten eine Gant verfügen, wenn sie es für richtig hielten. Die Frau war zwar rechtlich die Eigentümerin, doch die Behörden entschieden, was mit ihrem Land geschah. Folgerichtig antwortete der Regierungsrat denn auch: «Es wird der Beschwerdeführerin erwidert, dass der Vogt und nicht die Bevormundete die Einwilligung einzuholen, bzw. zu ertheilen hat, dass jedoch der Bevormundeten das Recht zusteht, gegen solche Verfügungen beim Gemeinderath Einsprache zu erheben mit Rekursrecht an den Bezirksrath, bzw. den Regierungsrath. Sollte eine Einsprache erhoben werden, so ist die Gant bis nach gegebenem Entscheide zu sistiren.»

«Die Verfassung anerkennt und gewährleistet die Rechte der Menschen auf Leib, Leben, Ehre und Vermögen.» Wie liess sich dieser Satz mit der Geschlechtsvormundschaft vereinbaren?

Ob Konstanzie Brodbeck diesen Rekurs schreiben liess und die Versteigerung ihres Landes aufschieben oder gar verhindern konnte, wird aus den Akten nicht klar. Jedenfalls wurde bis 1878 im Amtsblatt keine Gant unter ihrem Namen angekündigt. Kostanzie Brodbeck hätte längerfristig jedoch noch eine andere Möglichkeit gehabt, sich zu wehren. Sie hätte sich beim Gemeinderat um die sogenannte «freie Mittelverwaltung» bewerben können, «...wodurch sie von der Vormundschaft gänzlich befreit wird, und das Recht erlangt, gleich einem Manne ihr Vermögen selbst zu verwalten und darüber zu verfügen.»[2] Dabei hätte sie nur hoffen können, dass ihr Gemeinderat und Bezirksrat günstig gestimmt gewesen wären und ihr diese Bewilligung erteilt hätten. Ein Anrecht darauf hatte sie nicht.

1

Helvetia übergibt die Bundesverfassung vom 12. September 1848 an die versöhnten Schweizer. Das symbolische Bild spiegelt das damalige Verständnis von der Schweiz sehr klar: Es scheint ein Volk von Männern. Für sie gelten die in der Verfassung garantierten Rechte. Die einzige Frau auf dem Bild, Helvetia, wird zwar mit Kranz geehrt, sitzt aber doch im Schatten des dominanten Schweizer Kriegers und Fahnenträgers.

Konstanzie Brodbecks Gretchenfrage bleibt: Wie hatte es die fortschrittliche und liberale Verfassung des Kantons Basel-Landschaft mit der Bürgerin? In § 4 der Verfassung von 1863 lesen wir: «Die Verfassung anerkennt und gewährleistet die Rechte der Menschen auf Leib, Leben, Ehre und Vermögen.» Wie liess sich dieser Satz mit der Geschlechtsvormundschaft vereinbaren? Bedeutete «Recht auf Vermögen» etwa noch lange nicht das «Recht auf die Verfügung über das Vermögen»? Oder zählten die Frauen etwa nicht zu den Menschen? Sich auf die Grundsätze der Verfassung zu berufen, scheint jedenfalls für Frauen wenig erfolgversprechend gewesen zu sein. Einige der garantierten Rechte galten schlicht nur für die Männer.

Die Wurzeln und Blüten der Geschlechtsvormundschaft

Die ledigen, geschiedenen und verwitweten Frauen waren nicht mehr diskriminiert als die verheirateten, denn diese standen im 19. Jahrhundert unter der Vormundschaft des Mannes und waren in ihrer Handlungsfähigkeit ähnlich beschränkt.

Die Vormundschaft der Männer über die Frauen hatte ihren Ursprung im patriarchalischen germanischen Recht, wo Frauen als Töchter zuerst unter Schutz und Munt des Vaters, dann des Ehemannes standen. Rechtsfähigkeit und Waffen tragen gehörten zusammen. Obwohl die Waffen im Alltag immer unwichtiger wurden, blieb die Geschlechtsvormundschaft bis ins 19. Jahrhundert erhalten. Sie wurde jedoch sehr unterschiedlich ausgelegt. Während im Mittelalter Frauen grossen Spielraum hatten, die männlichen Vertreter oft von den Frauen vorgeschoben wurden und meist selbst bestimmt wurden,[3] verschärfte sich die Situation im 16./17. Jahrhundert wieder. Frauen wurden wieder völlig handlungsunfähig. Argumentiert wurde nun neu mit der charakterlichen Unfähigkeit der Frauen, sich durchzusetzen, denn diese bedürften männlicher Fürsorge.[4]

«…denn das 15. Jahrhundert schafft sich im 19. Jahrhundert keine Geltung mehr!» So argumentierte Konstanzie Brodbeck und wollte die Rückständigkeit und Willkür des gemeinderätlichen Verhaltens betonen. Sie wusste nicht, dass es für sie im 15. Jahrhundert weit einfacher gewesen wäre, die drohende Landversteigerung zu verhindern als im Jahre 1876. Die Gründe für diesen Rückschritt für Frauen hängen mit gesellschaftlichen und ökonomischen Veränderungen zu Beginn der Neuzeit zusammen. Sie sind jedoch wie viele frauenspezifische Themen im einzelnen noch kaum erforscht.

> Die Geschlechtsvormundschaft dauerte bis fast zum Ende des 19. Jahrhunderts; die Schweiz als demokratisches Land war einer der letzten Staaten in Europa, der diese Bestimmung aufhob.

Erstaunlich mag auf den ersten Blick mehreres erscheinen: Die Geschlechtsvormundschaft dauerte bis fast zum Ende des 19. Jahrhunderts; die Schweiz als demokratisches Land war einer der letzten Staaten in Europa, der diese Bestimmung aufhob; und innerhalb der Schweiz blieb der liberale Kanton Baselland einer der letzten, der Frauen noch wie kriminelle und verschwenderische Männer behandelte. Andere Kantone hatten die Geschlechtsvormundschaft gar nie gekannt. So ergibt sich die Vermutung, dass die Ungleichheit der Geschlechter nicht nur ein Überbleibsel des alten Systems vor der Revolution war, sondern ebenso ein zentrales Ordnungselement des jungen Kantons.

3 Die Geschlechtsvormundschaft

Erst 1881 – also sieben Jahre nach der revidierten Bundesverfassung – stellte ein Bundesgesetz die unverheirateten Frauen punkto Handlungsfähigkeit den Männern gleich. Immerhin hatten die Baselbieter Männer sich schon zwei Jahre vorher durchringen können, ihr Ja-Wort zur Aufhebung der Geschlechtsvormundschaft zu geben, wenn auch nur für Frauen über 24 Jahren.

Die politische Diskussion um die Aufhebung der Geschlechtsvormundschaft

Geschlechtsvormundschaft und freie Mittelverwaltung waren schon lange vor 1879 auf der politischen Ebene angesprochen worden. Als erstes nahmen zwei Petitionen zur Verfassungsrevision 1850 das Thema auf. Darüber diskutiert wurde jedoch kaum. Bei der Revision des Vormundschaftsgesetzes 1853 setzte sich Justizdirektor Rebmann eindringlich für die Aufhebung der Geschlechtsvormundschaft ein. Er bezog sich dabei auf seine langjährige Erfahrung als Bezirksschreiber und argumentierte mit der ungerechtfertigten Schlechterstellung der Frauen gegenüber den Männern: «So finden wir nun im ganzen civilisierten Europa, mit Ausnahme von wenigen Kantonen der Schweiz, die Frauen eine selbständigere, würdigere und ehrenvollere Stellung einnehmen als bei uns... Unser altes Gesetz geht von der Ansicht aus: der dümmste Mann sei klüger und geschäftskundiger als eine Frau. Dass diese Ansicht total falsch sei, brauche ich nicht nachzuweisen.» Im Gegenteil: «Das weibliche Geschlecht hat offenbar viel weniger Anlass zu Ausgaben viel weniger Hang zur Verschwendung, als die Männer, alle Sparkassen liefern den Beweis, dass sie unter ungünstigen Verhältnissen mit weniger Lohn mehr zurücklegen als die Männer. Wie manche Haushaltung ginge zu Grunde, wann die Frau nicht dem Verderben entgegen arbeitete.»[5]

> Justizdirektor Rebmann:
> «Unser altes Gesetz geht von der Ansicht aus: der dümmste Mann sei klüger und geschäftskundiger als eine Frau. Dass diese Ansicht total falsch sei, brauche ich nicht nachzuweisen.»

Als Beweis führte er Zahlen aus andern Kantonen an: Alle befragten Regierungen bestätigten, dass bei ihnen deutlich weniger, z.T. nur ¹/₁₀ aller wegen Verschwendung Bevormundeter Frauen seien. Es machte keinen Unterschied, ob die Kantone die Geschlechtsvormundschaft nie gekannt hatten, wie Freiburg, Neuenburg, Thurgau und Zürich, oder sie erst vor ein paar Jahren aufgehoben hatten, wie Bern und Solothurn. Keiner der Kantone hätte schlechte Erfahrungen damit gemacht und wünschte eine Wiedereinführung.[6] Rebmann konnte wohl die Regierung von seinem Anliegen überzeugen, nicht aber die Mehrzahl der Landräte. Seine Gegner argumentierten kurz und bündig: «Matt ist mit der allgemeinen Aufhebung der Geschlechtsvormundschaft nicht einverstanden. Sie sei weder nothwendig noch Bedürfniss.» Landrat Buser räumte zwar ein: «Es gäbe wohl Frauen, die fähiger für Landräthe wären, als mancher... das aber könne ihn von seiner Meinung nicht abbringen. Er nehme es an sich selbst ab: er habe sieben Kinder, aber wenn er sterbe und seine Frau nicht einen scharfen Vogt erhalte, so gehe es ihr übel.» Und Major Jörin «will die Aufhebung der Bevormundung der Weibspersonen nicht als Zwang aufstellen und die Befreiung nur da eintreten lassen, wo sie speziell verlangt wird.»[7] Diese Argumentation leuchtete offenbar ein: der Landrat entschied sich für die vorgeschlagene Lösung. Frauen «durften» freiwillig weiterhin Gesuche beim Gemeinderat stellen, zur Freiheit und zu gleichen Rechten mit den Männern «gezwungen» wurden sie nicht.

Das Volksblatt kommentierte, es gehe um eine Generationenfrage: «Diese Neuerung wollte den älteren Mitgliedern nicht so recht in den Kopf, während die jüngeren ihr freudig zustimmten.»[8] Hinter der Ablehnung standen aber auch handfeste materielle Interessen: Die Geschlechtsvormundschaft war ein Mittel der Gemeinden, das Vermögen der Bürgerinnen zu kontrollieren und damit zu verhindern, dass sie allenfalls die Armenkasse belasten würden. Nicht zufällig war in den fünfziger Jahren nach der grossen Hungersnot 1847/48 und der folgenden Rezession die Verarmung der Unterschichten das Thema in den Gemeinden. 1859 wurden in diesem Zusammenhang auch die Heiratsverbote für arme Leute gesetzlich verankert.

Gesetz
über
Aufhebung der Geschlechtsvormundschaft.
(Vom 17. März 1879.)

Im Namen des souveränen Volkes!

Der Landrath des Kantons Basellandschaft beschliesst als Gesetz:

§ 1. Die Geschlechtsvormundschaft ist aufgehoben.

Erst über 25 Jahre später stand die Aufhebung der Geschlechtsvormundschaft wieder zur Debatte, aufgrund einer Motion aus dem Landrat, diesmal in einem speziellen Gesetz. Der Justizdirektor argumentierte mit den Unterlagen von 1853. Wieder entstand heftige Opposition; eine Gruppe von Landräten forderte Vertagung der Materie bis zu einer Revision des Vormundschaftsgesetzes, die im übrigen nicht zur Debatte stand. Dennoch passierte die Vorlage diesmal den Landrat, wenn auch verändert: Frauen sollten erst mit 24 Jahren die freie Vermögensverwaltung erlangen. Sie brauchten offenbar nach Ansicht der Landräte vier Jahre länger als die Männer, um reif für die Vermögensverwaltung zu werden. So gelangte das Gesetz im Jahre 1879 vor die stimmberechtigten Männer, genannt «das Volk». Von ihnen stimmten 58 Prozent der Aufhebung der Geschlechtsvormundschaft zu. Möglicherweise spielte dabei eine Rolle, dass ein Bundesgesetz im Zusammenhang mit der Ausarbeitung des Obligationenrechts ohnehin absehbar war.

> In einem Leserbrief von 1879 steht durchaus zu Recht: «Unter den Vorlagen zu dieser Abstimmung wird wohl die zweite, das Gesetz betreffend die Förderung der Viehzucht am meisten von sich reden machen.»

Grosse Wellen warf das Gesetz in der Öffentlichkeit jedenfalls nicht. In einem Leserbrief von 1879 steht durchaus zu Recht: «Unter den Vorlagen zu dieser Abstimmung wird wohl die zweite, das Gesetz betreffend die Förderung der Viehzucht am meisten von sich reden machen.»[9] Die Viehzucht war offensichtlich brisanter als die Aufhebung der Geschlechtsvormundschaft. Über diese wurde in der Zeitung nicht diskutiert.

Strategien der Frauen

Auch Frauen äusserten sich nicht öffentlich, soweit dies noch nachprüfbar ist. Weder die Sissacherinnen, noch die Waldenburgerinnen, die noch 1862 gefordert hatten, ohne Beistand unterschreiben und leichter freie Mittelverwaltung zu erlangen, schrieben 1879 in die kantonalen Zeitungen. (Zu den ersten Frauenrechtsforderungen vgl. Vorwort von Sabine Kubli und Pascale Meyer.) Es gibt kein Zeugnis, dass sich Frauen als Gruppe für ihre Rechte eingesetzt hätten. War die Aufhebung der Geschlechtsvormundschaft kein Bedürfnis von Frauen, sondern eher ein Anliegen konsequent denkender aufgeklärter Männer? Oder handelten die Vormünder im Einklang und im Interesse ihrer Mündel, so dass sich Frauen – wie es der Gesetzgeber auch vorsah – in der Fürsorge und dem Schutz aufgehoben sahen? War also Konstanzie Brodbeck eine Ausnahme, ein Einzelfall? Oder fanden Frauen etwa individuell andere Wege, die Gesetzesvorschriften zu umgehen?

> Frauen äusserten sich nicht öffentlich, soweit dies noch nachprüfbar ist: es gibt kein Zeugnis, dass sich Frauen als Gruppe für ihre Rechte eingesetzt hätten.

Laut Gesetz waren die Vormünder verpflichtet, im Interesse ihrer Mündel zu handeln. Sie hafteten mit ihrem Vermögen für verschuldete Verluste und mussten dem Gemeinderat Rechenschaft ablegen, der seinerseits wieder haftbar war. Über Jahre hinweg beklagte sich jedoch der Regierungsrat über die mangelhafte Kontrolle der Vögte. Vogtrechnungen würden nicht abgenommen und die Vermögen nicht versichert; «Es wäre auch ein grosser Irrtum, anzunehmen, die Vögte seien lauter geschäftskundige und geschäftserfahrene Leute...».[10] Das erstaunt kaum, waren doch z.B. im Jahre 1851 1/5 aller mündigen Bürger Vormünder und stand umgekehrt 1/7 der Gesamtbevölkerung unter Vormundschaft![11]

Einzelne Beschwerden und Fälle führen die Missbräuche von Vögten drastisch vor Augen. So wollte z.B. die Witwe Barbara Strub aus Läufelfingen ihrem Sohn Fr. 5000.– aus ihrem Vermögen leihen, um seine Hypothek abzuzahlen, alle Erben und der Gemeinderat waren damit einverstanden. Ihr Vormund jedoch, der Weinhändler Emil Strub in Ormalingen «...habe nun aber deren Vermögen in seinem Geschäft stecken und habe deshalb in Läufelfingen eine Gemeindeversammlung veranlasst, an welcher beschlossen wurde, dass das Vermögen der Witwe Strub nicht dürfe herausgegeben werden.»[12] Das widersprach nun aber dem Gesetz, die Vormundschaftsbehörde war der Gemeinderat, und so bestimmten Bezirks- und Regierungsrat, dass Frau Strub das Geld ausleihen dürfe. Sehr häufig jedoch zogen Vormund und Gemeinderat am gleichen Strick. Das machte eine Einsprache schwieriger. So sah auch die oben zitierte Konstanzie Brodbeck den Grund für das Verhalten der Behörden in deren Eigeninteresse: «Es sind mein Stücklein Land zum Arrondieren geeignet und haben Liebhaber.» Auch Lydia Biedermann erfuhr die Interessen der Gemeinde in bezug auf ihr Geld. Sie wollte 1877 von ihrem Vermögen Fr. 30.– abheben, um einen Hausiererhandel anzufangen. Der Gemeinderat fand jedoch, sie solle lieber dienen, denn «Ihr Vermögen beträgt etwa 700 Frs. und sollte unserer Ansicht nach nicht jetzt schon angegriffen werden, sondern für Fälle, wo sie krank oder altersschwach und arbeitsunfähig ist... bleiben.»

Diese Argumentation wiederholt sich fast stereotyp. Die Gemeinden versuchten, das Vermögen der Bevormundeten weitgehend zu blockieren, betrachteten es als Reserve und Versicherung für Notjahre. Dies geschah wohl ebensosehr zum

Schutz der Gemeindekasse wie der Bevormundeten. Denn wurden die Frauen armengenössig, musste die Armenkasse bezahlen. Dem galt es vorzubeugen. So zog sich jede Frau, die von ihrem Vermögen Geld abheben wollte, sehr leicht den Vorwurf der Unfähigkeit und Verschwendung zu, ungeachtet ihrer Lebenssituation. Wer jung und gesund war, konnte vom Verdienst leben, punkt. Das sollte auch die Witwe Elisabeth Frey von Titterten begreifen, die der Gemeinderat 1879 als Verschwenderin unter Vormundschaft behalten wollte. Sie habe Fr. 450.– geerbt und seit zwei Jahren alle Vierteljahre Fr. 25.– bis 30.– abgehoben. Dass sie als einfache Frau damit und aus ihrem Verdienste sieben Kinder durchbrachte, tat für die Vormundschaftsbehörde nichts zur Sache.[13] Doch die Gemeinde redete nicht nur bei einschneidenden Veränderungen im Lebenslauf, wie Tod des Partners, mit. Vielen Frauen mit geringem Verdienst war es nicht möglich, die laufenden grösseren Rechnungen aus ihrem Lohn zu bezahlen. Folglich mussten sie stets Vogt und Gemeinderat um Erlaubnis bitten. So erlaubt z.B. der Gemeinderat Sissach dem Vogt der Maria Schweizer in Basel, ihr Fr. 35.– aus ihrem Vermögen zur Anschaffung eines Bettes zu geben.[14]

Geschlechtsvormundschaft bedeutete also für Frauen nicht eine ferne rechtliche Bestimmung, sondern hatte einschneidende Konsequenzen für ihren Alltag und ihre Lebensgestaltung. Sie setzte sie einer ständigen Kontrolle der Heimatgemeinde aus. Umso unverständlicher erscheint es, dass Frauen sich nicht heftiger in der Öffentlichkeit für die Aufhebung der Geschlechtsvormundschaft eingesetzt hatten.

> Geschlechtsvormundschaft bedeutete also für Frauen nicht eine ferne rechtliche Bestimmung, sondern hatte einschneidende Konsequenzen für ihren Alltag und ihre Lebensgestaltung.

In den Akten finden sich allerdings Hinweise darauf, dass Frauen individuell das Gesetz umgingen, resp. zu ihren Gunsten bogen. Oft waren Brüder und andere nahe männliche Verwandte Vormünder. Ob die Frauen häufig selbst ihren Vormund auswählten, kann ich nicht sagen. Jedenfalls bestand die Möglichkeit, dass die Vormundschaft nur auf dem Papier existierte – vorausgesetzt, eine Frau verstand sich mit ihrer Familie! Immerhin betonte der ehemalige Bezirksschreiber und Justizdirektor Rebmann 1853: «Aber die Bemerkung habe ich oft machen können, dass die Vogtsfrauen viel klüger und einsichtsvoller waren als ihre Vögte, dass sie ihnen die Verwaltung gleichsam aus den Händen nahmen und den Vogt dann bei vorkommenden Rechnungen unterzeichnen liessen, was sie selbst gemacht hatten.» Auch wollte er von Ausbürgerungen wissen, die Frauen erreichten, weil sie der Bevormundung entgehen wollten.[15] Eine ganz andere Taktik wählten die Schwestern Erb aus Gelterkinden. Ihr Vogt beklagte sich 1865 über seine inzwischen über 50 Jahre alten Mündel, sie hätten ihm Wertschriften vorenthalten und Vermögen verheimlicht, so dass er längere Zeit über ihr wirkliches Vermögen im unklaren gewesen sei.[16]

Und schliesslich konnte prinzipiell jede Frau bei Gemeinde- und Bezirksrat die freie Mittelverwaltung verlangen. Von dieser Möglichkeit machten offenbar viele Frauen Gebrauch. Obwohl die Zahlen unvollständig sind, lässt sich doch annehmen, dass seit den sechziger Jahren stets 1000–1500 Frauen im Kanton dieses Recht besassen. Laut offizieller Statistik waren es 1869 z.B. 1336 Frauen. Vergleicht man diese Angaben mit der Volkzählung von 1870, so wären es rund ein Viertel der ledigen, geschiedenen und verwitweten Frauen über 24 Jahren und ein Fünftel jener über 20 Jahren, die über ihr Vermögen verfügen konnten.[17] Wie oft Gemeinden Gesuche

3 Die Geschlechtsvormundschaft

ablehnten, lässt sich nicht leicht herausfinden. Für wohlhabende Frauen dürfte es nicht schwierig gewesen sein, die Mittelverwaltung zu erreichen, hatten doch ihre einflussreichen männlichen Verwandten allen Grund, ihr Gesuch zu unterstützen und damit den Gemeinderat von den familieninternen Entscheiden über das Vermögen auszuschliessen. Für die armen Frauen ohne jedes Vermögen stellte sich die Frage ohnehin nicht. Sie waren gleich den armen Männern als mögliche Armengenössige ohnehin ständiger Kontrolle der Gemeindebehörden ausgesetzt.

Offensichtlich fanden jedenfalls viele Frauen Mittel und Wege, die einschneidenden Gesetzesbestimmungen in ihrem Sinne zu benutzen, so dass ein öffentlicher Protest auf der politischen Ebene ihnen nicht notwendig oder vielleicht nutzlos schien. Zu betonen ist, dass auch keine Frau sich öffentlich für die Beibehaltung des Gesetzes aussprach. Als im Jahre 1880 die Geschlechtsvormundschaft definitiv aufge-

Frauen blieben und bleiben bis heute die vernachlässigten Stieftöchter der ältesten Demokratie. 1. Mai 1967 in Zürich.

2

hoben wurde, waren es dennoch 487 Frauen im ganzen Kanton, «...welche selbst das fernere Verbleiben unter Vormundschaft gewünscht oder doch ihre Zustimmung dazu erklärt haben!»[18] Der letzte Nebensatz lässt erahnen, dass einige von ihnen unter massivem Druck der Behörden zu ihrer Zustimmung gezwungen worden waren. Einige Frauen verlangten die Aufhebung der Geschlechtsvormundschaft nicht prinzipiell, sondern nur aus konkretem Anlass: so forderte die 75jährige Witwe Sara Rickenbacher von Oltingen 1885 vehement die Aufhebung der Vormundschaft, obwohl sie sie 1880 noch akzeptiert hatte. Dies begründete sie folgendermassen: «So lange verstorbener Vogt lebte, mit dem ich zufrieden war, konnte die Vermögensverwaltung wohl leiden, gegen die Ernennung eines in genannter Person gewählten Vogtes protestiere ich, da ich selber meine Sache verwalten kann. Habe mich früher einzig hülflos durchschwingen müssen, so vermag ich als noch rüstige Frau Geschäfte und Vermögen noch selbst zu verwalten. Überhaupt habe noch Manches zu ordnen...»

Ein gemeinsamer Kampf der Frauen?

Die Geschlechtsvormundschaft bedeutete eine klare geschlechtsspezifische Diskriminierung der unverheirateten Frauen. Sie stand im Widerspruch zu einer konsequenten Auslegung der liberalen basellandschaftlichen Verfassung. Viele Frauen fanden in konkreten Situationen Wege, diese Einschränkung zu umgehen, waren nicht nur Opfer der von Männern geschaffenen Gesetze. Aber von einem verbreiteten Bewusstsein der Baselbieterinnen, als Frauen benachteiligt zu sein, fehlen Zeugnisse. Es gab keinen kontinuierlichen gemeinsamen (politischen) Kampf gegen die Geschlechtsvormundschaft. Die Baselbieterinnen handelten pragmatisch aus der konkreten Konfliktsituation heraus. Sie blieben dabei eingebunden in die Familien- und Dorfstrukturen. Daran orientierten sie sich eher als an theoretisch-moralischen Postulaten wie den Menschenrechten. Die Vorstellung einer gemeinsamen Benachteiligung als Frauen war im dörflichen Alltag sehr abstrakt: Die Geschlechtsvormundschaft hatte bei der angesehenen Witwe des Gemeindepräsidenten ein anderes Gesicht als bei der von Armut bedrohten ledigen Dienstmagd. Ausserdem waren die verheirateten Frauen von der Bestimmung nicht betroffen. Auch das mag eine Solidarisierung aller Frauen erschwert haben. Die Aufhebung der Geschlechtsvormundschaft war sogar eine Privilegierung der ledigen, geschiedenen und verwitweten vor den verheirateten Frauen. Diese blieben nämlich nach 1879 weitgehend den alten Beschränkungen der Handlungsfreiheit unterworfen – laut Gesetz über 100 Jahre – bis zur Einführung des neuen Eherechts vor kaum mehr als fünf Jahren.

Anmerkungen

1
Bei Zitaten ohne meine Hinweise
Staatsarchiv Baselland, Liestal (StaBL),
Vogtei-Akten C.1. A–Z,
Einzelne Bevormundungsfälle.

2
§ 79 des Gesetzes über das Vormundschaftswesen vom 28. Februar 1853.

3
Hagemann Hans Rudolf, Basler Rechtsleben
im Mittelalter, Bd.II, Basel/Frankfurt 1987,
S. 157 ff.

4
Ranft Albert, Die Vormundschaft des Basler
Stadtrechts von 1590–1880, Basel 1928,
S. 27 ff., ebenso: Handbuch zur deutschen
Rechtsgeschichte, Bd. 1, Berlin 1971,
S. 1696 ff.

5
Brief von Justizdirektor Rebmann an
den Regierungsrat vom 21. August 1851,
in: StaBL, Vogtei-Akten B. Einzelne
Gesetze und Weisungen etc. 1832–19..

6
Gutachten von Justizdirektor Rebmann zum
Entwurf einer Vormundschaftsordnung
1853, in: StaBL, Vogtei-Akten B, a.a.O.

7
Bundesfreund aus Baselland, Nr. 23,
22. Februar 1853.

8
Basellandschaftliches Volksblatt, Nr. 8,
24. Hornung 1853.

9
Basellandschaftliche Zeitung, Nr. 72,
16. Juni 1879.

10
Botschaft des Regierungsrates an den
Landrat vom 22. März 1878, in:
StaBL, Vogtei-Akten B. Einzelne Gesetze
und Weisungen etc. 1832–19..

11
Jahresbericht des Regierungsrates 1851, S. 7.

12
StaBL, Vogtei-Akten C.1.E F,
Fall Erni (Witwe Strub) 1875.

13
StaBL, Vogtei-Akten B. Aufhebung
der Geschlechtsvormundschaft. Statistik der
unter Vormundschaft stehenden weiblichen
Personen 1880.

14
Gemeindearchiv Sissach,
Vogtsprotokolle 1853–76, S. 128.

15
Vgl. Anmerkung 6 und 7.

16
Vogtei-Akten C.1 E.F.

17
Jahresberichte des Regierungsrates,
Justizdirektion 1850 ff.

18
Amtsblatt des Kantons Basel-Landschaft vom
3. und 10. Juni 1880.

Bildnachweis

1
Zentralbibliothek, Zürich

2
Foto Jürg Hasler, Roland Gretler, Bildarchiv
zur Geschichte der Arbeiterbewegung

Mädchenbildung

4

ruth haener, lic. phil. I,
Basel, Historikerin, Lehrerin
am Gymnasium Laufen

Ein Hindernislauf durch das Fortschrittsdenken

Mädchenbildung im 19. Jahrhundert

M Mit der Kantonsteilung ging auch die Aufgabe der Volksbildung an Baselland über. Unter der Herrschaft Basels und der Kirche hatte das Schulsystem ziemlich im Argen gelegen – falls überhaupt schon von System gesprochen werden konnte. Und die Zeit der Wirren von 1830 bis 1833 hatte sich auch nicht stabilisierend auf die Schule ausgewirkt.

Den Baselbietern bot sich jetzt die Chance, ein zeitgemässes Schulsystem aufzubauen. Sie hatten jedoch nicht nur den Ehrgeiz, durch eine bessere Schulbildung die errungenen Freiheiten zu sichern, sondern suchten auf diesem Weg Anerkennung vonseiten der Eidgenossenschaft: «Unsere Feinde haben dieses Volk verlästert und geschildert, als ob es, nur begierig nach ausgelassener Freiheit, alle Bildung und Religion verschmähe. Die beste Antwort, womit wir uns vor den Augen unserer eidgenössischen Mitbrüder rechtfertigen können, ist eine gute Schuleinrichtung.»[1] Gegen die schulischen Missstände machten sich bald Anhänger der Erziehungs- und Bildungsmethoden des Schulreformers Johann Heinrich Pestalozzi mit Elan ans Werk. Besonders zu erwähnen sind der Lehrer und spätere Schulinspektor Johannes Kettiger und Friedrich Nüsperli, Pfarrer in Rothenfluh. Die Pestalozzianer konnten sich jedoch beim ersten basellandschaftlichen Schulgesetz von 1835 nicht behaupten – die Schule wurde zur Paukanstalt und nicht, wie Pestalozzi gefordert hatte, zum Ort der Erziehung. Die neue Schulpraxis galt aber in erster Linie der Schulung von Knaben.

Mädchen? Nein, kleine Mütter!

M Mädchenerziehung, ein schulischer Spezialweg, wurde innert Jahresfrist zu einem wichtigen Thema. Fehlte im ersten Schulgesetzesentwurf von 1834 noch jeder Hinweis auf weibliche Bildung – die 1800 eingeführte allgemeine Schulpflicht auf der Volksschulstufe galt auch für Mädchen –, so wurden bald Stimmen laut, die «um der Mütter und der häuslichen Bildung willen» Zusatzbestimmungen forderten.[2] Pestalozzis Schriften «Wie Gertrud ihre Kinder lehrt» und das «Buch der Mütter»[3] dienten als Grundlage für die Konstituierung einer Mütterlichkeit, für ein Weiblichkeitsbild, das zwar Bildung vorsah, aber im engen Rahmen und für das Familienwohl. Die Mut-

4 Mädchenbildung

ter wurde zum Ausgangspunkt der Erziehung und Bildung stilisiert. Sie sei die erste Erzieherin und Lehrerin im sittlich-religiösen, im gemüthaften wie im intellektuellen Bereich. Johannes Kettiger fühlte sich diesen Ideen stark verbunden und folgerte, dass eine Mutter, sollte sie dieser Aufgabe gewachsen sein, besser als bis anhin darauf vorbereitet werden musste. Er vertrat die Meinung, auch für die weibliche Erziehung sei eine harmonische Ausbildung aller Anlagen und Kräfte höchster Grundsatz. Deshalb forderte Kettiger die Errichtung einer «Töchterschule» im Sinne Pestalozzis: neben den allgemeinen Fächern sollten Mädchen eine Arbeitsschule besuchen.[4]

Diese Vorstellungen erwiesen sich als straffere Verschnürung eines alten Korsetts. Bildung für Frauen, das sollte noch lange gelten, wurde mit Mutterschaftsvorstellungen verquickt. Eine andere Frauenexistenz kam nicht in Betracht.

Albert Anker:
Das Hausmütterchen.
So soll es sein!

1

In diesem Geiste wurde auf Anregung Johannes Kettigers bereits 1840 die obligatorische Arbeitsschule für Mädchen geregelt. Ziel dieser Arbeitsschulen war, «der weiblichen Jugend Unterricht im Stricken, Nähen und Ausbessern von Kleidern sowie in anderen Hausgeschäften zu geben.»[5] Diese Einrichtung stiess nicht nur auf Zustimmung, fehlten doch ausgebildete Fachlehrerinnen. Die meisten Bewerberinnen waren Näherinnen von Beruf, die vor dem Schulinspektor und sachverständigen Frauen eine Prüfung abzulegen hatten. Nicht selten meldeten sich auch Gattinnen von Lehrern. Der Verdienst der Arbeitsschullehrerinnen war gering. Fr. 40.– Jahresgehalt für mindestens vier Wochenstunden standen zwar zu Fr. 250.– eines Primarlehrers mit 26 Wochenstunden in einem günstigen Verhältnis, Zulagen wie Schulbatzen oder Naturalien erhielten die Lehrerinnen im Gegensatz zu den Lehrern jedoch nicht. Ausserdem fehlte es den Gegnern der Arbeitsschule nicht an zusätzlichen Argumenten, stand doch die Arbeitsschule im Ruf, eine werkstuben- und handwerksmässige Abrichterei zu sein. Um die Idee dem Volk näher zu bringen und den Aufbau der Arbeitsschule zu fördern, gründete Kettiger die ersten Frauenvereine im Kanton. Sinngemäss lautete die Zweckbestimmung des 1843 gegründeten Frauenvereins Liestal «Wohltätigkeit gegen Arme und Hebung der hiesigen Arbeitsschule».[6] (Zur Arbeit der Basellandschaftlichen Frauenvereine vgl. auch Aufsatz Nr. 5 von Sibylle Benz Hübner.) Damit wurden auch Frauen in ein Bildungsprogramm eingespannt, das Mädchen zu einseitig ausbildete. Die rasche Durchsetzung des Gesetzes erstaunt: Innerhalb nur eines Jahres hatten bereits neunundzwanzig Näherinnen die Arbeitslehrerinnenprüfung bestanden, und bis 1844 hatten alle Schulgemeinden Arbeitsschulen eingerichtet. Baselland war damit der erste Kanton der Schweiz, der die Mädchenhandarbeit in der Schule als Pflichtfach einführte. Für die Schülerinnen der Alltagsschule änderte sich der Stundenplan: vom achten bis zum zwölften Lebensjahr hatten sie mindestens vier Stunden wöchentlich zu stricken,

> Baselland war der erste Kanton der Schweiz, der die Mädchenhandarbeit in der Schule als Pflichtfach einführte.

zu nähen und zu flicken. Das Gesetz sah vor, dass den Mädchen dafür im Maximum zwei Nachmittage des Alltagsunterrichtes erlassen werden konnten. Kettiger verfasste 1854 ein Reglement zur Arbeitsschule, das Arbeitsschulbüchlein, weil das Unterrichtsniveau immer wieder Anlass zu Kritik gegeben hatte. Die Achillesferse der basellandschaftlichen Pioniertat: Auch wenn nicht nur den armen Volksschichten mit diesen neu errungenen Kenntnissen gedient war, so zementierte die Arbeitsschule die Vorstellung, stricken und flicken zu können sei für Frauen wichtiger oder mindestens ebenso wichtig wie Kenntnisse in Schreiben und Rechnen. Erst 1980 wurden in Baselland die Stundenpläne frei von diesem einseitigen Nützlichkeitsdenken. Arbeitsschule oder Werken stehen seitdem Mädchen und Knaben offen.

Die Vorstellungen von Fleiss, Reinlichkeit und Disziplin, die den Mädchen in den Arbeitsschulen (und später auch in den Haushaltungsschulen) mitgegeben wer-

Albert Anker:
Dorfschule.
Für Mädchen eine
Rahmengeschichte.

den sollten, konnten nur durchgesetzt werden, wenn geschulte Lehrkräfte zur Verfügung standen. In diesem Sinne klagte die Basellandschaftliche Zeitung 1854: «Der Hr. Inspektor [Kettiger/rh] hat freilich recht, wenn er sagt, dass viele Lehrerinnen das Schulhalten nicht verstehen; aber woher sollten sie etwas davon wissen? Können sie die Kunst, so haben sie dieselbe durch gutes Glück und angeborenen Takt erraten und gefunden.» Sie forderte: «Man sollte aber nicht dem Zufall überlassen, was für die Schule und das folgende Leben so wichtig ist. Man sollte Anstalten treffen, dass die Lehrerinnen für ihren Beruf könnten gebildet werden. Aber dazu braucht es Geld, und da will ich lieber nichts mehr sagen.»[7] Sparmassnahmen in der Ausbildung trafen Frauen besonders hart. Interessierte mussten sich im Kanton Baselland noch genau hundertzwölf Jahre gedulden: Erst 1966 entstand das Lehrerseminar und somit die Möglichkeit einer kostengünstigeren Ausbildung.

4 Mädchenbildung

Die Teilnehmerinnen der Kochschule Biel-Benken 1907.

«Des Mannes Haus ist die Welt und des Weibes Welt ist das Haus»[8]

Johannes Kettigers Vorstellungen von Mädchen- und Frauenerziehung führten weiter: Bereits 1860 forderte er die Arbeitsschullehrerinnen auf, neben dem Handarbeitsunterricht auch Arbeiten zu behandeln, die im Haushalt verrichtet werden mussten. Eine eigentliche Haushaltungsschule konnte aber erst fünfunddreissig Jahre später verwirklicht werden. Die Millionenerbschaft des Textilfabrikanten Heinrich Handschin, die dem Kanton 1894 zufiel, machte es möglich. Die Handschinstiftung sollte neben gemeinnützigen Zwecken in erster Linie arme, talentierte Kantonsangehörige fördern. Für Frauen und Mädchen wurde 1895 die erste Koch- und Haushaltungsschule des Kantons in Liestal eröffnet. Rasch folgten weitere; in Sissach 1896, in Gelterkinden 1897, in Binningen ein Jahr später. Bis 1918 verfügte der Kanton über zweiundzwanzig Koch- und Haushaltungsschulen. Der Vorsteher der Erziehungsdirektion begründete 1896 deren Notwendigkeit damit, dass Mütter, die in der Heimindustrie oder gar auswärts arbeiteten, die Töchter nicht mehr in Hausarbeiten unterweisen könnten. Neue Ausbildungsmöglichkeiten müssten geschaffen werden. Die Verwirklichung der ersten Schule wurde wiederum dem Frauenverein Liestal überlassen, die weiteren den jeweiligen regionalen Frauenvereinen mit Unterstützung der kantonalen Gemeinnützigen Gesellschaft. Der obligatorische Lehrplan

> Für Frauen und Mädchen wurde 1895 die erste Koch- und Haushaltungsschule des Kantons Baselland in Liestal eröffnet.

für die kantonalen Haushaltungsschulen wurde erst 1905 entworfen. Zum Stundenplan sollten Kochen, Flicken, Weissnähen, Kleidermachen, Bügeln, Buchhaltung, Gesundheitslehre, Krankenpflege und Haushaltskunde gehören. Die Kurse an den neuen Schulen wurden hauptsächlich von Frauen besucht, grösstenteils abends. Zielpublikum waren denn auch Frauen der Unterschicht. Für Schülerinnen der Primarschule wurde der Koch- und Haushaltungsunterricht erst 1925 geregelt. Das Fach Buchhaltung war für Mädchen jedoch nicht mehr vorgesehen.

Landschaft voller Hindernisse

Da nach der Kantonsteilung den Baselbieter Kindern die Basler Schulen vorerst verschlossen blieben, musste sich die junge Kantonsregierung bald um den Aufbau einer höheren Schule bemühen. Bereits 1835 wurden vier Bezirksschulen beschlossen mit den Standorten Liestal, Therwil, Waldenburg und Böckten. Eine Kantonsschule wurde abgelehnt mit dem Argument, nur Reiche oder Ortsansässige könnten sich diese Schule leisten. Von Anfang an war klar, dass die neuen Bezirksschulen nur Knaben zugänglich waren. Zwischen 1846 und 1854 richtete Bezirkslehrer Nüsperli mehrere Gesuche an die Erziehungsbehörden, man möge seiner Tochter den Besuch der höheren Schule erlauben. Vergeblich. In den fünfziger Jahren setzte dann die Diskussion ein, ob Mädchen über die Volksschule hinaus gefördert werden sollten. 1849 hatte die Gemeinde Sissach die Errichtung einer «Mädchenerziehungsanstalt», also einer Töchterschule, angeregt. Die Gemeinde setzte sich zwar nicht durch, bereitete aber mit ihrer Forderung, Gartenbau gehöre zum Unterricht basellandschaftlicher Mädchen, den Weg für die Entwicklung der Idee von Haushaltungsschulen. 1956 wurde eine solche Schule genau dort eröffnet, wo Sissach 1849 gerne eine Töchterschule mit Gartenbauprogramm errichtet haben wollte: im Ebenrain.

> 1849 hatte die Gemeinde Sissach die Errichtung einer «Mädchenerziehungsanstalt», also einer Töchterschule, angeregt.

Von der Furcht vor «gelehrten Damen»

Weil Baselland noch nicht über ein Lehrerseminar verfügte, Interessierte sich also ausserhalb bilden mussten, spielte das Stipendienwesen natürlich eine wichtige Rolle in der Förderung junger Lehrkräfte. Bis 1856 war Mädchen eine höhere Bildung in Baselland de facto verwehrt. Das Stipendienwesen machte auch Ausbildungen ausserhalb des Kantons praktisch unmöglich. Zwar wurden seit 1837 jährlich zwanzig kantonale Stipendien an Lehramtskandidaten vergeben, doch an Kandidatinnen dachte noch niemand.[9] Erst 1860 erhielten Frauen per Dekret das Recht auf finanzielle Unterstützung seitens des Kantons. Es erstaunt daher nicht, dass Primarlehrerinnen auf der Landschaft vorher nicht existierten. Nicht nur Geldmangel erschwerte den Frauen den Zugang zu den Schulen: Baselland anerkannte zwar mangels eines eigenen Seminars alle eidgenössischen Lehramtpatente, empfahl aber das Seminar Kreuzlingen, das erst 1907 Frauen aufnahm. Die Zurückhaltung in bezug auf die Ausbildung von Frauen ist unter anderem darauf zurückzuführen, dass die Männer, welche das Schulsystem aufbauten, Mädchenbildung zwar befürworteten, aber explizit nur für den Hausgebrauch.

So hatte die Frauenbildung beispielsweise für den Rothenfluher Pfarrer Friedrich Nüsperli, ein Verfechter der Mädchenschule im Sinne Pestalozzis, klare Grenzen: Den wissenschaftlichen Schulunterricht wollte er nicht Lehrerinnen überlassen, denn dadurch litte die Weiblichkeit und ein «Mannweibtum» breite sich aus. Ausserdem müsse die Schule wissenschaftliche Kenntnisse und Fertigkeiten weiterführen und weiterentwickeln, und dies übersteige die Kraft der geistigen Mütter, der Lehrerinnen. Nüsperli meinte, der Lehrer nehme das Kind mit Mutterliebe an und leite es mit Vaterernst fort, er vertrete Elternstelle auf der Stufe höherer Bedürfnisse.[10] Die Hierarchie und die Wertungen werden deutlich. Frauen und Männer wurden in ihre Rollen verwiesen. Johannes Kettiger, früher Verfechter der «Töchterschule», fand zwar, Frauen sollten die Möglichkeit haben, sich zu Lehrerinnen auszubilden. Auch die wissenschaftlichen Fächer sollten ihnen offenstehen. Aber auch er vertrat die Ansicht, Frauen an der Universität seien Ausdruck einer verkehrten Welt.

Gegen die «Armuth des Geistes»[11]

Die nächste Generation tat einen neuen Schritt. 1852 war im Landschäftler zu lesen, dass die Frau nicht nur den Haushalt zu leiten habe, sondern des «Mannes Gehülfinn, seine Freundinn, manchmal auch seine Stellvertreterin» sein solle.[12] Wenn ein Mädchen nur bis zum zwölften Jahr zur Schule ginge, sei zu befürchten, dass ihr Mann ständig ins Wirtshaus gehe, weil er mit der Frau nichts reden könne. Auch die Klatschsucht der Frauen könne behoben werden, denn sie komme nur aus der «Leere und Armuth des Geistes», worin die Männer sie hielten.[13] Das vielgenützte Welschlandjahr zeige auch, dass ein Bedürfnis nach Bildung vorhanden sei. Die BefürworterInnen einer höheren Lehranstalt für Mädchen hatten sich gegen den Vorwurf zu wehren, «gelehrte Damen» ausbilden zu wollen[14], liessen sich jedoch nicht entmutigen. 1856 wurde in Liestal auf Privatinitiative die erste Mittelschule für Mädchen eingerichtet, eine Sekundarschule allerdings. Entstanden ist sie aus der Privatschule für Töchter der kantonalen Elite unter der Leitung von deren Gründerin Julie Honegger. Sie wurde denn auch die erste offizielle Mittellehrerin des Kantons. Die ersten Schülerinnen wechselten von der Privatschule in die öffentliche Sekundarschule. Die Bezirksschulen blieben ihnen bis 1948 verschlossen. Zwei Missstände erschwerten den Zugang zur Sekundarschule. Erstens hatten die Mädchen ein Schulgeld zu entrichten. In Härtefällen versprach die Gemeinde Liestal zwar zu helfen, aber von Rechtsgleichheit konnte noch nicht gesprochen werden. Zweitens lag die Schule für viele Mädchen zu weit entfernt. Hatte man in den 1830er Jahren die Bezirksschulen für Knaben an Orten festgelegt, die möglichst vielen einen langen Schulweg ersparten, so wurde das Argument zwanzig Jahre später zu ungunsten vieler Mädchen fallengelassen und eine Art Kantonsschule eingerichtet. Als Rechtfertigung für den Zentralismus brachten die Politiker die Eisenbahn ins Spiel, die Liestal als Schulstandort begünstige. Aber auch auf Gesetzesebene wurde gebremst. Zwar hatte der Landrat 1857 die Schaffung eines Gesetzes für höhere Mädchenbildung bestätigt, aber ohne Wirkung. Regierungsrat Bieder hatte sich gegen ein solches Gesetz mit dem Argument gewehrt, man würde nur «Begehrlichkeiten wecken».[15] Privaten und Gemeinden sollte die Initiative überlassen werden. Die Sekundarschule konnte die krasse Benachteiligung der Mädchen

> Wenn ein Mädchen nur bis zum zwölften Jahr zur Schule ginge, sei zu befürchten, dass ihr Mann ständig ins Wirtshaus gehe, weil er mit der Frau nichts reden könne.

Johann Jakob (1802–1869)
und Susanne Katharina
Kettiger-Zaneboni (1803–1874).

in der Bildungspolitik nicht aus der Welt schaffen. Für die Bildung der Knaben gab der Kanton pro Jahr Fr. 25'000.– aus, für jene der Mädchen gerade Fr. 1'200.– . 1859 wurde in Gelterkinden, erneut auf Privatinitiative hin, diesmal des Arztes und Schulpflegers Johann Jakob Baader, eine zweite Sekundarschule für Mädchen eingerichtet.

Erste Proteste von Frauen

Erstmals wehrten sich 1862 Frauen schriftlich gegen ihre ungleiche Behandlung vor dem Gesetz. Dreissig Sissacherinnen machten eine Eingabe an den Verfassungsrat (diese Quelle geben Sabine Kubli und Pascale Meyer im Vorwort im Wortlaut wieder). Sie forderten, der Staat müsse mehr für die Bildung des weiblichen Geschlechts tun. Die Aufgabe der Frau sahen auch sie noch in der Mutterschaft, in der Sorge um die geistige, religiöse und sittliche Entwicklung des Kindes. Der Staat trage jedoch die Schuld, wenn das «verpönte Weib» diese Mission nicht erfüllen könne, weil allgemein die Regel gelte, «das weibliche Geschlecht bedürfe keiner höheren Bildung als etwa notdürftig einer Haushaltung vorstehen, kochen und waschen zu können.»[16] Sie forderten eine Bezirksschule für Mädchen. «Eine Frau im Namen vieler Frauen» aus dem Waldenburgertal schloss sich den Sissacherinnen an. Der Kanton begnügte sich jedoch weiterhin damit, die Sekundarlehrerin von Gelterkinden mit Fr. 450.– jährlich mitzuentlöhnen.

1856 wurde in Liestal auf Privatinitiative die erste Mittelschule für Mädchen eingerichtet, eine Sekundarschule allerdings.

4 Mädchenbildung

Lehrerinnen

Das basellandschaftliche Schulsystem hatte zur Folge, dass nur privilegierte Frauen eine höhere Ausbildung erlangen konnten. Erst in den 1860er Jahren wurden Lehrerinnen in den Primarschulen eingestellt. Dies ist umso erstaunlicher, als der Kanton bis in die fünfziger Jahre einen akuten Lehrermangel durchlitten hatte und der Lehrerberuf lange nicht besonders angesehen war. Schlechte, unregelmässige Bezahlung und überfüllte Klassen hatten ihn in Verruf gebracht. Landwirtschaft oder Arbeit in der Industrie waren attraktiver. Die SchülerInnenanzahl pro Klasse verdeutlicht die Schwierigkeiten des Unterrichtens: Vor 1835 waren Klassen mit 150 bis 200 SchülerInnen nicht selten. 1839 lag die Durchschnittsrate bei 99 und 1870 betrug sie noch immer 83 SchülerInnen pro Klasse. Damit stand Baselland nach Genf und Appenzell Ausserrhoden an drittschlechtester Stelle im schweizerischen Vergleich.[17] In der Kantonshauptstadt führten diese Missstände gar dazu, dass einem Teil der Mädchen anfangs der 1850er Jahre die gesetzliche Schulzeit fast um die Hälfte gekürzt wurde.[18] Damit wurden sie trotz allgemeiner Schulpflicht um ihre halbe Schulzeit betrogen.

> Die gesamtschweizerische Schulstatistik von 1875 zeigt, dass im Kanton Baselland in diesem Jahr keine einzige Primarlehrerin amtete, während im schweizerischen Durchschnitt der Frauenanteil bereits 23% betrug.

Zweite Klasse der Mädchensekundarschule Liestal, 1899.

5

Die Frauen fanden nur langsam Zugang zum Primarlehrerinnenberuf. Die gesamtschweizerische Schulstatistik von 1875 zeigt, dass im Kanton Baselland in diesem Jahr keine einzige Primarlehrerin amtete, während im schweizerischen Durchschnitt der Frauenanteil bereits 23% betrug.[19] Nur gerade Appenzell Ausserrhoden und Glarus beschäftigten auch keine einzige Lehrerin. In den folgenden Jahren verbesserte sich die Situation: 1893 unterrichteten 13 Primarlehrerinnen, 1909 bereits 44 und 1937 58 (knapp 22%). Das zögernde Eintreten von Frauen in die Primarschule hat sicher verschiedene Gründe. Unter anderem war ja wirtschaftliche Unabhängigkeit der Frauen noch keine zeitgenössische Erziehungsmaxime, und ausserdem war die Ausbildung umständlich. Diese wurde attraktiver, als das Töchterinstitut in Aarau sich 1873 zu einem Seminar für Lehrerinnen erweiterte, das Landschäftlerinnen zugänglich war. In Basel-Stadt wurden dann 1881 erstmals zwei junge Frauen zu Primarlehrerinnenexamen zugelassen: Die Töchterschule hatte eine «allgemeine» Fortbildung der Schülerinnen angestrebt, die für einzelne auch die Ausbildung zur Lehrerin bedeuten konnte. 1892/93 richtete dieselbe Schule eine Frühform des Lehrerinnenseminars ein (ein eigenständiges Seminar in Basel wurde 1924 eröffnet). Eine Ermutigung für die Baselbieterinnen? Die Quellenlage lässt einen Nachweis nicht zu. Dass aber der Kanton sich noch lange schwertat mit Lehrerinnen, besonders auch auf höherer Stufe, geht aus einem Protokoll aus dem Jahr 1940 über ein Abkommen zwischen Basel-Stadt und Basel-Landschaft hervor, das den Besuch des städtischen Seminars für LandschäftlerInnen regeln sollte. Voraussetzung für den Seminarbesuch war die Matura, was für BaselbieterInnen eine Hemmschwelle war. Mit der Matura PrimarschullehrerIn zu werden, lohnte sich weniger, als die Laufbahn des Mittelschullehrers oder der -lehrerin einzuschlagen. Basselland betonte dieses Problem und verwies darauf, dass der Kanton keine Mittelschullehrerinnen brauche.[20]

Paragraph 49

Entmutigend war jedenfalls die wirtschaftliche Seite des Lehrerinnenberufes. Das Schulgesetz von 1835 kennt noch keine Lehrerinnen. Das zweite Schulgesetz sollte erst 1911 in Kraft treten. In den fünfzig Jahren Lehrerinnentätigkeit von etwa 1860 bis 1911 hatten sich Benachteiligungen von Frauen eingeschlichen, die 1911 gesetzlich verankert wurden. So hatten z.B. Lehrer ein Recht auf Wohnung, auf Holz und auf Land. Von diesen Naturalergänzungsleistungen waren die Lehrerinnen stillschweigend ausgenommen. Ausserdem wurden den Frauen automatisch die unteren Klassen zugewiesen, und schliesslich wurde ihnen auch die Ehe versagt. Der Entwurf für ein neues Primarschulgesetz von 1881 sah auch eine ungleiche finanzielle Entlöhnung vor: Während das Besoldungsminimum für Primarlehrer auf Fr. 1'000.– festgelegt wurde, hatten sich Lehrerinnen mit Fr. 900.– zufrieden zu geben. Fünfzehn Jahre später erhielten Frauen und Männer Fr. 1'500.– als Minimum, erstere hatten aber kein Anrecht auf Zusatzleistungen.[21] Mit der Neufassung des Gesetzes sollte der status quo nicht nur zementiert, sondern noch verschärft werden. Vor dem alten Gesetz galten Frauen als «Lehrer» mit denselben Rechten und Pflichten – zumindest pro forma. Vor dem neuen waren sie Lehrerinnen mit weniger Rechten. So bestimmten die Gesetzgeber von 1911 in § 49 zwar, dass die Lehrerinnen den Lehrern gleichgestellt seien, machten aber folgende Ausnahmen: Lehrerinnen durften nur an Mädchenabteilungen in allen Klassen unterrichten, in Knaben- und gemischten Abteilungen nur in den vier untern Klassen der Primarschule. Heiraten war ihnen verboten, und Anspruch auf Naturalbezüge (Wohnung, Holz, Land) konnten sie auch nicht erheben. Es erübrigt sich die Bemerkung, dass auch die Witwen- und Waisenkasse Lehrerinnen nicht zugänglich war. Diese unattraktiven gesetzlichen Bestimmungen wurden erst ab 1962 Schritt für Schritt aufgehoben.

> Entmutigend war jedenfalls die wirtschaftliche Seite des Lehrerinnenberufes. Ausserdem wurden den Frauen automatisch die unteren Klassen zugewiesen, und schliesslich wurde ihnen auch die Ehe versagt.

4 Mädchenbildung

Lehrerinnen und Kommissionsmitglieder der Arbeits- und «Häfelischule» von Binningen um 1900.

6

Lehrerinnen organisieren sich

Am 3. März 1897 trafen sich zwölf Baselbieter Lehrerinnen in Pratteln und gründeten die Sektion Basel-Landschaft des erst vierjährigen schweizerischen Lehrerinnenvereins. Sie machten es sich zur Aufgabe, bei regelmässigen Treffen sowohl die Weiterbildung als auch die Geselligkeit zu pflegen. Wichtig war ihnen in erster Linie, in Zusammenarbeit die soziale Lage der Lehrerinnen zu verbessern. Ihr erstes Projekt – innerhalb des schweizerischen Lehrerinnenvereins – war denn auch die Unterstützung eines Lehrerinnenheims in der Nähe von Bern. 1908 konnte es bezogen werden. 1906 schrieb der Verein alle Landräte an und kritisierte die ungleiche Behandlung der Lehrer und Lehrerinnen – erfolglos, wie das Gesetz von 1911 zeigt. Besonders das Zölibatsgebot und die Unterrichtsbeschränkung auf die ersten vier Klassen waren den Lehrerinnen ein Dorn im Auge. Solange die Frauen zu politischen Nullen erklärt würden, könne sich auch an ihrer sozialen Stellung nichts ändern, erklärte eine Referentin. Trotzdem setzten sich die Lehrerinnen im Verein – zumindest bis nach dem Zweiten Weltkrieg – nicht für das Stimm- und Wahlrecht der Frauen ein. Die Verbesserung ihrer eigenen sozialen Lage und die Förderung der Mädchen waren seine erklärten Ziele.

Es bleibt festzustellen, dass Frauenbilder die Frauenbildung im Kanton Baselland des 19. Jahrhunderts vorangetrieben und gleichzeitig gebremst haben, weil die Bildung zu Frauen diejenige für Frauen überschattete. Diese Bildungspolitik wirkte sich bis weit ins 20. Jahrhundert hinein aus.

Anmerkungen

1
Locher Markus, Den Verstand von unten wirken lassen. Schule im Kanton Baselland 1830–1863, Liestal 1985, S. 13.

2
Martin Ernst, Johann Heinrich Pestalozzi und die alte Landschaft Basel. Zur Wirkungsgeschichte der Pestalozzischen Pädagogik, Liestal 1986, S. 274.

3
Erschienen 1801 und 1803.

4
Die neueste Darstellung von Johann Kettigers Pädagogik kam erst nach Redaktionsschluss des vorliegenden Aufsatzes heraus: Martin Ernst, Johann Jakob Kettiger und Johann Heinrich Pestalozzi. Zur Wirkungsgeschichte Pestalozzis, Liestal 1991.

5
Gesetz für die Einrichtung von Arbeitsschulen für Mädchen vom 8. Dezember 1840.

6
Klaus Fritz, Basel-Landschaft in historischen Dokumenten, Liestal 1982, Bd. 1, S. 192.

7
Klaus Fritz, Basel-Landschaft in historischen Dokumenten, Liestal 1983, Bd. 2, S. 268.

8
Johann Kettiger 1854, zit. in: Martin, S. 293. Die Daten aus dem folgenden Abschnitt sind entnommen aus: Dietrich Beatrice, Sauber, sparsam, ordentlich. Die Entstehung und Entwicklung des hauswirtschaftlichen Unterrichtes in Baselstadt und Baselland bis 1918, Lizentiatsarbeit, Basel 1988, S. 45–51.

9
Martin, S. 277.

10
Locher, S. 54.

11
Landschäftler, vom 26. Juni 1852, zit. in Locher, Ebenda, S. 55.

12
Ebenda, S. 55.

13
Ebenda, S. 57.

14
Klaus, Bd. 2, S. 165.

15
Locher, S. 81.

16
Klaus, Bd. 2, S. 165.

17
Locher, S. 84.

18
Ebenda, S. 84.

19
Borkowsky Anna, Lehrerinnen: Statistische Facetten, in: Frauenfragen 2/91, Hrsg. von der Eidg. Kommission für Frauenfragen, Bern 1991, S. 27.

20
Staatsarchiv Baselland Liestal, ED Q 5, Seminarien, Abkommen mit Basel-Stadt 1833–19..

21
Wartburg-Adler, Maaren von, Die Lehrerinnen. Ein Beitrag zu ihrer Sozialgeschichte von 1862–1918, Diss. Zürich 1988, S. 125.

Bildnachweis

1
Albert Anker, Zürich 1941, Abb. Nr. 6

2
Albert Anker, Zürich 1941, Abb. Nr. 40

3
Martha Jäggy-Bader, Biel-Benken

4
Staatsarchiv Basel, Privatarchive 776, 12.1.1

5
Fritz Klaus u.a., Heimatkunde von Liestal, Liestal 1970, S. 338

6
Gemeindeverwaltung Binningen

Sibylle Benz Hübner, lic. phil. I,
Basel, Historikerin und
Lehrerin am Gymnasium Liestal

Frauen stricken
Maschen für ein soziales Netz

Gemeinnützige Frauenarbeit im Kanton Baselland

Vorbemerkung

Auf den Spuren gemeinnütziger Frauenarbeit im Kanton Baselland betreten wir historiographisches Neuland. Vielfältig und ungezählt sind die seit der Mitte des letzten Jahrhunderts in allen Gemeinden des Kantons entfalteten gemeinnützigen Frauenbestrebungen. Ungezählt und ungesichtet ist aber auch das betreffende Quellenmaterial. Gleichzeitig gilt für die historische Untersuchung des weiblichen gemeinnützigen Wirkens, dass die massgeblichen Geschichtsdokumente – sofern sie nicht bereits als verloren betrachtet werden müssen – über den ganzen Kanton verteilt in privaten Kellern, Bücherregalen und Aktenschränken von gegenwärtigen Frauenvereins-Präsidentinnen oder Vereinslokalen lagern.

Selbstverständlich war es im Rahmen des vorliegenden Aufsatzes nicht möglich, die Geschichte der einzelnen gemeinnützigen Frauenorganisationen aufzuarbeiten. Der Aufsatz will vielmehr einen vorläufigen Überblick über das weitgefasste Tätigkeitsfeld der gemeinnützigen Frauenarbeit geben. Er vermittelt die Resultate einer ersten Materialsichtung und bemüht sich um eine Einordnung der weiblichen Aktivitäten in gesamtgesellschaftliche Entwicklungen.

Frauen erhalten einen Auftrag

«Nachdem von verschiedenen Seiten die Notwendigkeit eines Frauenvereins in hiesiger Gemeinde war ausgesprochen worden und eine grosse Anzahl Frauen und Jungfrauen durch ihre Namensunterschrift ihren Beitritt erklärt hatten, wurden von Lehrer Hartmann die bezüglichen Statuten entworfen [...].»[1] Mit diesen Worten beginnt das Protokoll der Gründungsversammlung eines Baselbieter Frauenvereins. Sie werfen ein Licht auf die Gründungsumstände zahlreicher lokaler Frauenvereine. In aller Regel wurden Frauenvereine von Männern – meist vom Pfarrer oder vom Lehrer eines Dorfes – ins Leben gerufen. Um sich eine Vorstellung zu machen vom gesellschaftlich-politischen Umfeld, in dem gemeinnützige Sozietäten entstanden, muss man bedenken, dass das Vereinsleben seit dem zweiten Drittel des 19. Jahrhunderts ein Konsti-

5 Gemeinnützige Frauenarbeit

tuens bürgerlicher Öffentlichkeit war. Im Vereinsleben fand die Selbstdarstellung des liberalen Bürgertums ihren Ausdruck. Die durch landwirtschaftlichen Strukturwandel und Industrialisierung zunehmende Verelendung breiter Bevölkerungskreise wollte allerdings nicht zum Fortschrittsoptimismus dieses aufgeklärten liberalen Bürgertums passen. So entstanden insbesondere in den liberalen Kantonen neben Gesangs-, Turn- und Schützenvereinen zahlreiche Hilfsgesellschaften, welche im entstehenden bürgerlichen Staat viele fürsorgerische Aufgaben übernahmen, die während des Ancien régime von den Kirchen geleistet worden waren. Ein Bezug zwischen dem auffällig hohen Organisationsgrad bürgerlicher gemeinnütziger Arbeit und einer starken liberalen, später demokratischen, Bewegung kann gerade für den Kanton Baselland nicht von der Hand gewiesen werden.[2]

Fürsorgerische Tätigkeit entwickelte sich in der Basler Landschaft wie in der Stadt Basel aus dem Schoss der gemeinnützigen Gesellschaften, wie sie mit der «Gesellschaft zur Aufmunterung und Beförderung des Guten und Gemeinnützigen in Basel» (GGG) im Jahre 1777, mit der «Schweizerischen Gemeinnützigen Gesellschaft» (SGG) 1810 in nationalem Rahmen und mit der «Gemeinnützigen Gesellschaft Baselland» seit 1854 auch auf der Landschaft entstanden. Diese Gesellschaften wurden für die Bereiche Sozialfürsorge – in damaligem Terminus «Armenwesen» –, Erziehung und Unterricht, aber auch für Gewerbe und Landwirtschaft zu Schrittmacherinnen des politischen Handelns. Ihre Ideologie war geprägt von Männern wie Isaak Iselin und Johann H. Pestalozzi. Zur Erfüllung zahlreicher öffentlicher Aufgaben riefen sie weitere Gesellschaften, wie Armenerziehungs-, Samariter-, Bildungs- und Arbeitsschulvereine ins Leben. Es lag nahe, auch das Potential an weiblicher Arbeitskraft für die gemeinnützige Arbeit zu nutzen. Parallel zu einer zunehmenden Politisierung des Vereinslebens und einer stärkeren Geschlechtersegregation in der bürgerlichen Gesellschaft propagierten daher die gemeinnützigen Gesellschaften in der ganzen Schweiz die Gründung von Frauenvereinen. Diese sollten der «Beförderung der Sittlichkeit und des Wohlstandes» dienen, ihre konkrete Aufgabe aber war die Durchführung der von Männern konzipierten gemeinnützigen Vorhaben, insbesondere im Bereich von Erziehung und

Waldenburger Frauenverein, 1940er Jahre.

1

Unterricht.³ Auch die Geselligkeit sollte in den Frauenvereinen gepflegt werden. Dabei trafen sich ihre Mitglieder – im Gegensatz zu denen der Männervereine – in den Wohnstuben der bürgerlichen Honoratiorenfamilien oder im Pfarrhaus, da es wenig schicklich gewesen wäre, sich in öffentlichen Lokalen zu versammeln.

Der erste grosse Förderer der Frauenvereine in Baselland war der seit 1839 als Schulinspektor amtierende Johannes Kettiger. Auf seine Initiative gehen die Gründung des Liestaler Frauenvereins, der als ältester des Kantons bereits seit 1843 besteht, sowie die von mehr als einem Dutzend weiterer Frauenvereine im Kanton zurück. Gleichgesinnte Männer, wie beispielsweise Pfarrer Breitenstein in Binningen, bewirkten in andern Gemeinden das nämliche.⁴ Kettiger befasste sich in Vorträgen mit dem Thema der «weiblichen Bildung», sprach über das weibliche Wirken, von welchem das Wohl der Gesellschaft ausgehe, und war auch Verfasser des ersten Lehrmittels für «Arbeitsschulen» für Mädchen (zum Thema Mädchenbildung vgl. Aufsatz Nr. 4 von ruth haener). Die

> Frauenvereine wurden regelmässig dann ins Leben gerufen, wenn Männerorganisationen dies zur Erreichung ihrer Ziele als opportun erachteten.

Einrichtung sogenannter Arbeitsschulen, die der Forderung, dass für die «Erziehung und Ausbildung des weiblichen Geschlechts mehr als bisher müsse getan werden», Rechnung trug, war denn auch allerorten der eigentliche äussere Anlass zur Bildung der Frauenvereine, denen Organisation und Betreuung der neuen Institution überbunden wurde.⁵ Mit der Verantwortung für diese Ausbildung betraut, wurden die Frauenvereine zu Ausführenden des bildungsbürgerlichen Konzepts der Bekämpfung der Armut durch Erziehung. Neben der hauswirtschaftlichen Mädchenbildung nahmen sich die Frauenvereine auch allgemeiner Erziehungsfragen und der Armenfürsorge an. Immer aber erfüllten sie ihnen zugedachte Aufgaben, ohne selbst zu bestimmen, welches eigentlich die gemeinnützigen Erfordernisse der Gesellschaft seien. Eine süsse, die wahren politischen Verhältnisse ausser acht lassende Selbsttäuschung war es denn wohl, wenn Frauen zur Entstehung ihrer Vereine erklärten: «Es ist eine eigenartige Erscheinung, dass meist Frauen es waren, die einen Übelstand im öffentlichen Leben erkannten und dann in gemeinsamer Anstrengung Abhilfe schafften...»⁶ Frauenvereine wurden regelmässig dann ins Leben gerufen, wenn Männerorganisationen dies zur Erreichung ihrer Ziele als opportun erachteten. Auch den Präsidentenstuhl der Frauenvereine besetzten für lange Jahrzehnte Männer, so dass beispielsweise der 1852 gegründete Binninger Frauenverein erst im Jahre 1930, der 1888 gegründete Frauenverein Bottmingen an der Jahressitzung von 1949 ihre ersten Präsidentinnen erhielten. Erst nach rund hundert Jahren gemeinnütziger Frauenarbeit wurde gefordert, «dass dieses Amt in unserer Zeit der Frauenbestrebungen für grössere Selbständigkeit und Freiheit einer Präsident*in* anvertraut werden solle».⁷

Vereine – Verbände – Zentralen

Der Liestaler Frauenverein steht am Beginn einer Reihe von Frauenvereinsgründungen im Ober- und Unterbaselbiet, die in einer ersten Welle in den 1840er und 1850er Jahren, in einer zweiten in den beiden letzten Jahrzehnten vor der Jahrhundertwende erfolgten. Die Frauenvereine bezeichneten sich als politisch und konfessionell neutral, waren, nach der Herkunft ihrer Mitglieder zu urteilen, aber eindeutig dem betont protestantischen, im jungen Kanton politisch tonangebenden Bürgertum zuzurechnen. Es waren die weiblichen Familienangehörigen von den im Mittelpunkt des öffentlichen Lebens stehenden Männern, die das Bild der Frauenvereine prägten. Neben den örtlichen Frauenvereinen entstanden, mit der in der deutschen Schweiz einsetzenden Etablierung der in protestantischen Kreisen der französischen Schweiz verwurzelten abolutionistischen Bewegung, auch in Baselland Sektionen des «Internationalen Vereins der Freundinnen junger Mädchen» und des «Verbands deutschschweizerischer Frauenvereine zur Hebung der Sittlichkeit».[8] Um den protestantisch dominierten Frauenvereinen und der Einbindung ihrer weiblichen Gemeindemitglieder in dieselben etwas entgegenzuhalten, entfalteten andererseits auch katholische Geistliche eine rege Tätigkeit zur Gründung katholischer «Jungfrauen- und Müttervereine».[9]

Zu überregionalen Zusammenschlüssen auf gesamtschweizerischer Ebene gelangten die Frauenvereine in den beiden Jahrzehnten vor der Jahrhundertwende. Zu nennen sind hier die Gründung des «Schweizerischen Gemeinnützigen Frauenvereins» (SGF) im Jahre 1888 und diejenige des «Bundes Schweizerischer Frauenvereine» (BSF) im Jahre 1900, der sich seit seinem Bestehen neben gemeinnütziger Tätigkeit im engeren Sinn mit einer breiten Palette frauenspezifischer Anliegen, auch mit der Forderung nach politischen Rechten befasste.

Die Tendenz zur Koordination der Frauenbestrebungen blieb nicht ohne Auswirkungen auf die kantonalen Verhältnisse. Unter der Ägide des BSF konstituierten sich kantonale Frauenzentralen. Auch den Landschäftlerinnen eröffnete sich im Jahre 1927 durch die Erweiterung der seit 1916 bestehenden «Frauenzentrale Basel» zu einer «Frauenzentrale beider Basel» ein neues Forum für Gedankenaustausch und Meinungsbildung und ein Zugang zu überregional koordinierten Frauenbestrebungen. Frauen aus der Landschaft nahmen Einsitz in den Vorstand der Frauenzentrale.[10] Mit dieser Institution gewannen die örtlichen Frauenvereine einen Vorort, der – bis heute – die verschiedensten Aktivitäten koordiniert und den Kontakt zu den Behörden pflegt. Den oft divergierenden Bedürfnissen der Städterinnen und Landschäftlerinnen Rechnung tragend, bildeten die Ländschäftlerinnen im Jahre 1948 nach Jahren mehr parallelen als gemeinsamen Wirkens, und nachdem sie bereits im Juli 1939 unter eigenem Namen dem BSF beigetreten waren, eine selbständige «Frauenzentrale Basel-land».[11] Hier liefen und laufen auch heute noch die Fäden der basellandschaftlichen Frauenbestrebungen zusammen. Die Liste ihrer Kollektivmitglieder erweiterte sich, und neben den traditionell gemeinnützig tätigen Frauenvereinen stiessen Frauenberufsorganisationen, politische Frauenrechtsverbände und Konsumentinnen-Vereinigungen hinzu. Zu erwähnen ist auch die Bäuerinnen-Vereinigung beider Basel: Sie wurde als eine der ersten Sektionen des schweizerischen Landfrauenverbands zur Zeit der Wirtschaftskrise im April 1930 in Liestal gegründet, auch sie auf Initiative eines Mannes, präsidiert und geleitet aber von der Frenkendörfer Bauerntochter und Lehrerin Luise Holmes.[12]

In Anbetracht des breiten Spektrums der in der Frauenzentrale zusammengeschlossenen Vereine und Verbände – heute gehören ihr so verschiedene Organisationen wie der «Militärische Frauendienst» einerseits und «Frauen für den Frieden» andererseits an – blieben Diskussionen um eine Standortbestimmung innerhalb der frauenpolitischen Öffentlichkeit nicht aus. Oft entstand zwischen der Frauenzentrale und den örtlichen Frauenvereinen eine Kluft, wenn diese, sich auf gemeinnützige Tätigkeiten «fürs Dorf» beschränkend, grössere frauenpolitische Aktionen oder

Spendenaufrufe für Hilfeleistungen in weiter entfernten Gebieten als «politische» Aktivitäten ablehnten. Gleichzeitig nahm die Frauenzentrale seit ihrem Bestehen eine Vermittlerrolle zwischen gemeinnützigen und politisch-rechtlichen Frauenorganisationen wahr.

Weibliches Aufgabenfeld

Ein Blick ins aktuelle Telephonbuch zeigt uns, dass wir bei den Einträgen «Hauspflege» oder «Kinderheim» noch heute häufig auf die Adresse eines Frauenvereins verwiesen werden. Linderung von Not bei Krankheit und Armut, Erziehung von Töchtern und Betreuung von Kleinkindern waren seit ihrem Bestehen das Hauptaufgabenfeld unserer Frauenvereine, bestimmen aber auch heute noch weitgehend ihr Engagement. Im folgenden will ich einen Überblick über Tätigkeitsfeld und ideelle Haltung der Frauenvereine geben.

Seit der zweiten Hälfte des letzten Jahrhunderts war die Erweiterung der hauswirtschaftlichen Ausbildung durch Kurse oder eigentliche Haushaltungsschulen wichtigster Punkt auf der Traktandenliste der Frauenvereine. Nach dem Vorbild der «Schweizerischen Gemeinnützigen Gesellschaft», unter dessen Ägide die Kochschulpionierin Pauline Wyder-Ineichen mit einem transportablen Kochherd «Wanderkurse» durchführte, initiierte der Liestaler Frauenverein einen «Kochkurs für Fabrikarbeiterinnen». Auch der Kurs des Liestaler Frauenvereins wurde von der «Gemeinnützigen

Koch- und Haushaltungsschule Sissach 1917. Emmy Buser-Thommen (dritte von links hinten) übernahm in diesem Jahr die Leitung.

Gesellschaft Baselland» (GGBL) mit zweihundert Franken unterstützt, die ebenfalls zum Kauf eines transportablen Kochherds und weiterer Kochutensilien verwendet wurden. Das Vorgehen der Liestalerinnen wurde zur Nachahmung empfohlen, und mit Stolz wird uns für die neunziger Jahre des letzten Jahrhunderts berichtet, es gebe «kaum mehr eine Gegend im Kanton, deren Töchtern und Frauen nicht Gelegenheit geboten worden wäre, sich Belehrung und Fertigkeiten in Haushaltungssachen zu

5 Gemeinnützige Frauenarbeit

Auch eine Aufgabe der Frauenvereine: Prämierung treuer Dienstboten (durch den Schweizerischen Gemeinnützigen Frauenverein).

3

holen». Mit Hilfe der von der GGBL eigens eingerichteten Kommission für Koch- und Haushaltungsschulen wurden für die unterrichtenden Frauen sogenannte «Leiterinnenkurse» durchgeführt.[13] Die Lehrerinnen waren Frauen der bürgerlichen Oberschicht, ausgerichtet waren die Kurse auf die weiblichen Angehörigen der mittleren und unteren Bevölkerungsklassen, die befähigt werden sollten, ein Hauswesen nach den Massstäben bürgerlicher Vorstellungen zu besorgen.

Unter dem Eindruck der zu Beginn unseres Jahrhunderts intensiv geführten Diskussion um die «Dienstbotennot» – womit nicht die Not der Dienstmädchen, sondern die Not der Bürgersfrauen, qualifizierte Angestellte zu finden, gemeint war – führten die bisherigen Aktivitäten der Frauenvereine zur Einrichtung des «Haushaltlehrjahres». Dieses entstand 1928 unter Federführung der kurz zuvor gegründeten «Frauenzentrale beider Basel» und war ihr erstes grosses Wirkungsfeld. Die Frauenzentrale setzte sich zum Ziel, gleichzeitig die Arbeitslosigkeit in vielen Berufen und den Mangel an Dienstbotinnen zu lindern, und wollte deshalb «die Vermittlung von Dienstlehrtöchtern in gute Hausstellen an die Hand nehmen […]».[14] Mit dieser Einrichtung sollte der steigenden Arbeitslosigkeit einer grossen Anzahl von – trotz gegenteiliger gesellschaftlicher Leitbilder – auf Erwerbsarbeit angewiesenen Frauen begegnet werden. Die Frauenzentrale übernahm die Verantwortung für den geregelten Ablauf des Lehrjahres, für die Lehrverträge und Abschlussprüfungen. Welch grossen Stellenwert die hauswirtschaftliche Ausbildung für die Frauenzentrale hatte, ermisst man daran, dass noch die Jahresrechnung für 1950 den weitaus grössten Budgetposten für Ausgaben im Zusammenhang mit dem Haushaltlehrjahr ausweist.[15]

Mädchenanstalt
Sommerau bei Gelterkinden.

In den hauswirtschaftlichen Lehrgängen erzogen die Frauenvereine ihre Geschlechtsgenossinnen zur ‹guten› Hausfrau, die den ausserhäuslichen Arbeitsertrag des Mannes richtig einzusetzen weiss. Nicht durch arbeitspolitische Forderungen für bessere Lebensbedingungen der Unterschichtsfrauen, sondern durch eine solche Erziehung zur Hausfrau suchten die – meist gut situierten – Mitglieder der Frauenvereine der Not der zu knappen Haushaltsbudgets armer Familien zu begegnen. Noch in dieser Tradition steht die Einrichtung einer Budgetberatungsstelle durch die Frauenzentrale, die heute, konfrontiert unter anderem mit dem aktuellen Problem der Verschuldung durch Kleinkredite, wichtige Hilfestellungen leistet.[16] Die Bemühungen gemeinnütziger Frauenorganisationen waren immer darauf ausgerichtet, die Effizienz hausfraulichen Wirkens zu steigern, ohne das traditionelle Frauenbild in Frage zu stellen.

> Die Bemühungen gemeinnütziger Frauenorganisationen waren immer darauf ausgerichtet, die Effizienz hausfraulichen Wirkens zu steigern, ohne das traditionelle Frauenbild in Frage zu stellen.

Tugendhaftes Hausfrauenverhalten fördern hiess gleichzeitig auch ‹gefallene Frauen› auf einen ‹sittlichen› Lebensweg zurückführen. Dieses Ziel verfolgten Gründungen wie das Frauenheim «Wolfsbrunnen» bei Lausen, das als «Zufluchts- und Arbeiterinnenheim für entgleiste Frauenspersonen und ihre Kinder» von der basellandschaftlichen Sektion des «Frauenvereins zur Hebung der Sittlichkeit» eingerichtet wurde, oder Zuwendungen an Heime wie die «Mädchenanstalt Sommerau» bei Gelterkinden.

5 Gemeinnützige Frauenarbeit

Ebenfalls tätig waren und sind Frauen in der Anti-Alkoholbewegung. Eine basellandschaftliche Sektion des «Schweizerischen Bundes abstinenter Frauen» besteht schon seit Beginn unseres Jahrhunderts, und auch die basellandschaftliche «Stelle für Alkoholgefährdete» wurde von Frauenorganisationen unterstützt.[17]

Neben Ausbildung und Tugenderziehung der Frau war ein weiteres wichtiges Aufgabenfeld der Frauenvereine der Aufbau von Kleinkinderschulen. Zwar handelten sie hier wiederum nicht autonom, sondern auf Geheiss männlicher Kommissionen, doch dessen ungeachtet wurden ihnen alle anfallenden Aufgaben von der Suche nach geeigneten Lokalitäten bis zur Anstellung einer Lehrkraft und der Bereitstellung der finanziellen Mittel überlassen.[18] In ihren Anfängen muss man sich diese Einrichtungen als «Hütedienst» vorstellen, hatte doch beispielsweise Frau Börlin in Binningen in den 1880er Jahren über 100 Kinder im Alter von zwei bis sechs Jahren «in einer mittelgrossen Stube» beaufsichtigt.[19] Für die Mütter oft kinderreicher Familien bedeutete diese Einrichtung aber eine grosse Entlastung.

Noch 1930 hatte die Kindergärtnerin Emma Schmid in Muttenz 76 Kinder zu beaufsichtigen.

5

Um weitere Hilfestellungen waren die Frauenvereine besorgt: Flickstuben, in denen für «kranke und überlastete Mütter» unentgeltlich geflickt und genäht wurde, das «Haus Walten», ein Ferienheim für überlastete Frauen, sowie eine «Hilfe für notleidende Mütter» wurden eingerichtet. Bis in jüngste Zeit beansprucht wird der «Fonds für Zahnprothesen» – heute als «Beitrag an Zahnarztrechnungen» –, der Zahnbehandlungskosten für Frauen übernimmt, deren Familienbudget keinen Batzen für ihre Zahnarztrechnungen übriglässt.

Finanziert wurden alle diese Hilfen durch die unentgeltliche Arbeit von Frauen, durch ihre Beiträge als Frauenvereinsmitglieder sowie durch den Erlös aus dem «Tag der Frauenwerke». Dieser wird seit 1949 jeweils einmal im Jahr im ganzen Kanton durchgeführt und stellt mit dem Verkauf von Geschirr- und Gesichtswaschtüchlein einen finanziellen Rückhalt für die gemeinnützige Frauenarbeit dar. Da die Waschtüchlein alle in Heimarbeit hergestellt wurden, konnte die Frauenzentrale – ein erwünschter Nebeneffekt – als Vermittlerin für eine zusätzliche Verdienstmöglichkeit auftreten.

Die Frauenvereine griffen auch die Frage der Kranken- und Hauspflege auf. Wie die ersten Kleinkinderschullehrerinnen wurden auch die ersten Gemeindekrankenschwestern von ihnen beschäftigt und besoldet. Durch Kurzlehrgänge in Krankenpflege versuchten die Frauenvereine, eine möglichst grosse Anzahl minimal ausgebildeter Frauen für die Pflegearbeit heranzuziehen. Auch Krankenutensilien wie Fiebermesser, Eisblase und Bettpfanne stellten sie aus ihren Mitteln bereit. Auf dem Gebiet der Krankenpflege wurden wie im Bereich von Erziehung und Ausbildung zahlreiche Einrichtungen in unentgeltlicher Frauenarbeit aufgebaut, die später als ausgereifte Institutionen von den Gemeinden übernommen wurden. So ist es kein Zufall, wenn, wie im Jahre 1927 in Bottmingen, ein Frauenverein in demselben Jahr die Krankenpflege in sein Tätigkeitsfeld integriert, in welchem er den Betrieb der örtlichen Kleinkinderschule an die Gemeinde übergibt. Wird eine über Jahrzehnte sorgsam gepflegte Einrichtung von der öffentlichen Hand übernommen, ist es dem Frauenverein finanziell möglich, sich einer neuen sozialen Aufgabe anzunehmen.

> Auf dem Gebiet der Krankenpflege wurden – wie im Bereich von Erziehung und Ausbildung – zahlreiche Einrichtungen in unentgeltlicher Frauenarbeit aufgebaut, die später als ausgereifte Institutionen von den Gemeinden übernommen wurden.

Die Behörden konnten auf die unentgeltliche Arbeit der Frauenvereine zählen: zum Beispiel in den Jahren 1966/67, als unter der massgeblichen Mithilfe der Frauenvereine über 57'000 Personen im Kanton gegen Kinderlähmung geimpft wurden. Aber auch heute kann auf ihre soziale Arbeit nicht verzichtet werden, bedenkt man nur die in den letzten Jahrzehnten neu übernommenen Verpflichtungen in der Betagtenhilfe. Von Frauenvereinen sind Anstösse zu Altersstuben und Altersnachmittagen, Kursangebote für Betagte und insbesondere auch zur Einrichtung von Alters- und Pflegeheimen ausgegangen. Sie übernehmen Mahlzeitenverteilungen, SOS-Fahrdienste und unentgeltliche Betreuungshilfen in den geriatrischen Abteilungen der Spitäler. So werden in der modernen Altersarbeit wiederum dringend benötigte Infrastrukturen in unbezahlter Frauenarbeit aufgebaut.

Ihr Wirken für die geschilderten sozialen Aufgaben verstanden die Frauenvereine «als stetes Aufbauen im Sinne der Nächstenliebe», und sie legitimierten ihr Auftreten für das öffentliche Wohl durch die Bezugnahme auf den traditionellen familiären Arbeitsbereich der Frau: «Immer war und ist unsere Arbeit ausgerichtet, der Familie und damit der Zelle des menschlichen Zusammenlebens in irgend einer Form zu helfen.»[20] Durch diese Ausrichtung förderte die gemeinnützige Frauenarbeit die Verfestigung der geschlechtsspezifischen Aufgabenteilung. Gleichzeitig band sie aber auch die Arbeitskraft der gut situierten, gemeinnützig tätigen Frau, die somit auf dem ausserhäuslichen, männerbestimmten Arbeitsmarkt nicht als Konkurrentin auftrat. Dass Staat und Gemeinden ihre Arbeit seit über hundert Jahren unentgeltlich in Anspruch nehmen, stellten die Frauenvereine nie in Frage. Das Gemeinwesen steht bei der gemeinnützig tätigen Frau in grosser Schuld, sie wiederum wirkt in bezug auf die Aufgabenteilung von Mann und Frau in unserer Gesellschaft in hohem Masse systemstabilisierend.

Zeiten besonderer Not – Zeiten besonderen Verdienstes

Eine Intensivierung, aber auch Verlagerung der gemeinnützigen Frauenarbeit brachten die Kriegszeiten. Bereits unmittelbar nach Ausbruch des Ersten Weltkriegs, am 3. August 1914, veröffentlichte der BSF in der Tagespresse einen Aufruf «An die Schweizerfrauen», «ihre Kräfte für das Vaterland einzusetzen»: «Nehmt mit Tapferkeit und Umsicht die Lasten auf euch, die ein Krieg mit sich bringt. Wirtschaftet sparsam [...]. Leistet auf allen Gebieten und besonders in der Landwirtschaft die Arbeit, die von den Männern nun nicht getan werden kann [...].»[21]

Die Frauen wollten die Möglichkeit ergreifen, ihre Fähigkeiten in noch nie dagewesenem Masse unter Beweis zu stellen. Da zwischen dem SGF und dem Roten Kreuz seit 1902 eine Abmachung bestand, gemäss der sich der SGF im Kriegsfall zur «Anfertigung von Bett- und Krankenwäsche» sowie zahlreichen weiteren Leistungen in der Kranken- und Verwundetenpflege, zu Sammlungen und zur Flüchtlingsbetreuung verpflichtete, wurden bald die Frauenvereine in der ganzen Schweiz zu entsprechenden Arbeiten herangezogen. Noch im Juli 1914 stand der Jahresausflug der Kleinkinderschule auf der Traktandenliste, und bereits Mitte August waren die Baselbieter Frauenvereine «betreffs Beisteuern für das Rote Kreuz» mit der «Anschaffung von Wolle und Barchent für Socken und Hemden» beschäftigt. Es wurde abgeklärt, wer bereit war, für die Soldaten zu stricken und zu nähen, und manch ein Frauenverein versammelte sich «alle Abende [...] im neuen Schulhause [...] zur Arbeit».[22] In der ganzen Schweiz entstanden in kürzester Zeit Berge von Socken, Hemden, Leibchen und Taschentüchern.

Kleinkinderschulen und Schulhäuser blieben nun mancherorts über Monate hinweg geschlossen, da das Militär die Unterrichtsräumlichkeiten beanspruchte. Die Frauenvereine aber besorgten wie selbstverständlich einen grossen Teil der nötigen Infrastruktur, wuschen und flickten für die Soldaten und veranstalteten Soldatenweihnachts-Bescherungen. Besondere Aufmerksamkeit liessen sie auch den überall entstehenden «Soldatenstuben» zukommen, wo sie den Männern eine warme Stube, Lektüre, alkoholfreie Getränke und Zwischenmahlzeiten anboten. Hier sammelten die Frauenvereine Erfahrungen, die sie nach dem Krieg in die «Gemeindestubenbewegung» einbrachten, für welche sie sich gemeinsam mit der «Gemeinnützigen Gesellschaft Baselland» engagierten.[23]

Neben der praktischen Wohltätigkeitsarbeit unterstützten die Baselbieterinnen auch die «Nationale Frauenspende», die als freiwilliger finanzieller Beitrag der Frauen an die kriegsbedingten Ausgaben des Staates gedacht war. In Liestal bildete sich ein Frauenkomitee als Zentralstelle für diese Sammlung, und in den einzelnen Gemeinden betätigten sich die Mitglieder der Frauenvereine als Sammlerinnen.[24]

> Frauenkraft wurde beansprucht und ausgeschöpft, Frauen aber hatten diese Herausforderung gesucht. Zeiten besonderer Not waren Zeiten besonderen Frauenverdienstes. Offen bleibt die Frage: Waren es auch Zeiten besonderen Frauenlohnes?

Ebenso wie während des Ersten Weltkriegs konnten Staat, Kanton und Gemeinden auch während des Zweiten Weltkriegs auf die tatkräftige Unterstützung der Frauenvereine zählen. Auch 1939 trafen sich schon im ersten Monat nach Kriegsausbruch auf Einladung der Frauenzentrale Baselland Delegierte der örtlichen Frauenvereine, Vertreterinnen des Samaritervereins, des Roten Kreuzes und des katholischen

«Kräfte für das Vaterland einsetzen» – als Rote-Kreuz-Schwester während des Ersten Weltkrieges.

Zur Soldatenfürsorge gehörte auch die Unterhaltung.

Frauenbunds mit dem für Fürsorgemassnahmen zuständigen Oberstleutnant und der Chefin des Frauenhilfsdienstes zur Koordination von Hilfsmassnahmen. Im Mittelpunkt stand wiederum die Soldatenfürsorge, und unverzüglich ging man daran, neue Soldatenwäschereien, Näh- und Flickstuben, Soldatenstuben und Soldaten-Krankenzimmer einzurichten, auch wenn es für manchen Frauenverein nicht einfach war, für die zahlreichen Aktivitäten geeignete Örtlichkeiten zu finden. Wieder produzierten Frauen in allen Gemeinden des Kantons für «Gottes Lohn» Hemden, Socken und Unterwäsche. In zahlreichen Gemeinden kümmerten sich die Frauenvereine auch um die Flüchtlingsfamilien aus dem Elsass.[25] Ferner übernahmen sie Haushaltsaufgaben überlasteter Bäuerinnen. Unzählige Arbeitsstunden erforderten die zahlreichen Sammlungen: Kleider, Wäsche und Geld, Brillen und Zahnprothesen für Kriegsgefangene und Internierte, Altwolle und Obst konnten erfolgreich zusammengetragen werden. In einer grossangelegten Aktion für das Rote Kreuz wurden Teekräuter wie Lindenblüten, Pfefferminze, Kamille und Schafgarbe gesammelt.[26]

Noch über die Kriegszeit hinaus betreuten die Frauenzentrale und die ihr angeschlossenen Organisationen kriegsgeschädigte Kinder und – immer wieder – Flüchtlinge. Eine Chronistin des Binninger Frauenvereins berichtet über die Arbeit mit Flüchtlingskindern: «Wie manche unserer Frauen und Töchter war damals fast Tag und Nacht um Verpflegungs- und Nachtlager armer Geschöpfchen bemüht. [...] Aber wir waren glücklich; in jenen Jahren durfte die beste Frauenkraft sich auswirken.»[27]

Frauenkraft wurde beansprucht und ausgeschöpft, Frauen aber hatten diese Herausforderung gesucht. Zeiten besonderer Not waren Zeiten besonderen Frauenverdienstes. Offen bleibt die Frage: Waren es auch Zeiten besonderen Frauenlohns? Wurde in den Amtsstuben der Männer wahrgenommen, dass die Mitarbeit der Frau in den verschiedensten Bereichen unentbehrlich war? Wurden die enormen Anstrengungen den Frauen durch eine Verbesserung ihrer gesellschaftlichen Stellung und vermehrte Mitspracherechte gelohnt? (Zu den Abstimmungen über das Frauenstimm- und Wahlrecht von 1926 und 1946 vgl. Aufsatz Nr. 8 von Sabine Kubli.)

5 Gemeinnützige Frauenarbeit

Die Männer in den Amtsstuben scheuten sich nicht, die freiwillige Frauenhilfstätigkeit in Anspruch zu nehmen, und sie taten dies unter Berufung auf die «natürliche Aufgabe der Frau». Die Frauen, die von sich sagen, «Aber wir waren glücklich; in jenen Jahren durfte die beste Frauenkraft sich auswirken», entgehen nicht der Gefahr, dass sie, wo nötig, beansprucht und später wieder «fallengelassen» werden, allein nach den Regeln von Nachfrage und Angebot, die keine Sicherheit für eine kontinuierliche Anerkennung der weiblichen Leistungen bieten.

Kleidersammlung für
Kriegsgeschädigte
in Sissach während des
Zweiten Weltkrieges.

8

Gemeinnützigkeit – die aktuelle Diskussion

M Mit zunehmender «Professionalisierung» der gemeinnützigen Arbeit stellt sich für die hier engagierten Frauen immer dringender die Frage: Wollen, können und sollen wir freiwillige gemeinnützige Arbeit leisten? Zur Diskussion steht das Konzept der unentgeltlichen Frauenarbeit im sozialen Bereich und die Frage, ob traditionelle Gemeinnützigkeit durch politische Ambitionen der Frauenorganisationen verdrängt werde. Dass diese Diskussion hochaktuell ist, entnehmen wir einem jüngeren Mitteilungsblatt der Frauenzentrale Baselland: «Auch an unserer Jahresversammlung kam das Thema Frauen und Politik wieder einmal zur Sprache. – Im Zusammenhang mit der Initiative Nationalrat 2000 und dem Frauenstreik vom 14. Juni meinte eine Delegierte, die Frauenzentrale sollte sich nicht um solche Dinge kümmern, da ‹wir doch alle gemeinnützig› seien.»[28] Die Aussage weist auf einen empfindlichen Punkt innerhalb der Frauenbewegung: Soll die Frau sich nur dann an der politischen Meinungsbildung beteiligen, wenn es um Anliegen geht, die sie in ihrem spezifischen Lebenszusammenhang als pflegende und fürsorgende Hausfrau betreffen? Für die Mitglieder der gemeinnützig tätigen Frauenvereine ist dieser Lebenszusammenhang auch heute selbstverständlich verbindlich und identitätsstiftend. Sie leisten in auffallender Kontinuität Wohltätigkeitsarbeit, die sich heute nicht wesentlich von der früherer Jahrzehnte unterscheidet. Wenn man heute von «Spitex» und «offenem Handarbeitsnachmittag» spricht, so hat sich zwar die Sprache verändert, aber die neuen Wörter stehen für vertraute Leistungen wie Krankenpflege und Anleitung zum Stricken und Nähen. Eine Berücksichtigung neuer gesellschaftlicher Erfordernisse bedeutet allenfalls die Betonung des gemeinsamen Erlebnisses: Entgegen dem früheren Ankämpfen gegen wirtschaftliche Not, ist es gegenwärtig ein Hauptaufgabenfeld der Frauenvereine, der Not der Einsamkeit zu wehren. Auch die in der Betagtenfürsorge tätige Mahlzeitenverteilerin leistet ungezählte Arbeitsstunden, wenn sie bei den oft einsamen Personen «auf ein Schwätzchen» verweilt. Diese Beziehungsarbeit wird – wie der grösste Teil gemeinnütziger Frauenarbeit – nicht bezahlt.

Als Schritt in ein ausserhäusliches Wirkungsfeld ist die freiwillige Wohltätigkeitsarbeit für viele Frauen noch immer attraktiv. Ob aber weiterhin am Konzept der unentgeltlichen gemeinnützigen Frauenarbeit wird festgehalten werden können, ist – auch unter den heute engagiert gemeinnützig tätigen Mitgliedern der Frauenvereine – zumindest umstritten. Von Frauenvereinen wird beispielsweise auch kritisiert, dass die Hoffnungen, mit dem Projekt der Spitex eine kostengünstigere Krankenpflege anzubieten, einzig auf den Einsatz nicht oder gering bezahlter Frauenarbeit gründeten. Treu dem ihnen zugeschriebenen Rollenbild engagieren sich Frauen auch heute in fürsorgerischen und betreuerischen Aufgaben, doch die Zukunft dieser freiwilligen sozialen Arbeit steht zur Diskussion.

Anmerkungen

1
Protokoll des Frauenvereins Bottmingen, Sitzung vom 25. Januar 1888.

2
Vgl. zu diesen Überlegungen Mesmer Beatrix, Ausgeklammert – Eingeklammert. Frauen und Frauenorganisationen in der Schweiz des 19. Jahrhunderts, Basel und Frankfurt am Main 1988, Kap. II.

3
Vgl. Gemeinnützige Tätigkeit in Baselland. Den Teilnehmern an der Jahresversammlung der Schweizerischen Gemeinnützigen Gesellschaft von 1906 in Liestal, sowie den Mitgliedern der Gemeinnützigen Gesellschaft von Baselland gewidmet, Liestal 1906, S. 43 ff.

4
Damit stand das Baselbiet zusammen mit dem Zürichbiet, wo in den späten dreissiger Jahren – ebenfalls von Pfarrern und Lehrern – die ersten Frauenvereine der Schweiz gegründet wurden, an der Spitze dieser Bewegung.

5
Mit dem Arbeitsschulgesetz von 1840 übernahmen Kanton und Gemeinden die Kosten für Lehrkräfte, den Frauenvereinen oblag die Aufsicht über Organisation und Lehrinhalte. – Vgl. Gemeinnützige Tätigkeit in Baselland, a. a. O., S. 43 f.

6
Frauenverein Binningen, Jahrhundert-Bericht 1852–1952, o. O. o. J., S. [1].

7
Ebenda., S. [6].

8
Abolitionismus: Bewegung zur Abschaffung der Prostitution. – Vgl. zu diesem Themenkreis: Käppeli Anne-Marie, A propos des origines du féminisme protestant en Suisse romande à la fin du XIXe et au début du XXe siècles, in: Arbeitsgruppe Frauengeschichte Basel (Hg.), Auf den Spuren weiblicher Vergangenheit, Zürich 1988, S. 149 ff.

9
Zur Entwicklung des Schweizerischen Katholischen Frauenbunds vgl. Mutter Christa, «Die Hl. Religion ist das tragende Fundament der katholischen Frauenbewegung», in: Arbeitsgruppe Frauengeschichte Basel (Hg.), a. a. O., S. 183 ff.

10
Basler Anzeiger, 7. Juni 1927.

11
Die Frauenzentrale Baselland feiert ihren 40. Geburtstag, in: Basellandschaftliche Zeitung, Nr. 192, 17. August 1967. – Jahresbericht der Frauenzentrale Baselland. 1948 (Manuskript).

12
Initiant war der Sissacher Hans Nebiker, der für die Idee eines Bäuerinnentags warb, welcher im Frühjahr 1929 mit grossem Erfolg in der Kirche Sissach durchgeführt wurde. – Graf-Buser Verena, 60 Johr Bürinne-Vereinigung beider Basel (Manuskript), [1990].

13
Gemeinnützige Gesellschaft von Baselland. Tätigkeitsbericht mit Rückblick über die vergangenen 80 Jahre 1854–1934, Binningen 1934, S. 15.

14
Brief von E. Vischer-Alioth an Frauenzentrale beider Basel vom 19. November 1927.

15
Jahresbericht der Frauenzentrale über die Tätigkeit pro 1950 (Manuskript).

16
Zur Gründung der Budgetberatungsstelle vgl. Protokolle der Frauenzentrale Baselland, Jahressitzung vom 23. Februar 1960 und Herbstversammlung vom 25. Oktober 1961.

17
Jahrbuch der Schweizerfrauen, Sektion Bern des Schweizerischen Verbandes für Frauenstimmrecht (Hg.), Bern 1915, S. 162. – Jahresbericht der Frauenzentrale Baselland 1948 (Manuskript). – Frauenzentrale Baselland, Protokoll der Vorstandssitzung vom 18. Juni 1959.

18
Protokolle des Frauenvereins Bottmingen, Sitzungen vom 17. Februar 1904 ff.

19
Frauenverein Binningen, Jahrhundert-Bericht 1852–1952, o. O. o. J., S. [2].

20
Protokoll der Frauenzentrale Baselland, Sitzung vom 30. April 1948.

21
National-Zeitung Nr. 213, 4. August 1914 und weitere Tagespresse.

22
Protokoll des Frauenvereins Bottmingen, Sitzung vom 18. August 1914.

23
Mit den Gemeindestuben wurde ein Raum geschaffen, wo man ohne Konsumationszwang verweilen konnte. Es handelt sich um eine Bewegung, die besonders während der Wirtschaftskrise der dreissiger Jahre an Boden gewann. – Zur Gemeindestubenbewegung in Baselland: Rebmann O., Zum 50jährigen Jubiläum des Gemeindestubenvereins Liestal (Manuskript), [1971] und Protokollbücher des Gemeindestubenvereins Liestal.

24
Z.B. Protokoll des Frauenvereins Bottmingen, Jahresversammlung vom 18. November 1915.

25
Protokoll des Frauenvereins Bottmingen, Sitzung vom 9. Mai 1940.

26
Zur Tätigkeit der Baselbieter Frauenvereine in der Zeit des Zweiten Weltkriegs vgl. Wirthlin Claudia, Auch die Baselbieter Frauen haben Grosses bewirkt, in: Basellandschaftliche Zeitung, 14. September 1989.

27
Frauenverein Binningen, a. a. O., S. [5]. – Jahresberichte der Frauenzentrale Baselland 1948 und 1951 (Manuskripte).

28
Frauenzentrale Baselland. Mitteilungsblatt, August 1991, S. [1].

Bildnachweis

1
Kantonsmuseum Baselland, Liestal

2 und 8
Fotosammlung Hodel, Gemeindearchiv Sissach

3 und 5
Aus: Hans Brandli, Muttenz in alten Ansichten, Zaltbommel (Niederlande) 1980

4
Schweizerisches Sozialarchiv Zürich

6
Foto Arnold Seiler, Familie Berger, Liestal

7
Familie Berger, Liestal

Beatrice Schumacher,
lic. phil. I, Basel, Historikerin

«Hesch Wösch?»
Die Welt der Wäscherinnen in einem Baselbieter Dorf und ihre Veränderung seit 1900

«Ja, Marie, zum Glück bin ich gestern vor Mitternacht fertig geworden. Hier ist der Schlüssel. Meine Älteste meint, wir sollten etwas häufiger waschen, und dafür nicht so viel aufs Mal. Sie ist jetzt ja in der ‹Uhri›, und dann ist es abends schon viel, wenn sie noch helfen muss. Also, was bin ich dir schuldig?» – «Vierzig Rappen am Tag wie immer, Emma, also, dann macht es achtzig.»

So oder ähnlich könnte eine alte Ziefner Posamenterin Ende der 1920er Jahre mit ihrer Waschhausverwalterin gesprochen haben. Wäsche waschen war Schwerarbeit, die bis in die sechziger Jahre dieses Jahrhunderts von vielen Frauen von Hand, zunehmend unterstützt von Waschmaschinen und Schwingen, geleistet wurde. Doch bis zum Vollautomaten hiess Wäsche waschen: sich mindestens einen Tag dafür Zeit nehmen, dampfendheisse Wäschestücke aus der Lauge ziehen oder sie ausgiebig in kaltem Wasser spülen, die nasse, schwere Wäsche unzählige Male von einem Trog in den nächsten Bottich heben und oft gleichzeitig auf die Kinder aufpassen.

Dass die Hausarbeit und gerade auch das Waschen eine Geschichte haben, ist in den letzten Jahren vermehrt beschrieben worden.[1] Wir wissen, dass ein Grossteil der Hausarbeiten nicht nur in die Privatsphäre einzelner Haushalte «entschwunden» ist, sondern dass als Voraussetzung dafür Maschinisierung und Automatisierung die früher nötigen Arbeitsvorgänge buchstäblich unsichtbar werden liessen. Ebenso ist deutlich geworden, dass durch die Automatisierung kaum weniger Zeit auf das Waschen verwendet wird, wenn nicht mehr: Während früher zweimal im Jahr etwa zwei bis drei Tage lang gewaschen wurde, die Wäsche länger getragen wurde und längst nicht alle Bekleidungsstücke waschbar waren, so wird heute in vielen Haushalten jede Woche der Automat laufen gelassen: Waschen ist innert weniger als 100 Jahren vom Grossereignis im Haushalt zur alltäglichen Handlung geworden. Damit veränderten sich nicht nur ein Arbeits- und Lebensbereich von Frauen, sondern auch die Bedeutungen und gesellschaftlichen Werte, die mit dem Waschen verknüpft sind. Es veränderte sich ein Teil der Alltagskultur oder sogar ein soziales Gefüge. Anders ausgedrückt: Waschen heisst mehr als Wäsche von Schmutz zu befreien.

In diesem Beitrag steht das Waschen in einem Baselbieter Dorf im Zentrum: Ziefen. Ziefen war seit dem 18. Jahrhundert ein Posamenterdorf mit der für das

Baselbiet typischen Kombination von Heimarbeit und Kleinbauerei. Den Niedergang der Bandindustrie nach dem Ersten Weltkrieg versuchte man mit einer Uhrenfabrik, einer Filiale der Oris in Hölstein, wettzumachen. Die Ziefner «Uhri», wie die inzwischen eingegangene Uhrenfabrik in der Umgangssprache genannt wird, wurde gerade für Frauen der Arbeitsplatz, zu dem es wenig Alternativen gab.

In Ziefen gab es vier genossenschaftlich betriebene Waschhäuschen, die sogenannten «Buuchhüsli».[2] Der Name stammt aus den Zeiten, als Lauge aus Buchenasche verwendet wurde und man auch nicht von «waschen», sondern von «buuchen» sprach. Jedes dieser Waschhäuschen wurde von bestimmten Familien benutzt und hatte einen Verwalter oder eine Verwalterin, die über Einnahmen und Ausgaben Buch führten. Ein Teil dieser «Waschbücher» ist erhalten geblieben und erlaubt einen Einblick in Benutzungshäufigkeit, Neuanschaffungen von Geräten und Maschinen, allgemeine Unkosten und anderes. Was aber bedeutete Waschen für die Frauen, was bedeutete das Waschhäuschen, und wie hat sich dieser Lebens- und Arbeitsbereich im 20. Jahrhundert verändert? Um Antworten auf solche Fragen zu bekommen, habe ich im Sommer 1991 Gespräche mit Ziefnerinnen geführt, die in den «Buuchhüsli» gewaschen haben, und auch mit solchen, die diese Institution nie benutzt haben, weil sie eine eigene Wascheinrichtung hatten.

Wenn es zu Beginn solcher Gespräche einigen Frauen manchmal schien, das Waschen sei schnell erklärt, so ergaben sich während des Erzählens Geschichten, und nochmals Geschichten, Geschichten, hinter denen Erfahrungen stehen. «Was machen Sie jetzt mit dem, was ich da erzählt habe?», hat mich am Schluss eines Gesprächs eine Frau gefragt. Was mache ich? Zwischen einer einzelnen Geschichte, erzählt in einer Stube, und einem Text über viele solcher Gespräche, liegen Welten. In einem gewissen Sinn erzähle aber auch ich eine Geschichte, die versucht, Erinnerungen und Erfahrungen weiterzugeben, festzuhalten und auch zu deuten. Konkret heisst das: der Versuch einer Annäherung an die Welt des Waschens in einem Baselbieter Dorf – erzählenderweise.[3]

Einweichen: Eingeweicht wurde in der Regel am Abend vor dem Waschtag. Im 19. Jahrhundert wurde dazu eine Lauge aus Buchenasche verwendet, gegen die Jahrhundertwende begann man das industriell hergestellte Soda zu verwenden. Wenn die Ziefner Frauen mit ihrer Waschhausverwalterin den nächsten Waschtag abmachten, fragten sie immer auch, ob am Tag zuvor jemand wasche, denn dann konnte man für das Einweichen vom übriggebliebenen warmen Wasser profitieren. Die sortierte Wäsche wurde im Bottich geschichtet, die schmutzigste zuunterst, in Sodawasser eingeweicht und mit dem Stössel bearbeitet. Dann blieb sie die ganze Nacht liegen.

An das Waschen sind seit dem letzten Drittel des 19. Jahrhunderts zunehmend höhere Ansprüche gestellt worden. Die Hygienisierung aller Lebensbereiche, gefordert von Medizinern, getragen von staatlichen Interessen und umgesetzt und verbreitet von bürgerlichen Kreisen, vor allem auch Frauenvereinen, hatte nichts weniger als eine Umkrempelung beinahe aller Lebensbereiche zum Ziel.[4] Sauberkeit und Hygiene von Körper und Wäsche waren eine der wichtigsten Voraussetzungen, um das Ziel einer gesunderen Bevölkerung zu erreichen. Es wird angenommen, dass um die Jahrhundertwende die neuen Sauberkeitsnormen bereits anerkannte Werte waren. Hingegen ist zu bezweifeln, inwiefern ihnen auch nachgelebt wurde, genauer: nachgelebt werden konnte, denn Waschen war ein mühsames Unternehmen: Wenn nun verlangt wurde, dass Wäsche häufiger gewechselt, Unterwäsche überhaupt getragen, alle ein eigenes, voll angezogenes Bett haben sollten und infolgedessen in kürzeren Abständen mehr Wäsche gewaschen werden sollte, stellte dies zum einen aus zeitlichen und technischen Gründen eine schwer erfüllbare Aufgabe dar. Zum andern galt es, die alte Bedeutung, die an die Waschhäufigkeit geknüpft war, zu überwinden. Bis anhin hatte man nur ein bis zweimal im Jahr «Grosse Wäsche» abgehalten. In ländlichen Gebieten war das meistens im Frühjahr und im Herbst. Der Wäschevorrat war so berechnet, dass er für mindestens fünf bis sechs Monate oder länger ausreichen musste. Wer weniger Wäsche besass, konnte sich das Ereignis der «Grossen Wäsche» gar nicht leisten und musste häufiger kleinere Wäschen abhalten. Denn wenn nach der langen Waschprozedur die -zig Leintücher, Bettanzüge, Handtücher, Unterhemden, Herrenhemden und vieles mehr an der Leine im Baumgarten hingen, war dies der allen sichtbare Ausweis des Vermögens einer Familie, ihres sozialen Status. Und im Grunde war es weitgehend auch der Vermögensausweis der Ehefrau, denn was da fein säuberlich und geordnet hing, war ja grösstenteils die in die Ehe eingebrachte Aus-

> Wenn nach der langen Waschprozedur die -zig Leintücher, Bettanzüge, Handtücher, Unterhemden, Herrenhemden und vieles mehr an der Leine im Baumgarten hingen, war dies der allen sichtbare Ausweis des Vermögens einer Familie, ihres sozialen Status.

1966: Für diese 23 Frauen gehört das Waschen von Hand im genossenschaftlich betriebenen «Buuchhüsli» in Ziefen der Vergangenheit an. Ihre letzte Versammlung gilt nicht der Arbeit, sondern dem Vergnügen: Im Sonntagsstaat geht es auf eine Carreise – finanziert aus dem übriggebliebenen Geld in der Waschkasse.

1

steuer. Mit der «Grossen Wäsche» verschwand ein Bedeutungssystem. An seine Stelle sollte ein neues, subtileres treten, das auf den Werten Sauberkeit und Reinheit aufbaute und ebenso soziale Differenzierungen auszudrücken vermochte. Weniger die Menge der Wäsche als die Kunst des Waschens einer jeden Hausfrau wurde nun an der Leine präsentiert, und daran knüpfte ein Wissen um die Nachbarinnen an, das sichtbar und zugleich verschwiegen war. Doch dazu später.

6 Waschen im Dorf

W Waschen: Es tagt. Jetzt heisst es, Schmutz und Flecken mit Bürsten und Waschbrett auswaschen. Zum Glück brennt schon ein Feuer unter dem grossen «Kessi». Emmas Mann ist früher aufgestanden und hat seinen Beitrag zur Wäsche geleistet. Emma ist beladen mit einem Pack Seifenflocken, zwei Stück «Sunlicht»-Seife und einem Päckchen Persil, das es seit 1907 zu kaufen gibt. Ein kleiner Bottich mit warmer Lauge kommt auf ein Vierbein zu stehen, darin steht ein Waschbrett. Jedes Wäschestück wird einzeln eingeseift und gerieben. Die Hände werden von der Lauge und dem Reiben geschunden sein.

Um 1900 haben in Ziefen die meisten Frauen zweimal im Jahr gewaschen, einige nur einmal, andere dreimal. Bis zum Ende des Ersten Weltkrieges nahm die Zahl der jährlichen «Grossen Wäschen» leicht zu, so dass eher drei Wäschen die Regel wurden. Nach dem Krieg gab es eine deutliche Steigerung: Drei Wäschen scheinen nun das mindeste gewesen zu sein. Einzelne Frauen wuschen bis zu sieben Mal im Jahr. Gleichzeitig wurden in den Waschhäusern arbeitserleichternde Massnahmen eingerichtet, so im Lauf der 1920er Jahre das elektrische Licht. Bald darauf konnten sich alle Waschhäuschen – mit einer gewissen zeitlichen Verschiebung – auch einen Wasserhahn leisten. Jetzt musste das Wasser nicht mehr mit einem Kännel vom Brunnen in das Häuschen geleitet werden, doch von Trog zu Bottich zu «Kessi» musste es nach wie vor von Hand geschöpft werden.

Alle Ziefner Waschhäuschen standen am Bach (Hintere Frenke).
Dicht daneben steht jeweils ein Dorfbrunnen.

2

Möglicherweise sind die häufigeren Wäschen pro Jahr ein Zeichen, dass dem Hygienepostulat vermehrt nachgelebt wurde. Am Rande sei bemerkt, dass Mitte der 1920er Jahre auch die Hauptstrasse geteert wurde, die zuvor immer staubig und voller Kot gewesen sei. Doch von einer wirklichen Ablösung des Systems der «Grossen Wäsche» kann man – glaubt man den Waschbüchern – nicht ausgehen. Ende der 1920er Jahre wurde wieder weniger gewaschen, und in den Krisenjahren 1932 und 1933 haben viele Ziefner Frauen nur zweimal im Jahr gewaschen. Ob dies ein Zeichen ist, dass man an einem alten System festhielt, oder ob die schwierigen wirtschaftlichen Verhältnisse keine andere Wahl liessen, muss eine offene Frage bleiben. Eine Ausnahme machte jedenfalls der Arzthaushalt. Hier wurde Anfang der 1930er Jahre neunmal pro Jahr gewaschen. Das dürfte nun sicher kein Zeichen von Armut, sondern von neueren Hygienevorstellungen sein, die – nebenbei bemerkt – mit grosser Wahrscheinlichkeit eine Waschfrau zu erfüllen hatte. Was von Ärzten und speziell Hygienikern seit dem Ende des 19. Jahrhunderts propagiert wurde, scheint den Ziefnerinnen hier vorgelebt worden zu sein.

> Eine Ausnahme machte der Arzthaushalt. Hier wurde Anfang der 1930er Jahre neunmal pro Jahr gewaschen. Das dürfte nun sicher kein Zeichen von Armut, sondern von neueren Hygienevorstellungen sein.

Häufigeres Waschen machten aber auch die neuen Arbeitsbedingungen für Frauen, der Zwang zur ausserhäuslichen Erwerbsarbeit, erforderlich. Die Tochter einer Posamenterin und spätere Fabrikarbeiterin und Hausfrau erzählt: «Früher hatte die Mutter eine Waschfrau, die ist dann gestorben. Wir (die Töchter) waren dann alt genug, und so haben wir geholfen. Aber als wir dann in der ‹Uhri› waren, da wurde es uns zuviel, wenn das jeweils zwei bis drei Tage ging. Wir haben dann zur Mutter gesagt, wir wollen lieber nicht so lange warten und dafür in einem Tag fertig sein. Ja, früher hat man immer so lang gewartet.» Diese Schilderung für die späten 1920er und frühen 1930er Jahre macht deutlich, dass das, was einst zum Ehrenkodex gehört hatte, durch geänderte Arbeitsbedingungen nicht mehr lebbar war.

Die befragten Frauen berichten für die 1930er Jahre von häufigeren Wäschen, als die Eintragungen in den Waschbüchern vermuten lassen. Das kann verschiedene Gründe haben. Einer ist wohl der, dass zu der «Grossen Wäsche», die im «Buuchhüsli» erledigt wurde, immer auch kleinere Wäschen kamen. «Zu Hause hatte man einen kleinen Waschhafen auf einem Holzherd. Leibwäsche, kleinere Wäsche, von der man nicht so viel hatte, Socken, Strümpfe und so weiter» seien hier fortlaufend von Hand gewaschen worden. Waren kleine Kinder im Haushalt, so stand dieses «Windelhäfeli» immer auf dem Herd, – und der dazugehörende «Windelduft» im Haus. Waschen in der Küche war im übrigen für viele Städterinnen für sämtliche Wäsche der Normalfall. Wo kein privates oder gemeinsames Waschhaus vorhanden war, hatte man auch in ländlichen Gebieten, vor allem im Winter, keine andere Möglichkeit. Waschküchen waren in Häusern des 19. Jahrhunderts und älteren durchaus noch keine Selbstverständlichkeit. Genossenschaftliche Waschhäuschen, wie es sie in Ziefen gab, boten da natürlich grosse Vorteile: «Das Waschhaus dient wie anderswo zu grösserer Bequemlichkeit bei Wäschen an Platz und Wasser, als auch zur Vorsorge gegen Feuergefahr» lautet etwa die Zweckbestimmung in den Statuten einer Ziefner Waschgenossenschaft.

Das Waschrecht in einem bestimmten «Buuchhüsli» war als ein Recht des einzelnen Hauses verbreitet. Die Häuser entlang der Hauptstrasse hatten mit wenigen Ausnahmen alle das Waschrecht in einem der vier «Buuchhüsli», die alle entlang von

Bach und Strasse je neben einem Dorfbrunnen standen. Die «Buuchhüsli» scheinen eine lange Tradition zu haben. Auf einem Vogelschauplan von 1679 sind sie erstmals eingezeichnet, an denselben Standorten wie noch im 20. Jahrhundert.[5] Die Genossenschaften gliederten sich nach den verschiedenen Dorfabschnitten, die bis heute die grundlegende Orientierung in dem langgestreckten Dorf bieten und je eine Art eigene Identität ausgebildet haben: Unterdorf, Tummeten, Mitteldorf und Oberdorf. Da aber Hausverkäufe eher selten vorkamen, hingen die Waschrechte an einzelnen Familien und gingen jeweils an die nächste Generation über. Die Waschhausgenossenschaften bildeten also auch eine Art inneren Kern des Dorfes. Neueintritte waren zwar immer möglich, jedoch gegen Bezahlung einer Eintrittsgebühr, die sich oft an den letzten grösseren Ausgaben und den von den Mitgliedern geleisteten Beiträgen orientierte. Diese Hürde lag in den Jahren vor dem Ersten Weltkrieg bei Fr. 10.– bis 15.– und war damals durchaus nicht von allen Interessierten problemlos zu leisten. Es konnte schon vorkommen, dass die Fr. 15.– im Lauf von drei Jahren in Raten bezahlt wurden. Bei den meisten Genossenschaften konnten auch Nichtmitglieder waschen, hatten aber den doppelten Benutzungstarif zu bezahlen. In einem Waschhaus waren aber ‹Fremde› nicht erwünscht, es sei denn, es handelte sich um eine Familie, die als zweite Partei in einem Haus zu Miete war, welches das Waschrecht hatte. In diesem Fall musste die finanzielle Seite der Wäscherei mit dem Hausbesitzer geregelt werden. Der Hausbesitzer war auch der namentlich genannte Genossenschafter, nicht etwa dessen Frau. Das blieb so bis nach dem Zweiten Weltkrieg. Dann erscheinen sowohl in den Listen der Mitglieder als auch bei den einzelnen Einträgen für einen Waschtag die Namen der waschenden Frauen.

> Das Waschrecht in einem bestimmten «Buuchhüsli» war als ein Recht des einzelnen Hauses verbrieft. Die Häuser entlang der Hauptstrasse hatten mit wenigen Ausnahmen alle das Waschrecht in einem der vier «Buuchhüsli», die alle entlang von Bach und Strasse je neben einem Dorfbrunnen standen.

Das gemeinsame Waschhaus, von den heute befragten Frauen häufig mit der Waschküche in einem städtischen Mehrfamilienhaus verglichen, bedeutete aber mit zunehmender Anzahl Wäschen pro Haushalt auch eine Einschränkung. Mehr als einmal monatlich konnte man bei einer Mitgliederzahl von 15 bis 20 Familien gar nicht waschen. Für die erwerbstätigen Frauen, in erster Linie für die Fabrikarbeiterinnen, stellte die Absprache für das Waschhaus ohnehin eine zusätzliche Erschwerung dar. «Am liebsten wusch man am Samstagnachmittag», erinnert sich eine ehemalige Fabrikarbeiterin, «aber das ging natürlich nicht immer.»

Kochen: Nach dem Auswaschen wurde die weisse Wäsche gekocht, etwa zwanzig Minuten bis eine halbe Stunde. Das Waschhaus ist jetzt voller Dampf, Emma tritt einen Moment unter die Türe. Da kommt gerade Paula. «Hesch scho verno? S' Choche-Marilis-Heiri hett…»

«…ja und damals war es so, dass die Türe gegen die Strasse ging, und im Sommer war die immer offen. Und dann kam manchmal eine Frau zum Plaudern. Darum hat man früher den Wäscherinnen Waschweiber gesagt.» Oft schien den Auskunft gebenden Frauen auch eine Erklärung zu diesem Schwatzen nötig: «Die Leute früher haben nicht so viel Vergnügen gehabt», oder: «Es gab ja noch keinen Radio, kein Fernsehen.» Fast scheint es, als müssten die befragten Frauen eine der positivsten Erinnerungen an die anstrengende Handwäsche heute noch einmal rechtfertigen. ‹Waschweib› – das ist ein negativ beladener Begriff geblieben, der nie eine Eigenbezeichnung war, sondern immer die Sicht Aussenstehender, nicht zuletzt die der Männer, widerspiegelte. Dass «von den Wasch-Weibern das meiste unnütze geredet werde»[6], war die allgemeine Meinung. Doch diese Verharmlosung dessen, was Frauen verhandelten, war nur die eine Seite. Die andere bestand in einem Respekt vor dem Wissen der Waschfrauen und deren Möglichkeiten, dieses auch zu verbreiten. Solches Wissen konnte bei gemeinsam waschenden Frauen an Bächen oder Flüssen zusammenkommen, vor allem aber bei den professionellen Waschfrauen. Diese arbeiteten für verschiedene Herrschaften und sahen und hörten vieles. Für ihre Auftraggeberinnen stellten sie immer ein gewisses Risiko dar, deshalb wurden sie vergleichsweise zuvorkommend behandelt. Zwischen beiden musste ein Vertrauensverhältnis herrschen, das nicht nur Garantie bot, dass die Wäsche gut behandelt wurde, sondern auch die Loyalität gegenüber der Familie aufrechterhalten wurde.

In den Ziefner Waschhäuschen wurde zwar üblicherweise alleine gewaschen, doch fand die Arbeit mitten im Dorf, für alle sichtbar statt. Sich dort anzutreffen und einen kürzeren oder längeren Schwatz abzuhalten, war eine nicht unwichtige Komponente eines Waschtages. In solchen Gesprächen ging es um Neuigkeiten aus dem Dorf, und in dieser Hinsicht konnte das Waschhäuschen eine wichtige Funktion in der dörflichen Kommunikation einnehmen. Dabei ging es keineswegs immer um Sensationen: Schwatzen heisst auch, jemanden grüssen, abschätzen, ob das Wetter wohl halte, den immer gleichen Spruch machen. Es waren alltägliche Gespräche, deren Inhalt beiläufig sein konnte. Entsprechend blieben nicht einzelne Gespräche in der Erinnerung haften, sondern der Charakter solcher Unterhaltungen und ihre Bedeutung für die, die an ihnen teilhatten. Einblicke, wenn auch beschränkte, in solche Gespräche und die Funktion des Waschhauses als Teil der Dorföffentlichkeit sind wiederum nur durch Gespräche mit damals Beteiligten möglich, so dass wir erst ab den 1930er Jahren etwas genauer informiert sind.

> Dabei ging es keineswegs immer um Sensationen: Schwatzen heisst auch, jemanden grüssen, abschätzen, ob das Wetter wohl halte, den immer gleichen Spruch machen. Es waren alltägliche Gespräche, deren Inhalt beiläufig sein konnte.

In solchen Gesprächen wurde oft das verhandelt, was sichtbar war. Doch die banale Frage «Hesch Wösch?», die sich jede und jeder selber beantworten konnte, zeigte an, dass man zur Kenntnis genommen hatte, wer gerade im «Buuchhüsli» war. Es konnte auch der Anfang eines Gesprächs sein, doch zwingend war es nicht. Die Art zu grüssen, einander zu begegnen, einen Spruch zu machen, waren an sich schon Mitteilungen, die das Bild einer Person und die Beziehung zu ihr immer wieder bestätigten. Eine kleine Änderung konnte bedeutungsvoll sein und aufhorchen lassen. Darauf basierte ein Sich-kennen, das Freuden, Sorgen und ein stilles Wissen um die anderen einschloss. Das Waschhaus und die verschiedenen Möglichkeiten, die es bot, Kontakt aufzunehmen, eine Neuigkeit weiterzugeben, ein Problem zu besprechen oder Hilfe zu suchen, machten es zu einem der wichtigen Orte im Dorf, wo nicht einfach die neuesten Neuigkeiten weitererzählt wurden, sondern wo sich die Frauen und in weiterem Rahmen der Dorfteil oder das Dorf als Gemeinschaft immer wieder neu bestätigten.

«Man hat sich gekannt, man hat sich geholfen.» Diese Erfahrung von Gemeinschaftlichkeit, Zusammengehörigkeitsgefühl und Auf-einander-angewiesensein prägt die Erinnerungen an das ganze Dorfleben von ‹früher›. Dazu gehören Arbeitsbereiche, wo man Hilfe nötig hatte, genausogut wie das Feierabendbänkchen

6 Waschen im Dorf

vor dem Haus. Die «Buuchhüsli» sind Orte, an denen diese Kollektivität sich in der Form einer Genossenschaft ausdrückte und auch direkt gelebt wurde. Helfen konnte heissen, einer Frau mit Kindern ein paar Schöpfkellen Lauge für die Windelwäsche zu geben. Oder es konnte vorkommen, dass jemand sagte: «Ich chumm dr denn cho hälfe.» Dieses Helfen beruhte auf Gegenseitigkeit, hatte aber keine Regeln, sondern hing ab von der jeweiligen Einschätzung, wer es nötig habe, und natürlich von der Sympathie und der Initiative der helfenden Frau. Es lebte aus einem Sich-kennen und Wissen um die momentane Situation einer anderen Familie. Nach wie vor war Waschen in Ziefen aber auch Erwerbsarbeit von Waschfrauen. So gab es eine Anzahl von Frauen, die häufiger im «Buuchhüsli» anzutreffen waren als andere.

«Ja, die Hedi, die hat oft gewaschen und vielen Leuten geholfen. Die hat schon viel gewusst», erinnert sich eine der Gesprächspartnerinnen, und fügt in bestimmtem Ton hinzu: «Aber si hett nit grätscht!». Reden hat auch etwas mit Schweigen zu tun. ‹Schwatzen› heisst nicht ‹rätsche›, weitererzählen. Das Wissen um Tun und Lassen anderer Leute verpflichtete zu einem gewissenhaften Umgang. Hier stand die Vertrauenswürdigkeit einer jeden Frau zur Diskussion. Doch ist das Reden eine Welt, die für die, die an ihr teilhatten, von Bedeutung war. Dass sie bestehen konnte, erforderte Diskretion, eine Diskretion, die bis heute nachwirkt und Fragende zu Neugierigen macht. Das ist ein Grund für die Zurückhaltung beim Reden über das Reden im

Rabenschwarz trifft auf Blütenweiss: Die Wäsche an der Leine hängt nicht nur zum Trocknen, sondern auch zur Beurteilung, sei es im Baumgarten oder wie hier in einem Vorgarten im Waldenburgertal.

Waschhaus. Ein anderer, ebenso wichtiger, ist der, dass nicht der Eindruck entstehen soll, der Waschtag sei ein Tag des Vergnügens gewesen. Die Situation war und blieb eine Arbeitssituation, die auch über die Kommunikationsmöglichkeiten bestimmte. Und diese Arbeitssituation konnte je nach Familiengrösse, Erwerbsarbeit und anderem auch Nachtarbeit bedeuten. Am ersten Abend wurde eingeweicht, am folgenden gewaschen. Da kam niemand vorbei.

N **«Noocheluege»: Eine halbe Stunde ist vorbei. Emma nimmt die Waschzange und zieht Stück für Stück aus der kochenden Lauge. Über Stecken und ein Holztröglein gelegt, muss die siedend heisse Wäsche abtropfen und erkalten. Nach dem Kochen wurde die ganze Wäsche ‹noochegluegt›, das heisst einer genauen Kontrolle unterzogen, ob kein Fleck übrig geblieben war.»**

Sorgfalt, Sauberkeit, schöne Wäsche: Wie ein roter Faden ziehen sich diese Werte durch die Schilderungen der anstrengenden und kräfteraubenden Wascharbeit. Denn wenn die Wäsche an der Leine hing, wurde sie zum Aushängeschild im wahrsten Sinn des Wortes.

Dass alle Wäsche nach dem Kochen noch einmal begutachtet wurde, fand bei einigen der befragten Frauen spezielle Erwähnung. Dass man auf Sorgfalt und Genauigkeit geachtet hatte, wurde nicht selten mit dem Zusatz versehen, dass die Mutter oder die Grossmutter dies auch immer so gehalten hätten. Waschtechniken wurden tradiert, von Kindsbeinen an beobachtet und so gelernt, oft ohne dass man sich eines Lernens bewusst war. Weitergegeben und gelernt wurden dabei aber nicht nur Verfahrensweisen, sondern auch Werte wie ‹Sorgfalt›. Damit verbunden war das Wissen darum, dass gewaschene Wäsche nicht zwangsläufig ‹schöne Wäsche› war.

Das «Buuchhüsli» war ein geradezu prädestinierter Ort, wo das Wie des Waschens auch in späteren Lebensjahren zur Debatte stand. Sicher war es nicht der einzige Ort. Hier aber war es augenfällig, beobachtbar. Hier konnte etwas ‹gelernt› werden, sei es, wie man es auch noch machen könnte, oder wie man es eben bestimmt nicht machen sollte. Denn auf dem Weg durch den Waschprozess waren einige Hürden zu nehmen, dass die Wäsche weder gräulich noch gelblich oder gar bläulich wurde. Wer aber liess sich auf die Konkurrenz um die ‹schöne Wäsche› ein, wer interessierte sich für Tips und Tricks, wer gewann Freude am Waschen und konnte von sich sagen, dass sie gerne gewaschen habe?

3 **Brühen: Emma legt Holz nach. Noch einmal braucht es heisses Wasser, um die Seife aus dem Gewebe zu lösen.**

Es mag viel geredet worden sein, aber alles wurde nie gesagt. Denn: «Man wusste schon, wer schöne Wäsche hatte und wer nicht.» Die Wäsche spricht eine Sprache, die auf Worte verzichten kann. Das ist wohl heute noch so, aber ein Ausweis der Tüchtigkeit, des Könnens, der Beherrschung einer Kunst ist es nicht mehr.

Wäsche musste nicht nur sauber, sondern schön sein. Und Schönheit mass sich nicht zuletzt daran, wie weiss die Leintücher waren, aber auch wie sorgfältig und geordnet die gewaschenen Sachen an der Leine hingen: die Nastücher bei den Nastüchern, die Hemden bei den Hemden, die Unterhosen nicht gerade gegen die Strasse, sondern irgendwo zwischen den grossen Stücken.

Werfen wir einen kurzen Blick zurück: Seit der Jahrhundertwende hatte sich ein neuer Sauberkeitsstandard durchgesetzt, und Hygiene hatte sich als neuer Wert in vielen Lebensbereichen durchgesetzt. Sauberkeit war ausserdem gleichzeitig mit Moral gekoppelt worden. Wer den neuen Anforderungen nicht genügen konnte, also schmutzig war, galt fortan auch als liederlich. So konnte sich auch eine Empfindung entwickeln, die es zuvor so nicht gab, der ‹Armeleutegeruch›. Sauberkeit war bald ein Kriterium, das etwa über die Unterstützungswürdigkeit einer Familie entschied, und zwar auch in den Augen der Betroffenen selber.

5 Schwenken: Inzwischen liegt die Wäsche im Trog und wird drei, vier, fünfmal gespült. Das Wasser ist kalt. «Jetzt geht's ja noch», denkt Emma, «aber das nächste Mal ist dann schon November...»

Dass weniger auch mehr sein kann, das wurde den Ziefnerinnen zum Beispiel beim Spülen klar. Da das Brunnenwasser sehr hart ist, bildeten sich leicht Kalkablagerungen, welche die Wäsche gräulich und brettig machten. Sauberkeit war zwar ein neuer Wert mit sozialer Bedeutung geworden, aber darin allein lag die Zeichensprache der Wäsche nicht begründet. Sauberkeit war die stillschweigende Voraussetzung. Man musste eben wissen, wie zu waschen war, und in diesem Wissen und Können lagen die feinen Unterschiede, daran bildete sich ein Wissen um die anderen aus.

3 Bläuen: Ins letzte Spülwasser kamen Bläuekugeln, denn ein Hauch Blau lässt weiss weisser werden. Der Griff in die Schachtel mit den blauen Kügelchen brauchte Erfahrung, war fast ein wenig eine Kunst. Emma nimmt diesmal etwas weniger als letztes Mal. Nichts schlimmer als blaue Wäsche!

Ob eine Frau auch heute noch sagen kann: «Ja, ich habe gerne gewaschen», oder ob Waschen eine unumgängliche Pflicht war, hat keine rein individuellen Gründe. Die Möglichkeiten, beim Wettbewerb um die ‹schöne Wäsche› mitzuspielen, waren ungleich, denn sie bestimmten sich aus den Arbeits- und Vermögensverhältnissen, aus dem sozialen Status. Wem wenig Zeit für die Hausarbeit blieb, wer oft nachts waschen musste, – dieser Frau bot sich das Waschen kaum als ein Feld der Profilierung an. Die Wäsche musste sauber sein. Wer sich aber Zeit für einen Waschtag nehmen konnte, vielleicht anderen Frauen beim Waschen half, nicht an tägliche starre Arbeitszeiten ausser Haus gebunden war und mehrheitlich als Hausfrau arbeitete, was eine gesichertere ökonomische Lage anzeigt, konnte es sich leisten, auf die Wäsche Wert zu legen, genauer: Werte in die Wäsche und das Waschen zu legen. Auf dem allgemein akzeptierten Standard von Sauberkeit und Hygiene bildeten sich Differenzierungen aus: die einen erfüllten «nur» das Sauberkeitsgebot, die andern konnten sich eine Ästhetisierung leisten, die ‹schöne Wäsche›. Dadurch wurden Massstäbe gesetzt, denen wiederum alle unterlagen. Die stumme Sprache der Wäsche an der Leine hatte nach wie vor ihre soziale Bedeutung. Das Wissen um das Beurteilt-werden war präsent und eine Herausforderung. Für junge, frisch verheiratete Frauen, die möglicherweise noch aus einem andern Dorf kamen, war das Waschen eine der Klippen, aber auch eine der Chancen, um Anerkennung zu erlangen.

Ganz geschwiegen wurde über die Wäsche an der Leine natürlich nicht, jedenfalls nicht über die schöne Wäsche. Wenn jemand sagte: «Dir händ aber au immer schöni Wösch!», so war es ein Kompliment, das noch heute in guter Erinnerung ist. Und nur in dieser Formulierung einer Drittperson wird über die Schönheit der eigenen

Wäsche berichtet. Das hat nicht nur mit Bescheidenheit zu tun. Genau dadurch wird die Bedeutung dieser Äusserung noch einmal deutlich: Was da im Wind flatterte, hatte eine Sprache, die gelesen und verstanden wurde.

«Waschen war also eine grosse Kunst», habe ich in den Gesprächen mit den ehemaligen Wäscherinnen oft eingeworfen. Darauf kam etwa ein zurückhaltendes «Nun, man musste schon wissen wie.» Es gibt eben Dinge, die man weiss, und solche, über die man redet.

Aus dem Protokoll einer Ziefner Waschgenossenschaft vom 14. Mai 1920: «...stellt den Antrag man könnte eine Waschmaschine anschaffen. Der Antrag wird aber abgelehnt.» Die Wünsche nach Technisierung kamen früh, ihre Realisierung musste aus finanziellen Gründen meist bis zum Ende des Zweiten Weltkrieges hinausgeschoben werden.

⋀ Auswringen: Es ist spät geworden, als Emma endlich die letzten Stücke in die Schwinge legen kann. Diese Investition hat sich gelohnt, denn sonst wäre jetzt noch einmal ein Kraftakt nötig gewesen.

Die Technisierung hielt auch in den «Buuchhüsli» Einzug. Gegen Ende der 1930er Jahre konnte man sich fast überall eine mit Wasserkraft betriebene Schwinge anschaffen. Kurz nach dem Zweiten Weltkrieg wurden Flügelwaschmaschinen gekauft, die das Auswaschen auf dem Waschbrett ersetzten. Hinzu kamen teilweise Kupferwaschherde, die das Kochen der Wäsche nicht nur erleichterten, sondern auch wirtschaftlicher machten, da weit weniger Holz gebraucht und das erwärmte Wasser besser isoliert wurde.

Die Technisierungsschritte sind vor allem durch eine Einsparung von Raum und Zeit gekennzeichnet. Der früher zum Waschen benötigte Platz, der Raum eines «Buuchhüslis», schrumpfte letztlich auf die Grösse eines Waschautomaten. Der Automat, der in den späten 1950er Jahren vielerorts Einzug hielt, so auch in Ziefen, bedeutete zwangsläufig die definitive Individualisierung des Waschens. Nachdem schon zuvor einzelne Familien sich eine eigene Flügelwaschmaschine gekauft hatten, ver-

6 Waschen im Dorf

Am Ende eines langen Waschtages:
«Man war glücklich, wenn man die Wäsche ans Seil hängen konnte», erzählt heute eine alte Frau in Ziefen.

schwanden die Waschhausgenossenschaften nun endgültig. Aus dem Ort, der zur «Erleichterung des Waschens» eingerichtet worden war, dessen Benutzung sogar ein Privileg sein konnte, war ein Ort geworden, auf den je länger je mehr Leute nicht mehr angewiesen waren. Einmal mehr wurden soziale Differenzen sichtbar: war es früher nicht allen möglich, am «Buuchhüsli» teilzuhaben, war es jetzt einigen ein Problem, darauf zu verzichten.

Ab 1960 ging die Zahl der Waschhäuschen-Benützerinnen rapid zurück; 1962 wurde im ersten und 1966 im letzten der vier Häuschen das Waschen eingestellt. «Es war einfach die Zeit, wo die Automaten gekommen sind.» – «Sie haben sich so eingeschlichen, …und plötzlich waren sie da.»

Die Gemeinschaftlichkeit erübrigte sich. Zurück möchte niemand, der Waschautomat wird als eine der grössten Erleichterungen beschrieben. Der Weg der Wäsche bis zum Aufhängen ist sehr kurz geworden, und selbst das Aufhängen scheint im Zeitalter des Tumblers zu einem archaischen Ritual zu werden.

«Früher, da wusste man: Heute ist Waschtag. Da hat man sonst nichts gemacht.» Die Beschleunigung der Zeit, der Stress, das Gehetze. Wann kam das? Die Antworten bleiben zuerst aus, kreisen dann um Zahlen, die alle in die 1950er Jahre fallen.

Anmerkungen

1
Vgl. entsprechende Literaturangaben.

2
Die genossenschaftliche Organisation von Waschhäusern scheint selten zu sein. So ist etwa noch eine ähnliche Institution in Zürich bekannt, die vom 18. bis ins späte 19. Jahrhundert bestand. Vgl. Linge – lessive – labeur. Ausstellungskatalog Museum Neuhaus, Biel 1988, S. 94–97.

3
An dieser Stelle sei allen Interviewpartnerinnen herzlich gedankt sowie auch Dorette Haltinner und Hermann Senn (beide Ziefen) für wertvolle Hinweise.

4
Vgl. Mesmer Beatrix, Reinheit und Reinlichkeit. Bemerkungen zur Durchsetzung der häuslichen Hygiene in der Schweiz, in: Gesellschaft und Gesellschaften, Festschrift für U. Im Hof, hg. von Bernard Nicolai und Reichen Quirinus, Bern 1982, S. 470–494.

5
Vgl. Stohler Franz und Senn Hermann, Die genossenschaftlich betriebenen Buchhüsli von Ziefen, in: Jurablätter 42, Heft 8, August 1980. Im 18. Jahrhundert waren 6 Häuschen vorhanden. Über die Entstehung weiss man wenig. In einem Fall (Oberdorf) ist das 1759 datierte Schreiben des Obervogtes erhalten, der das Baubegehren von 18 Ziefner Familien zu begutachten und zuhanden der Regierung Bericht zu erstatten hatte. Staatsarchiv Baselland, Liestal (StaBL), Gemeinden Lade 53.

6
Zedler Johann Heinrich, Grosses vollständiges Universal-Lexikon aller Wissenschaften und Künste [...], Bd. 52, Sp. 508, Graz 1961 (Originalausgabe, S. 1733–1750), zit. nach Hausen Karin, Grosse Wäsche, 1987, S. 281.

Quellen

Interviews, geführt im Sommer 1991

Rechnungs- und Protokollbücher der Waschhausgenossenschaften Unterdorf (1898–1938/1957–1969), Tummeten (1927–1964), Mitteldorf (1898–1962) und Oberdorf (1911–1935/1936–1966). Privatbesitz.

Bildnachweis

1
Waschhausgenossenschaft Oberdorf, Ziefen, Foto Willi Löffel, Ziefen

2
Foto Willi Löffel, Ziefen

3
Foto Lothar Jeck, Kantonsmuseum Baselland

4
Aus dem Protokoll der Waschhausgenossenschaft Unterdorf, Ziefen

5
Foto Paul Senn, Bernische Stiftung für Fotografie, Film und Video, Bern

Regina Wecker, Dr. phil. I,
Reinach BL, Lektorin
am Historischen Seminar der
Universität Basel

«Sauber und blank für den Sonntag»

Gedanken zum Thema Gleichheit und Gleichberechtigung am Beispiel der Geschichte des Nachtarbeitsverbots

Dass Frauen immer gearbeitet haben und damit zum eigenen Lebensunterhalt und zum Unterhalt ihrer Familien beitrugen, ist eigentlich eine Binsenwahrheit. Es ist dennoch wichtig, daran zu erinnern, da heute oft der Eindruck erweckt wird, als sei erst in unserer Generation die Arbeit von Frauen zur Selbstverständlichkeit geworden. Grund für diese Annahme ist einerseits in der Definition von Arbeit zu suchen. Die Gleichsetzung von Arbeit mit Lohnarbeit entzieht weiten Tätigkeitsbereichen von Frauen die Anerkennung als Arbeit: Hausarbeit, karitative Tätigkeiten und Beziehungsarbeit von Frauen sind zwar notwendige Voraussetzungen für unser System der gesellschaftlichen Arbeitsteilung, sie gelten aber nicht als Arbeit im ökonomischen Sinn. Sie werden bei der Berechnung des Bruttosozialprodukts nicht berücksichtigt und eröffnen keinen Anspruch auf Sozialleistungen. Ein weiterer Grund für die Annahme, dass Frauen früher nicht am Erwerbsleben beteiligt waren, liegt in den Unterschieden zwischen dem damaligen und dem heutigen Erwerbssystem und der unterschiedlichen Organisation von Arbeit.

Im folgenden möchte ich mich mit einigen Aspekten des Wandels im System der geschlechtsspezifischen Arbeitsteilung befassen und Konsequenzen für die Diskussion um die Gleichberechtigung von Frauen in der Arbeitswelt aufzeigen. Als roter Faden sollen mir dabei Sonderschutzbestimmungen dienen, die für Frauen in kantonalen und eidgenössischen Fabrikgesetzen und im sogenannten Arbeitsgesetz aufgestellt wurden.[1]

In vorindustrieller Zeit wurde ein Teil der Waren im Rahmen der häuslichen Wirtschaft hergestellt. Frauen, aber auch Männer und Kinder, fertigten Güter für den eigenen täglichen Gebrauch und verkauften einen Teil der Produkte über die regionalen Märkte bzw. an Zwischenhändler für den überregionalen Handel. Vor allem Lebensmittel, Stoffe und Kleidung wurden im Rahmen der Familienwirtschaft hergestellt. Die Ähnlichkeit dieser Tätigkeiten mit der heutigen Hausarbeit verführt oft zur Annahme, dass Frauen in vorindustrieller Zeit sich im wesentlichen um Haushalt, Mann und Kinder gekümmert hätten und der Mann die ausserhäuslichen Tätigkeiten verrichtet habe. Ein Fehlschluss, schon allein weil die Trennung zwischen Produktion (Lohnarbeit) und Reproduktion (Hausarbeit) nicht der damaligen Wirtschaftsorganisation entsprach. Sowohl in der Landwirtschaft wie auch in den städtischen Hand-

7 Das Nachtarbeitsverbot

werkerfamilien oder bei den landlosen Tagelöhnern trugen alle Mitglieder der Familie zum Lebensunterhalt bei. Gelderwerb war dabei nur eine – und oft nicht die wichtigste – Möglichkeit, für das Auskommen zu sorgen.

Das änderte sich durch die Industrialisierung, die langfristig zur Trennung von häuslichem Lebensbereich und ausserhäuslichem Arbeitsbereich, aber auch zur Trennung von bezahlter Produktion und unbezahlter Hausarbeit führte. Viele Produkte, Nahrungsmittel und Gebrauchsgüter, die bisher innerhalb des Hauses oder des dem Wohnhaus verbundenen Handwerksbetriebes hergestellt worden waren, wurden nun, in grösserer Anzahl und gegen Lohn, in Fabriken gefertigt. Unter den Handwerksbetrieben waren eher die grösseren der Konkurrenz der Fabriken gewachsen. Produktion und Verwaltung nahmen mehr Raum in Anspruch und wurden aus dem häuslichen Bereich ausgelagert. Frauen, Kinder und Männer folgten ihnen.

Die Textilindustrie war die erste und lange Zeit dominierende Schweizer Industrie, in der der Anteil der Frauen anfänglich sehr hoch war. Bild: Bandfabrik in Sissach um 1915.

1

Dieser Prozess war mit gesellschaftlichen Umwälzungen, aber auch mit grossen individuellen Kosten verbunden. Zwar hatte man offensichtlich das Gefühl, in einer Fabrik gleich arbeiten zu können wie im häuslichen Betrieb. Aber eigentlich war die Beanspruchung in den Fabriken doch anders als in den Produktionsstätten im Haus. Lange Arbeitszeiten war man bei grossem Arbeitsanfall gewohnt, ihm folgten dann oft weniger arbeitsreiche Zeiten. Aber 12, 14 oder mehr Stunden in der Fabrik zu arbeiten im Rhythmus der Maschine, das war nicht das gleiche. Auch Kinder mussten das Tempo einhalten und hatten oft gleich lange Arbeitszeiten wie die Erwachsenen, da ihre Zuarbeiten in den Arbeitsablauf eingebunden waren. Frauen hatten das Kochen, Waschen und Flicken schon vor der Industrialisierung oder auch in den Heimindustrien neben ihren anderen Tätigkeiten ausgeführt. Die Arbeitsteilung zwischen Männern und Frauen war aber bei dieser Arbeitsorganisation nicht so strikt. Bei grossem Arbeitsanfall mussten auch Männer im Haushalt zupacken, vor allem wenn Frauen am Webstuhl schneller und geschickter waren. Fabrikarbeiter aber halfen kaum im Haushalt. Dazu kam für Frauen die Schwierigkeit, in den kurzen Mittagspausen, die durch lange Arbeitswege noch kürzer wurden, ein vorbereitetes Essen fertigzustellen.

Zur Steigerung der Produktion und damit die Investitionskosten schneller rentierten, wurde in den Fabriken oft auch nachts gearbeitet. Gesetzliche Beschränkungen der Arbeitszeit – wie sie früher zum Teil durch das Läuten der Morgen- und Abendglocken angezeigt wurden – gab es kaum.

Im Jahr 1864 wurde dann im Glarner Landrat erstmals ein Gesetz beraten, das die Fabrikverhältnisse im ganzen Kanton regeln sollte. Der Gesetzesentwurf verbot Fabrikarbeit für Kinder unter 12 Jahren und legte für Jugendliche und Frauen eine Maximalarbeitszeit von 12 Stunden sowie ein Nachtarbeitsverbot fest.[2] Weitergehende Anträge, nämlich die Einführung eines 12-Stundentages für alle Arbeiter und Arbeiterinnen und ein Verbot der Nachtarbeit in allen Fabriken fanden keine Mehrheit. So massive staatliche Eingriffe würden – so hiess es im Glarner Landrat – die Wirtschaft behindern und vor allem aber die Freiheit der Arbeiter tangieren und sie um ihren Verdienst bringen. Der Gesetzesentwurf wurde dann der Landsgemeinde am 22. Mai 1864 vorgelegt.

An der Glarner Landsgemeinde, die abschliessend über die Gesetze zu befinden hatte, waren auch die Fabrikarbeiter des schon stark industrialisierten Kantons vertreten. Diese fanden nun aber, dass es überhaupt nichts mit «Freiheit» zu tun habe, wenn sie nachts und ohne Beschränkung der Stundenzahl arbeiten «durften». Das Argument, volljährige Männer könnten für ihre Rechte selbst eintreten – ohne die Unterstützung staatlicher Gesetze – bezeichneten sie als Hohn. Mit grossem Mehr wurde der 12-Stundentag und das Nachtarbeitsverbot für alle beschlossen, für Jugendliche und für Erwachsene, für Männer und für Frauen. Das war nicht nur für die Schweiz einmalig, sondern für ganz Europa. Selbst in England, dessen frühe Fabrikgesetze vielfach als Vorbild galten, betrafen die Schutzbestimmungen ausschliesslich Frauen und Kinder. In Glarus aber hatten die Männer Gleichberechtigung mit den Frauen verlangt! Nur eine Bestimmung betraf allein Frauen: das Verbot, während 6 Wochen nach der Niederkunft in den Fabriken zu arbeiten.

> In Glarus aber hatten die Männer Gleichberechtigung mit den Frauen verlangt! Nur eine Bestimmung betraf allein Frauen: das Verbot, während 6 Wochen nach der Niederkunft in den Fabriken zu arbeiten.

In der Schweizer Fabrikindustrie war der Anteil der Frauen anfänglich sehr hoch. Die Textilindustrie war die erste und lange Zeit dominierende Schweizer Industrie. Frauen waren wegen ihrer langen Erfahrung in der häuslichen Textilproduktion auch für die Fabrikindustrie bestens qualifiziert. In Glarus waren in der Mitte des 19. Jahrhunderts etwa 55% der erwachsenen Belegschaft der Fabriken Frauen. Die Familien waren dringend auf den Lohn der Frauen und Töchter angewiesen, da ein Lohn nicht ausreichte, eine Familie zu erhalten. Eine Lohneinbusse durch Beschränkung der Arbeitszeit traf also nicht Frauen allein, sondern auch ihre Familien. Die Glarner Männer mussten zudem befürchten, dass eine Reduktion der Arbeitszeit von Frauen und Jugendlichen nicht nur weniger Geld für die Familie bedeuten könnte, sondern allenfalls auch noch längere Arbeitszeiten: bei guter Auftragslage könnten die Fabrikanten den Ausfall der Frauen kompensieren wollen. Sie sorgten also für ihren eigenen Schutz – und beschlossen Gleichstellung mit den Frauen.

7 Das Nachtarbeitsverbot

In anderen Kantonen mit Fabrikindustrie hatte man die Vorgänge in Glarus aufmerksam beobachtet. So im Kanton Baselland, wo die Fabrikindustrie in der Mitte des 19. Jahrhunderts stark angewachsen war und neben der traditionellen Heimindustrie ihren Platz zu behaupten begann.[3] Der basellandschaftliche Landrat unternahm beim Regierungsrat einen Vorstoss, die Arbeitsverhältnisse in den Fabriken des Kantons gesetzlich zu regeln. Der Erziehungsdirektor und spätere Bundesrat Emil Frey nahm sich der Sache an und drängte auf Schaffung eines Fabrikgesetzes. Er prangerte vor allem die schlechten Arbeitsbedingungen für Kinder und die negative Auswirkung der Fabrikarbeit auf ihre körperliche und geistige Entwicklung an. Das Gesetz war denn auch von der Intention her eher ein Kinderschutzgesetz, erweitert um einige Bestimmungen für die erwachsenen Arbeiter und Arbeiterinnen. Es legte – anders als im Glarner Gesetz – keine Maximalarbeitszeit fest. Auch enthielt es keine Sonderbestimmungen für Frauen, nicht einmal für den Bereich von Schwangerschaft und Wochenbett.

Daraus zu schliessen, dass damals wohl nur wenige Frauen in basellandschaftlichen Fabriken arbeiteten, wäre falsch. Im Gegenteil, wie im Kanton Glarus, war auch im Kanton Baselland die Mehrheit der Fabrikarbeiter weiblich. Bei einer Fabrikzählung im Jahre 1880 waren 59% der Fabrikbelegschaft Frauen.[4] Jedes Fabrikgesetz war also ein Gesetz, das mehrheitlich Frauen betraf, und Bestimmungen für Frauen reglementierten die Mehrheit der Fabrikbelegschaft. Sonderbestimmungen für die Mehrheit hätten mit Sicherheit zu Forderungen bei der männlichen Minderheit geführt – und zu einem Sturm der Entrüstung bei den Fabrikanten. Fabrikarbeiterinnen leisteten ihren Beitrag an den Unterhalt der Familie – in Fortsetzung der vorindustriellen Tradition – wenn auch in anderer Form. Sie als Arbeitskräfte allein wegen ihres Geschlechts zu schützen, war keine Idee dieser Zeit. Die Idee des «Frauenschutzes» und der Reduktion der Arbeitszeit von Frauen wurde allenfalls dann diskutiert, wenn ein grosser Teil der Frauen verheiratet war, wie in Glarus, oder aber man stellte Bestimmungen auf, die nur verheiratete Frauen betrafen, wie es J.C. Bluntschli für den Kanton Zürich versucht hatte. Beide Versuche scheiterten übrigens. In Glarus, weil die Männer die gleichen Rechte verlangten, und in Zürich, weil der gesamte Entwurf eines privatrechtlichen Gesetzbuches, nicht zuletzt wegen der Schutzbestimmungen, verworfen wurde.

> Bei einer Fabrikzählung im Jahre 1880 waren 59% der Fabrikbelegschaft Frauen. Jedes Fabrikgesetz war also ein Gesetz, das mehrheitlich Frauen betraf, und Bestimmungen für Frauen reglementierten die Mehrheit der Fabrikbelegschaft.

Das basellandschaftliche Fabrikgesetz hatte auch ohne Maximalarbeitstag und ohne Frauenbestimmungen einen schweren Stand. Fabrikarbeiter fürchteten um ihr Auskommen ohne den Verdienst der Kinder, Heimposamenter waren bestenfalls uninteressiert, denn sie waren diesem Gesetz nicht unterstellt. Die Fabrikanten waren eher kritisch. Man verhielt sich abwartend, die Volksabstimmung vom 7. Juni 1868 war ungültig, wegen mangelnder Beteiligung – die Hälfte der Stimmberechtigten hätte teilnehmen müssen. Die zweite Abstimmung – drei Wochen später – ergab dann aber eine deutliche Mehrheit für das Gesetz. Damit hatte der zweite Kanton der Schweiz ein «gleichberechtigtes» Fabrikgesetz. Der basellandschaftliche Erziehungsdirektor Emil Frey soll tief enttäuscht darüber gewesen sein, dass gegen das Gesetz zunächst Widerstand auch aus Arbeiterkreisen kam. Das hinderte ihn aber nicht, später die Idee des Arbeiterschutzes auf der internationalen und der nationalen Ebene vehement und initiativ voranzutreiben.

In Basel hatte man ausführlich über das basellandschaftliche Gesetz orientiert, richtete sich beim Gesetzgebungsprozess aber eher nach dem Glarner Vorbild. Das baselstädtische Fabrikgesetz verbot, schulpflichtige Kinder unter 12 Jahren in Fabriken zu beschäftigen und führte den 12-Stundentag und ein allgemeines Nachtarbeitsverbot ein. Darüber hinaus wird die Regierung noch «ermächtigt, die Arbeitszeit der weiblichen und jugendlichen Arbeiter nach Bedürfnis zu reducieren».[5] Diese fakultative, vorsichtige Sonderbestimmung für Frauen wird im Ratschlag, dem Bericht des Regierungsrates zum Gesetzesentwurf, ausdrücklich als ein Punkt bezeichnet, bei dem zwingende Regelungen die Betroffenen wirtschaftlich geschädigt hätten. Der Grosse Rat scheint der gleichen Ansicht gewesen zu sein und lehnte einen Antrag des Radikaldemokraten Wilhelm Klein auf Ausdehnung des Schutzes von Frauen ab. Der Gesetzesentwurf der Regierung – des Kleinen Rates – wird mit wenigen Änderungen vom Grossen Rat am 15. November 1869 angenommen und tritt am 3. April 1870 in Kraft.

Eine zunächst völlig nebensächlich erscheinende Bestimmung des Gesetzes verdient es aber doch erwähnt zu werden: Die Mittagspause verheirateter Frauen sollte länger sein, wenn sie das wünschten: 1 1/2 Stunden «Ruhe» sollte ihnen gewährt werden. Was allerdings in dieser Zeit für sie ruhte, war allenfalls die Fabrikarbeit. In der längeren Mittagspause konnten die Frauen in aller Eile ein Mittagessen für die Familie kochen – Kantinen gab es damals noch kaum, und das Essen in Restaurants war für die Arbeiter und Arbeiterinnen unerschwinglich. Damit waren, wenn auch ganz leise und sanft, in das Basler Gesetz Bestimmungen gekommen, wie sie die Glarner Landsgemeinde ausdrücklich abgelehnt hatte, nämlich Sonderbestimmungen für Frauen.

Bis in die siebziger Jahre gab es ausser in Glarus und den beiden Basel noch in Schaffhausen und im Tessin ein Fabrikgesetz. In Zürich und in St. Gallen wurden die Gesetze vom Stimmvolk verworfen. Erst die Bundesverfassung von 1874 ermöglichte Regelungen auf eidgenössischer Ebene. Die Gesetzesvorbereitungen dauerten bis zum Jahr 1877.

Filiale der Uhrenfabrik Thommen in Langenbruck zirka 1920. Der Anteil der Frauen an der Fabrikarbeiterschaft ging bereits zurück.

7 Das Nachtarbeitsverbot

Als Nationalratspräsident setzte sich der spätere Bundesrat Emil Frey für die Idee eines internationalen Arbeiterschutzes ein.

3

In der Auseinandersetzung um das eidgenössische Fabrikgesetz hatte sich wiederum Emil Frey – diesmal als Nationalrat – profiliert.[6] In seiner Präsidialrede im Jahr 1876 hatte er vorgeschlagen, dass die Schweiz internationale Konferenzen initiieren solle, die dann internationale Fabrikgesetze erarbeiten würden. Seine Argumentation war einfach und überzeugend. Die Schweiz musste als demokratischer Staat für ihre Bürger Lebens- und Arbeitsbedingungen schaffen, die eine Beteiligung am demokratischen Staatswesen ermöglichen. Dazu gehörten Zeit und Energie, um sich mit den politischen Fragen auseinanderzusetzen, und Gesundheit, um die militärischen Pflichten zu erfüllen. Dem Argument, dass die Schweiz dadurch auf dem internationalen Markt benachteiligt würde, begegnete er mit dem Vorschlag, die Schweizer «Benachteiligung» zu internationalisieren. Die Idee eines internationalen Arbeiterschutzes war schon vorher gelegentlich angesprochen worden, wurde aber durch Freys Rede zum ersten Mal in den Zeitungen ausführlich diskutiert und so zu einem Thema der Schweizer Innenpolitik.

Anders als das basellandschaftliche Fabrikgesetz enthielt Freys Konzept des internationalen Schutzes spezielle Bestimmungen für Frauen: ein Nachtarbeitsverbot, Bestimmungen über Schwangerschaft und Wochenbett und den Ausschluss von Frauen von «gefährlichen Tätigkeiten». Das ist widersprüchlich: Sein Konzept von Schutz war nämlich auf den männlichen Staatsbürger zugeschnitten, zu schützen war der Bürger, der Gesetze annimmt oder verwirft, der die Politik beeinflusst und der Militärdienst leistet. Verwirklicht wurde auf internationaler Ebene übrigens dann tatsächlich im wesentlichen nur das Nachtarbeitsverbot für Frauen.

Dieses Nachtarbeitsverbot für Frauen in der Industrie gilt international auch heute noch (ILO Convention 89), ist aber inzwischen durch ein Zusatzabkommen ergänzt worden, das «flexibler» bezüglich Frauennachtarbeit ist und Abweichungen vom Verbot zulässt. Seine Ratifizierung durch die Mitgliedstaaten steht noch aus.

Aber kehren wir wieder auf das eidgenössische politische Parkett des 19. Jahrhunderts zurück. Das Kernstück des eidgenössischen Fabrikgesetzes vom Jahre 1877 war der 11-Stundentag. Hier ging man also über die kantonalen Gesetze hinaus. Flexibler zeigte man sich, was die Nachtarbeit anging. Zwar wurde ein allgemeines Nachtarbeitsverbot postuliert, aber «bei Fabrikationszweigen, die ihrer Natur nach einen ununterbrochenen Betrieb erfordern, kann regelmässig Nachtarbeit stattfinden.»[7] Unnachgiebig war man bei der Arbeitszeit der Frauen, besonders bei der Nachtarbeit: «unter keinen Umständen» sollten sie zur Sonntags- oder Nachtarbeit «verwendet werden.»[8] Das verbindliche Arbeitsverbot für Wöchnerinnen wurde auf 8 Wochen festgelegt, die Mittagspause für Frauen, die «ein Hauswesen zu besorgen hatten», auf 1½ Stunden angesetzt.[9]

> Das verbindliche Arbeitsverbot für Wöchnerinnen wurde auf 8 Wochen festgelegt, die Mittagspause für Frauen, die «ein Hauswesen zu besorgen hatten», auf 1½ Stunden angesetzt (Art. 15 des Bundesgesetzes betr. die Arbeit in den Fabriken vom 23. März 1877).

Man war aus Angst vor der Gefährdung des 11-Stundentages bereit, weitergehenden Schutz von Frauen und Jugendlichen zu akzeptieren. «Der Staat muss diese Frauen, noch mehr ihre Kinder, welche letztere auch Rechte haben auf Gesundheit, schützen. Die verheiratete Arbeiterin soll dem Hauswesen und den Kindern täglich einige Stunden widmen», schreibt der Grütliverein in seiner Vernehmlassung zum eidgenössischen Fabrikgesetz.[10] Dem trägt das Gesetz Rechnung, indem verheiratete Frauen nicht zu zusätzlichen Hilfsarbeiten ausserhalb der Arbeitszeit herangezogen werden dürfen.[11] Neu gegenüber den kantonalen Gesetzen war eine Bestimmung über Fabrikationszweige, in denen schwangere Frauen nicht arbeiten durften. Auch wurde ihnen verboten, «im Gange befindliche(n) Motoren» und «gefahrdrohende Maschinen» zu reinigen.[12]

Das Gesetz wurde schliesslich nach einem bewegten Referendumskampf mit einer Mehrheit von 10'000 Stimmen sehr knapp angenommen. Damit wurde auch im Kanton Baselland das kantonale Fabrikgesetz durch das eidgenössische ersetzt. Die Befürchtungen der Industriellen, es würde unaufhaltsam zum Niedergang der Schweizer Industrie führen, erwiesen sich als ebenso unbegründet wie die Angst der Arbeiter vor dauernden Lohneinbussen.

Im letzten Drittel des 19. Jahrhunderts wuchs die Fabrikindustrie weiter, und die Anzahl der Beschäftigten stieg an. Zwar nahm auch die Zahl der Fabrikarbeiterinnen weiter zu, ihr Anteil an der Gesamtarbeiterschaft aber sank. 1888 waren «nur» noch 46% der Fabrikbelegschaft der Schweiz Frauen, 1901 waren es noch 38%. Die Mehrheit der Fabrikarbeiter war jetzt männlich. Frauen wurden in dieser Situation zu Konkurrentinnen. Obwohl Männer und Frauen auch im Fabriksystem nur selten austauschbare Arbeitskräfte waren, fürchtete man die Lohndrückerkonkurrenz der Frauen. Der Gedanke, dass Frauen gerade im Fabriksystem, in dem die Bedeutung der Körperkraft bei geeigneten Massnahmen abnimmt, vollwertige und Männern ebenbürtige Arbeitskräfte waren, tangierte die Ehre der Männer. Durch spezielle Schutzbestimmungen von Frauen wurde der Abstand zwischen den Geschlechtern wieder hergestellt.

7 Das Nachtarbeitsverbot

Als das Fabrikgesetz 1914 revidiert wurde, ging es wieder hauptsächlich um die Arbeitszeitregelung, diesmal um die 48-Stundenwoche. Das Nachtarbeitsverbot für Frauen wurde strikt beibehalten. Einig war man sich auch darin, dass den verheirateten Frauen ein freier Samstagnachmittag gewährt werden sollte, damit sie die Möglichkeit hätten, das Heim «sauber und blank für den Sonntag herzurichten».[13] Das Beschäftigungsverbot von Frauen wurde auf Tätigkeiten ausgedehnt, die mit grosser Unfallgefahr, Heben von schweren Lasten und erheblicher Vergiftungsgefahr verbunden waren. Alle Arbeiterinnen erhielten jetzt Anspruch auf eine Minimalnachtruhe, und ihre Überzeitarbeit wurde beschränkt. Die «Schonfrist» für Wöchnerinnen wurde allerdings auf 6 Wochen herabgesetzt.

Damit wird das «Geschlecht von Arbeit» neu definiert: es war männlich. Frauen wurden zumindest im Gesetz eine Ausnahmekategorie von Arbeitenden, die man wegen ihrer Fähigkeit, Kinder zu gebären, vor Überanstrengung bewahren musste, und zwar unabhängig von ihrer tatsächlichen Körperkraft und auch unabhängig von ihrem tatsächlichen Alter. Das Gesetz erweckte den Eindruck, als seien Frauen besonders unfallgefährdet. Dort aber, wo der Schutz von Mutter und Kind tatsächlich und konkret notwendig war – in der Zeit nach der Geburt – wurde er ausgerechnet eingeschränkt. Ganz abgesehen davon, dass nicht einmal diese 6 Wochen finanziell abgesichert waren. (Wovon die Frauen in dieser Zeit lebten, war nicht Sache des Gesetzes.) Hausarbeit wurde als alleinige Aufgabe von Frauen gesetzlich festgelegt.

Der Wandel in den gesetzlichen Bestimmungen zum Schutze von Fabrikarbeitern und -arbeiterinnen verdeutlicht, wie sich die Geltung und Beurteilung von Frauenarbeit seit der Industrialisierung verändert hatte. Die Arbeit von Frauen war immer wirtschaftlich absolut notwendig. Es war dabei zunächst aber nebensächlich, ob sie Subsistenzarbeit – also Arbeit zur Selbstversorgung – verrichteten oder für Lohn arbeiteten. Die Fabrikarbeit mit ihrer speziellen Abhängigkeit, sowohl vom Rhythmus der Maschine wie auch von der Willkür des Fabrikanten, verlangte besonderen Schutz – aber für beide Geschlechter. In der folgenden Zeit nahm die Fabrikindustrie als Arbeitgeber für Männer an Bedeutung zu. Der Anteil der Frauen an der Fabrikarbeiterschaft sank: 1911 waren nur noch 38% der Fabrikarbeiterschaft im Kanton Baselland Frauen. Die Arbeitszeiten wurden verkürzt, dem Schutz der Gesundheit wurde mehr Aufmerksamkeit geschenkt, der Unfallschutz wurde verbessert. Die Anforderungen an den Arbeiter und die Arbeiterin wurden damit nicht unbedingt kleiner, der moderne Arbeitsprozess erforderte mehr Aufmerksamkeit, war schneller, bedingte längere Ausbildungszeiten. Der qualifizierte Arbeiter verlangte einen angemessenen Lohn. Als angemessen galt ein Lohn, von dem ein Arbeiter eine Familie ernähren konnte. Der Familienlohn wurde zur Forderung der Gewerkschaften. Ein Familienlohn sollte es der Frau des Arbeiters ermöglichen, sich aus dem Erwerbsleben zurückzuziehen. Das lag zunächst im Interesse des Arbeiters, garantierte es ihm doch das Recht auf eine Frau, die ihm die Sorge um den Haushalt abnahm und seinen Lohn mit Hilfe ihrer häuslichen Arbeit optimal einsetzte. Es lag aber auch im Interesse der Unternehmer. Sie konnten die männliche Arbeitskraft voll nutzen, ohne sich dem Vorwurf der Ausbeutung auszusetzen. Den Lohn mussten sie zwar anheben, aber sie erhielten dafür zwei Arbeitskräfte: den Arbeiter und die Ehefrau, die die Arbeitskraft des Mannes wiederherstellte, ohne einen

> Der Wandel in den gesetzlichen Bestimmungen zum Schutze von Fabrikarbeitern und -arbeiterinnen verdeutlicht, wie sich die Geltung und Beurteilung von Frauenarbeit seit der Industrialisierung verändert hatte.

eigenen Lohn zu beanspruchen. Die Ehefrau war aber auch gleichzeitig Krankenversicherung, Altenpflege und Kinderhort. Sie glich die Kosten der industrialisierten Erwerbswelt aus. Der Familienlohn des Mannes schien aber auch den Interessen der Arbeiterin zu entsprechen. Sie musste nicht mehr die Doppelbelastung von Fabrik- und Hausarbeit auf sich nehmen. Sie konnte ihre Kinder besser beaufsichtigen und erziehen.

Das System hatte allerdings einige «Schönheitsfehler»:
– Nicht alle Frauen waren verheiratet, und nicht alle Männer erhielten einen Familienlohn. Fiel der «Ernährer» aus, wurde er arbeitslos oder krank oder trennte er sich von der Familie, waren Frauen – oft mit den Kindern – wieder auf sich gestellt.

1911 waren nur noch 38% der Fabrikarbeiterschaft in Baselland Frauen. In der Filiale der Hanro in Büren arbeiteten 40 Stickerinnen und Näherinnen

7 Das Nachtarbeitsverbot

Bei der PTT ist Nachtarbeit von Frauen und Männern eine Selbstverständlichkeit.

— Hausarbeit war zwar immer noch sehr wichtig, da man aber inzwischen den Wert einer Arbeit am dafür entrichteten Lohn mass, schien die unbezahlte Arbeit wertlos. Sie entwertete auch die Hausfrau und alle Tätigkeiten, die im entferntesten der Hausarbeit verwandt waren.

— Bei der stillschweigenden Übereinkunft, dass der Männerlohn ein Familienlohn war — der Frauenlohn aber ein Einzellohn bzw. ein Zusatzeinkommen und daher niedriger — war die wirtschaftliche Existenz von erwerbstätigen Frauen alles andere als gesichert.

Das Fabriksystem richtete sich an der Norm des lebenslang erwerbstätigen männlichen Arbeiters aus. Den in der Arbeitswelt verbleibenden Frauen kam man durch speziellen Schutz entgegen. Allerdings nahm dieser Schutz eine Form an, die den Sonderstatus von Frauen noch betonte.

Diese Tendenz verstärkte sich noch im Arbeitsgesetz, das 1964 das Fabrikgesetz ablöste und das bis heute das umfassendste Gesetz für die Arbeitswelt ist. Nachtarbeit blieb für Frauen in Industriebetrieben praktisch verboten. Dagegen ist sie z.B. in Spitälern oder auch bei der PTT völlig normal. Man geht sogar davon aus, dass auch in der Schweiz mehr Frauen als Männer nachts arbeiten — aber nicht in der Industrie. Frauen dürfen in der Industrie ausserdem bestimmte Arbeiten nicht verrichten, z. B. wenn damit «erfahrungsgemäss» eine «erhebliche Unfallgefahr verbunden ist», oder wenn die Arbeiten «mit heftiger Erschütterung verbunden sind».[14] Der Tatsache, dass Hausarbeit Frauenarbeit ist, wird durch spezielle Arbeitszeitregelungen und das Verbot von Überstunden ohne ihr Einverständnis Rechnung getragen. Diese Verbote sind aber darum so einseitig, weil ihnen auf der ‹Angebotsseite› Massnahmen und Einrichtungen fehlen, welche die Vereinbarkeit von Haus- und Lohnarbeit gewährt hätten. Es mangelt an genügend Kinderkrippen, Schulzeiten gehen von einem traditionellen Familienmittagstisch aus, das System der sozialen Sicherheit wurde auf den männlichen Erwerbstätigen ausgerichtet, Elternurlaub und bezahlter Schwangerschaftsurlaub wurden abgelehnt.

Als «positive Diskriminierung» ist der spezielle Frauenschutz bezeichnet worden. Er hat sicher dazu beigetragen, dass Frauen sich nicht durch Familienarbeit am Tag und Industriearbeit in der Nacht «selbst» ausbeuten. Fabrikationszweige, die Frauen als (billige) Arbeitskräfte einstellen wollten, konnten aufgrund der Bestimmungen die Nachtarbeit überhaupt nicht einführen oder mussten Männer bezahlen. Allerdings hat das Gesetz auch Frauen von besser bezahlten Arbeitsbereichen ferngehalten, ihre Auswahlmöglichkeiten beschränkt und die Frauen, die Nachtarbeit verrichten wollten oder mussten, dazu gezwungen, in andere Bereiche abzuwandern – z.B. in den Service oder zur PTT. Die Unterschiede zwischen den verschiedenen Arbeitsmarktbereichen sind eben nur noch historisch erklärbar, durch die Traditionen der Fabrikgesetze. Diese Besonderheiten trugen dazu bei, Frauen als Sonderkategorie von Arbeitnehmern zu formen: schützenswert, schwach und unfallgefährdet, nur bedingt einsatzfähig. Die Schutzbestimmungen, die Arbeitgeber einhalten mussten, wenn sie Frauen einstellten, wurden dann als Legitimation für die Lohndifferenz zwischen Männern und Frauen angeführt.

Eine Neufassung war also fällig, weil das Nachtarbeitsverbot und einige der anderen Schutzbestimmungen nicht mehr mit dem Verfassungsgrundsatz der Gleichberechtigung von Mann und Frau zu vereinbaren sind, aber auch weil im internationalen Recht die Frage der Frauennachtarbeit diskutiert wurde. Als aber die Kommission den Neuentwurf des Gesetzes 1989 nach vierjähriger Arbeit zur Vernehmlassung vorlegte, waren nicht nur die Gewerkschaften, sondern auch viele Frauenverbände enttäuscht darüber, in welcher Art die «Gleichberechtigung» verwirklicht werden sollte. Alle Sonderschutzvorschriften für Frauen wurden – ausser im Bereich von Schwangerschaft und Geburt – ersatzlos gestrichen. Die Kategorie Frauen wurde durch «Arbeitnehmer mit Familienpflichten» ersetzt.[15] Für solche Arbeitnehmer können wieder Sondervorschriften erstellt werden – und zwar auf dem Verordnungswege. «Arbeitnehmer mit Familienpflichten» wurden definiert als solche, die Kinder bis zu 15 Jahren haben und deren Ehegatte ebenfalls erwerbstätig ist. Ein Ehemann mit nicht erwerbstätiger Ehefrau hat im Sinne des Gesetzes keine «Familienpflichten»; eine Ehefrau, deren Mann nicht erwerbstätig ist, zwar auch nicht – nur ist dieser Fall weiterhin sehr selten. Damit bleibt für Ehepaare alles beim alten – sieht aber sehr «gleichberechtigt» aus. Frauen «ohne Familienpflichten» könnten dann auch in der Industrie nachts arbeiten. Probleme, die sich für Alleinerziehende ergeben oder für Eltern, die beide berufstätig sind, wurden wohlweislich auch auf die Verordnungsebene verschoben.

> Im Entwurf des Bundesrates wurden alle Sonderschutzvorschriften für Frauen – ausser im Bereich von Schwangerschaft und Geburt – ersatzlos gestrichen.

Zudem hat man die Revisionsarbeiten auch noch gerade dazu genutzt, die Arbeitszeiten zu «flexibilisieren», aber nur zugunsten der Arbeitgeber. Die Bewilligungspflicht für Nachtarbeit soll durch eine blosse Meldepflicht ersetzt werden. Da einige Industriebetriebe, die hauptsächlich Frauen beschäftigen oder vermehrt die billigeren Arbeitskräfte einstellen wollen, dann zur Nachtarbeit übergehen werden, ist mit einem Anstieg der Nachtarbeit zu rechnen. «Nachtarbeit schadet der Gesundheit und schafft soziale Benachteiligungen. Statt Abbau der Nachtarbeit will der Bundesrat den Kreis der Betroffenen vergrössern» schreibt der Schweizerische Gewerkschaftsbund dazu. Die Tendenz der Gleichstellungspolitik der letzten Jahre wird mit dieser Revision um ein Musterbeispiel erweitert: Gleichstellung heisst in der Schweiz

Anpassung der Frauen an Arbeits- und Lebensbedingungen von Männern, Aufgabe von «positiver Diskriminierung», ohne Beseitigung der «negativen Diskriminierungen». Die Schutzgesetze haben auch dazu beigetragen, Hausarbeit als alleinige Frauenpflicht festzuschreiben und das Lohnniveau zu senken. Frauen sind dadurch bis heute auf dem Arbeitsmarkt benachteiligt. Ein Teil der Frauenverbände ist nicht bereit, eine blosse Aufhebung der Schutzbestimmungen ohne Verbesserung in den anderen Bereichen zu akzeptieren.

Das bisher bewährte Muster hatte bei der Ausarbeitung der Gesetzesrevision funktioniert: Wer gleiche Rechte will, muss gleiche Pflichten akzeptieren. Auf welchem Niveau aber die Gleichheit konstruiert wird und wie die gesellschaftlichen Rahmenbedingungen aussehen, wird ausser acht gelassen. Die Ausdehnung des Gesundheitsschutzes auf Männer, die allgemeine Verkürzung der Arbeitszeiten und die Einschränkung der Nachtarbeit von Männern – schliesslich ist Nachtarbeit des Vaters in einer Familie auch ein grosses Problem – konnten in der beratenden Kommission als untaugliche Vorschläge abgewiesen werden.

Zur Zeit ruhen die Revisionsarbeiten. Die kritische Aufnahme des Gesetzes macht Probleme. «Wahrscheinlich muss man wieder von Null anfangen», hiess es im Bundesamt für Gewerbe, Industrie und Arbeit (BIGA). Zudem will die Schweiz abwarten, was auf internationaler Ebene beschlossen wird, und vor allem, wie sich die EG-Staaten, in denen ebenfalls ein Nachtarbeitsverbot besteht, künftig verhalten werden.

Die Diskussion um das Nachtarbeitsverbot hat die Grenzen der alten Gleichberechtigungspolitik aufgezeigt. Die «Gleichheitsfalle» hat zunächst einmal wieder zugeschnappt. Aber erstmals seit der Einführung des Frauenstimmrechts vor gut 20 Jahren ist bei der Revision des Arbeitsgesetzes – aber auch bei der Ratifizierung der internationalen Verträge – die Zustimmung von Frauen nötig.

Die Aufhebung des Nachtarbeitsverbots war eine logische Folge der Annahme des Bundesverfassungsartikels 4, der 1981 die Gleichberechtigung der Frauen verankerte – hiess es. Die Alternative lautet: Entweder sind Frauen gleichberechtigt, und dann gehen wir davon aus, dass sie gleich sind wie Männer (und sich folgerichtig Männern anpassen müssen), oder sie bestehen auf den Unterschieden (und verweigern die Anpassung), und dann verwirken sie auch die rechtliche (und ökonomische) Gleichstellung. Erstmals seit der Verankerung der Gleichberechtigung von Männern und Frauen wurde dieses «Entweder – oder» von den Frauenorganisationen deutlich zurückgewiesen, weil so die Wahl zwischen zwei nicht akzeptablen Positionen erzwungen wird.

Das Konzept der Gleichberechtigung beruht nicht auf der Vorstellung, dass nur identische Haltungen, Leistungen und Einstellungen zu gleichen Rechten führen: im Gegenteil, das Konzept von gleichen Rechten muss die Existenz bestehender Unterschiede und Ungleichheiten berücksichtigen, ohne dabei auf generelle Ungleichwertigkeit zu rekurrieren.[16] Weiterhin darf Gleichheit nicht nur als Angleichung an männliche Normen, Möglichkeiten und Lebensmuster aufgefasst werden. Zu Beginn der Diskussion um Schutzgesetze für Frauen hatten Männer im 19. Jahrhundert gleiche Rechte und gleichen Schutz wie Frauen verlangt. Damals war diese Strategie sehr erfolgreich und hat die notwendige Reduktion der Arbeitszeiten vorangetrieben. Wäre es nicht sinnvoll, an diesem Punkt wieder anzusetzen?

Anmerkungen

1
Zur Industriearbeit der Frauen in der Schweiz vgl. Gagg Margarita, Die Frau in der schweizerischen Industrie, Zürich 1928. Die ausführlichste Darstellung zur Entwicklung der Schutzgesetze für Frauen findet sich bei: Mahrer Isabell, Die Sonderschutzvorschriften für weibliche Arbeitnehmer in der Schweiz. Bericht der Eidgenössischen Kommission für Frauenfragen, Bern 1985.

2
Vgl. Dällenbach Heinz, Kantone, Bund und Fabrikgesetzgebung, Zürich 1961, S. 72 ff.

3
Vgl. dazu Grieder Fritz, Glanz und Niedergang der Baselbieter Heimposamenterei im 19. und 20. Jahrhundert, Liestal 1985.

4
Kinkelin Hermann, Die Bevölkerung des Kantons Basel-Stadt 1. Dezember 1880, Basel 1884 (enthält Fabrikzählung für den Kanton Baselland), Tab. XXIII.

5
Fabrikgesetz des Kantons Basel-Stadt vom 15. November 1869, § 3.

6
Vgl. Grieder Fritz, Der Baselbieter Bundesrat Emil Frey, Liestal 1990, S. 156 ff.

7
Bundesgesetz betr. die Arbeit in den Fabriken vom 23. März 1877, Art. 13.

8
Ebenda, Art. 15.

9
Ebenda, Art. 15.

10
Eingabe des Grütlivereins, zit. Dällenbach Heinz, Kantone, Bund und Fabrikgesetzgebung, Zürich 1961, S. 162.

11
Bundesgesetz 1877, Art. 11 und 12.

12
Ebenda, Art. 15.

13
Stenographisches Bulletin des Nationalrates 1913, S. 764.

14
Bundesgesetz über die Arbeit in Industrie, Gewerbe und Handel vom 13. März 1964, VO 1, Art. 66.

15
Vernehmlassungsentwurf des Bundesrates Art. 32a (neu).

16
Vgl. dazu Scott Joan W., Equality and Difference: The Sears Case, in: dies. (Hg.) Gender and the Politics of History, New York, 1988, S. 171 ff.

Bildnachweis

1
Fotosammlung Hodel, Gemeindearchiv Sissach

2
Kantonsmuseum Baselland, Liestal

3
Reproduktion Mikrofilmstelle StaBL

4
Archiv Basellandschaftliche Zeitung, Liestal

5
PTT Generaldirektion, Dokumentation, Bern

Frauenstimmrecht BL 1926–1957

8

Sabine Kubli, lic. phil. I,
Basel, Beauftragte für
Ausstellungskoordination
und Museumspädagogik des
Amtes für Museen und
Archäologie Baselland, Liestal

«Es gelte auszuharren»

Geschichte des Frauenstimmrechts und
der Vereinigung für Frauenrechte im Kanton Baselland
1926–1957

Auf dem Höhepunkt der schweizerischen Frauenstimmrechtsbewegung 1929 übergaben die Frauenorganisationen dem Bundesrat eine Petition mit nahezu 250'000 Unterschriften, die das politische Mitbestimmungsrecht der Frauen verlangten. Etwa 5'000 davon kamen aus dem oberen Baselbiet, gesammelt von engagierten Frauen, die sich noch im selben Jahr für die Gründung einer «Vereinigung für Frauenstimmrecht Baselland» entschieden. Welchen Einfluss die organisierten Frauen auf die Stimmrechtsgeschichte des Kantons Baselland hatten, soll hier untersucht werden. Fritz Klaus, der einzige Historiker, der bisher zu diesem Kapitel der Baselbieter Geschichte gearbeitet hat, glaubt, «die ‹Durchbrüche› dürften doch teilweise auf ihre Intervention und auf ihren Rückhalt bei den führenden Politikern zustandegekommen sein.»[1] Leider geben die Protokolle der «Vereinigung für Frauenstimmrecht» nur bedingt Auskunft, denn auffälligerweise genau in den Jahren der kantonalen Abstimmungen von 1926, 1946, 1955 und des ersten eidgenössischen ‹Volks›entscheids von 1959 war die Sektion nicht aktiv. Sie arbeitete in den dazwischenliegenden Jahren: von ihrer Gründung 1929 bis etwa 1942 und von 1951 bis 1953. Die drei kantonalen Abstimmungen 1966/67/68, die schliesslich den Erfolg brachten, und die eidgenössische Abstimmung von 1971 begleitete sie jedoch aktiv.

«Noch nicht reif!» – Die erste Abstimmung über
das Frauenstimm- und Wahlrecht in Schul-, Kirchen- und Armensachen von 1926

Die umfangreiche Partialrevision der Kantonsverfassung vom 11. Juli 1926 ging neben den Hilfsaktionen zugunsten von unwettergeschädigten Gemeinden fast unter. Insbesondere zur Frage: «Soll durch eine Verfassungsbestimmung das Frauenstimmrecht in Schul- und Armensachen und für die evangelische Konfession auch in Kirchensachen eingeführt werden?» finden sich kaum Kommentare oder Leserbriefe in den basellandschaftlichen Zeitungen. Es fehlen auch Eingaben von Frauenorganisationen. Der Regierungsrat wies in seinem Bericht auf die Arbeit der Frauenvereine im Erziehungswesen hin, wo «bekanntermassen schon seit Jahren Frauen beigezogen» würden. Zwei Landräte wollten noch weitergehen und das allgemeine Wahlrecht für Frauen einführen, «wie dies in andern Ländern bereits der Fall sei». Doch mit einer aus heutiger Sicht widersprüchlichen Argumentation von der «Verschiedenheit der Lebensaufgaben und Pflichten zwischen Mann und Frau, die eine Beteiligung der letztern in der Politik ausschliessen sollten», lehnte dies der Rat ab. Offenbar wurden die Schul-, Kirchen- und Armensachen so wenig zur «Politik» gerechnet, dass ein Mitspracherecht der Frauen im vorherrschenden dualistischen Geschlechterverständnis kaum eine Rollenverletzung bedeutet hätte. Regierungsrat und Landrat empfahlen die Schaffung des neuen Verfassungsartikels. «Die Mitwirkung der Frauen auf diesen Gebieten ist nach der heutigen Auffassung und nach der Entwicklung des kulturellen Lebens gegeben [...]. Der tatsächlichen Betätigung sollte nun aber auch die rechtliche Stellung der Frauen entsprechen.»[2]

Demonstrative Übergabe der Petition für das eidgenössische Frauenstimmrecht 1929.

1

Mit 168 Stimmen Unterschied wurde «dieses kleine und bescheidene, auch dem konservativen Frauentum angemessene Mitspracherecht», wie es eine anonym bleibende Baselbieterin bezeichnete, verworfen. In Basel, wo schon 1920 das Frauenstimmrecht zum erstenmal eindeutig abgelehnt worden war, war man überrascht über diese knappe Niederlage.[3] Berücksichtigt man jedoch die lange Tradition und die offenkundige Notwendigkeit der gemeinnützigen Frauenvereine in den Gemeinden, so erstaunt das Resultat weniger (vgl. Aufsatz Nr. 5 von Sibylle Benz Hübner).

Die vielen Ja-Stimmen bezeugen, dass sich zahlreiche Baselbieter ein Mitbestimmungsrecht wohltätigen Frauen vorstellen konnten. Man arbeitete schon seit Jahrzehnten zusammen. Sie führten wichtige Bereiche wie die Kleinkinderschulen oder gemeinnützige Aufgaben in eigener Regie und galten in keiner Weise als bedrohliche Frauenrechtlerinnen. Die anonyme «Baselbieterin» – wir vermuten, es sei Elisabeth Thommen, die bekannteste Frauenrechtlerin aus dem Kanton Baselland, die sich als Journalistin, Schriftstellerin und Radiomitarbeiterin ein Leben lang für die Frauenrechte eingesetzt hat – wünscht sich mit dem Hinweis auf das Stimmrecht der Baselstädterinnen in der evangelischen Kirche: «Ach dass doch dieser städtische Geist des Fortschritts das langsame Tempo der Landschaft beschleunigte!»[4] Doch Basel-Stadt war in Frauenfragen nur minim fortschrittlicher. Verglichen mit anderen Schweizer Städten war hier erst spät – im Jahre 1916 – die «Vereinigung für Frauenstimmrecht Basel und Umgebung» gegründet worden. Da sie seit Beginn auch eine Reihe aktiver Baselbieter Mitglieder hatte, hoffte man schon lange, «dass sie eines Tages die Getreuen in ihrem Kanton zu einer selbständigen Gruppe sammeln werden.»[5]

Plakat zur
Basler Abstimmung 1920.

Elisabeth Thommen,
1888–1960, aufgewachsen
in Waldenburg, Journalistin
und Schriftstellerin,
Ehrenmitglied des Frauenstimmrechtsverbandes
Zürich, Leiterin der Frauenstunden des Radiostudios
Zürich, u.a. Sendung «Von
Frau zu Frau», lebte v.a.
in Zürich.

3

Lina Maier-Mutschler,
geb. 1900, aufgewachsen in
Gelterkinden, Gründungsmitglied der Vereinigung für
Frauenstimmrecht Baselland, lebt heute in Basel.

2   4

Die «Vereinigung für Frauenstimmrecht Baselland» 1929–1932

Von dem heute 91jährigen Gründungsmitglied der Baselbieter Stimmrechtsvereinigung Lina Maier-Mutschler erfuhren wir Näheres über die Vorgeschichte der Baselbieter Vereinigung. Lina Mutschler hatte 1926 über ihre Tätigkeit im Frauenverein Gelterkinden die Präsidentin des Basler Stimmrechtsverbandes Elisabeth Vischer-Alioth kennengelernt, von der sie auch zur Unterschriftensammlung für die eidgenössische Stimmrechtspetition und zur Gründung einer Basellandschaftlichen Stimmrechtssektion animiert wurde. Die Zeit und die Stimmung für das Frauenstimmrecht im Umfeld der SAFFA 1928, der ersten, sehr erfolgreichen Schweizerischen Ausstellung für Frauenarbeit, und der Petition waren vergleichsweise günstig. Am 28. September 1929 kamen 14 Liestalerinnen, zwei Delegierte der Basler Stimmrechtsvereinigung und Lina Mutschler aus Gelterkinden in der Gemeindestube in Liestal zusammen, um die Frauenstimmrechts-Vereinigung Baselland zu gründen. «Fast scheint die Sache ins Wasser zu fallen», da «die Gründung verfrüht» erschien und «der Boden ... besser bereitet werden sollte». Doch nach den dezidierten Worten der zwei Baslerinnen und «nach längerem Für und Wider» wurde die Gründung beschlossen.[6]

An dieser Gründungssitzung tauchen Konstellationen, Verhaltensweisen, Argumente und Redewendungen auf, die im Verlauf der Frauenstimmrechtsgeschichte des Kantons Baselland leitmotivisch wiederkehren: die Landschaft als ein «steiniger Boden» für das Frauenstimmrecht, das Selbstverständnis der Frauen aus dem oberen Baselbiet als eigentliche «Baselbieterinnen», die Vorbildrolle der «Städterinnen», womit auch die Unterbaselbieterinnen gemeint sind, die Notwendigkeit der ideellen und finanziellen Starthilfe und Unterstützung durch die Basler Sektion und die zurückhaltende, zögernde Art der Vereinsfrauen, die doch eigentlich antreten wollten, ihre bürgerlichen Rechte einzufordern.

Obwohl Elisabeth Vischer-Alioth, die in Arlesheim (BL), später in Basel lebte, die Sektionsgründung sehr unterstützte, fällte sie einen Entscheid, der sich schliesslich finanziell wie ideell in den schwierigen vierziger und fünfziger Jahren zum Nachteil der basellandschaftlichen Sektion auswirkte. Sie bestimmte, dass diejenigen Mitglieder, die im unteren Baselbiet lebten, weiterhin zur städtischen Sektion gehören und ihre Mitgliederbeiträge auch dort bezahlen sollten. Die Baselbieter Sektion wurde damit eine Vereinigung von Oberbaselbieterinnen. Wie in Basel fanden auch hier nur Frauen des Mittelstandes und «Damen der Liestaler Gesellschaft» zusammen, die mit den politisch bestimmenden Kreisen eng verbunden waren. Es fehlte die Mehrheit der Baselbieterinnen, die Bäuerinnen und Arbeiterinnen aus der Heim- und Fabrikindustrie. Als Ziel formulierten die Stimmrechtsfrauen in § 1 der Statuten: Die Vereinigung «bezweckt die Hebung der rechtlichen und sozialen Stellung der Frau und erstrebt damit das aktive und passive Wahlrecht der Frauen auf allen Gebieten.»

Vor allem in den ersten Jahren ihrer Existenz bis etwa 1935 übernahm die junge Vereinigung Aktionen des Schweizerischen Stimmrechtsverbandes. So bestellten die Frauen anlässlich von Abstimmungen, von denen sie sich besonders betroffen fühlten, Plakate, die gegen das Stimmverbot für Frauen protestierten; dies z.B. im Falle der Alkoholgesetzgebung (1929), der AHV (1931) sowie der Kriseninitiative (1935) oder bei den Nationalratswahlen (1935). Ihre Haupttätigkeit entfaltete die Baselbieter Vereinigung für Frauenstimmrecht jedoch im Vortragswesen. Die anspruchsvollen Vorträge von namhaften Referentinnen waren immer sehr gut besucht und wurden deshalb zur Mitgliederwerbung als absolut notwendig erachtet. Da der bisherige Name jedoch viele Frauen von einer Mitgliedschaft «abhalte» – «Frauenstimmrecht» wurde mit den kämpferisch auftretenden englischen Suffragetten verbunden –, machte schon 1932 die für das Präsidium vorgeschlagene Frau Körber ihre Wahl von einer Namensänderung der Vereinigung abhängig. Vom März 1932 an nannte sich die Stimmrechtssektion Baselland neu «Vereinigung für Frauenrechte». Prompt stieg auch die Mitgliederzahl innerhalb eines Jahres um mehr als das Doppelte von 75 auf den Höchststand von 180 im Jahr 1933. Erst jetzt trat die Gruppe auch der Frauenzentrale, der grössten Frauenorganisation des Kantons, bei.

> Ihre Haupttätigkeit entfaltete die Baselbieter Vereinigung für Frauenstimmrecht im Vortragswesen.

Die «Vereinigung für Frauenrechte Baselland» 1932–1942

Nur einmal, 1932, findet sich in den Protokollen ein Hinweis auf eine Grundsatzdebatte über die Aktionen des Vereins. «Als kurz die Frage gestreift wird, ob im kommenden Winter wieder Vorträge veranstaltet werden sollen, findet Herr Direktor Kaderli (der einzige Mann im Vorstand, S.K.), dass es nun bald an der Zeit wäre mit positiver Arbeit zu beginnen, und deshalb Eingaben an die Behörden gemacht werden sollten.» Die Frauen beschränkten sich jedoch auch weiterhin im wesentlichen auf Vorträge, Zusammenkünfte mit neuen Mitgliedern oder der Basler Sektion und dem regelmässigen Besuch der nationalen Delegiertenversammlungen.

Die Baselbieterin:
sitzend, kniend, untätig
«Die Baselbieterin» erschien von 1933–1937.

Tätigkeiten, die sich direkt auf das Stimmrecht beziehen, verzeichnet die Vereinigung erstaunlich wenige. Als die eidgenössische Stimmrechtspetition 1932 im Nationalrat diskutiert werden sollte, bat man den Baselbieter Nationalrat Seiler, «für die Stimmrechtspetition einzustehen». Erst im Oktober 1935 beschloss die Vereinigung anlässlich der Schulgesetz-Revision, eine Eingabe an den Regierungsrat zu verfassen. Sie verlangte die Mitwirkung der Frauen in den Schulpflegen und das aktive und passive Wahlrecht in Schulangelegenheiten. Diese Eingabe blieb im Gesetzesentwurf von 1937 «vollständig unberücksichtigt», weshalb die damalige Präsidentin Dr. Annemarie Meier auf der Erziehungsdirektion vorstellig wurde. Als Teilerfolg konnte die Vereinigung ein Jahr darauf die Einführung des passiven Wahlrechts für Frauen in die Schulpflege (festgehalten im Schulgesetz von 1946) verbuchen. Er fiel jedoch bereits in die gedrückte Stimmung kurz vor dem Zweiten Weltkrieg. «Die Präsidentin bittet darum alle Mitglieder, nicht der allgemeinen Entmutigung zu folgen, sondern zu wissen, dass nach dem passiven Wahlrecht einmal auch das aktive folgen werde. Es gelte auszuharren, wenn es auch oft langsam und erfolglos scheine.»

Auch der 1936 diskutierten Eingabe, in der die Vereinigung das Recht forderte, dass Frauen als Verhör- und Laienrichterinnen am Jugendgericht zugelassen würden, war schliesslich ein Erfolg beschieden, von dem 1942 berichtet wird: «Hoffen wir, dass der papierenen Gesetzgebung recht bald die Tat folgen werde. Unsere Vereinigung hat sich indirekt für die Sache eingesetzt, nachdem ein uns gewogener Landrat von einem schriftlichen Schreiben abriet, um der Sache nicht zu schaden!»

Nur wenige Jahre zuvor war die Vereinigung noch nicht zurückgeschreckt vor direkten öffentlichen Stellungnahmen. So beschäftigte sie die 1933 eingereichte, 1936 zur Abstimmung vorgelegte Verfassungsinitiative, die die Wiedervereinigung der beiden Basler Halbkantone einleiten sollte, sehr. Die Frauen verfassten eine Resolution, in der sie bedauerten, «dass es uns in dieser Sache nicht möglich ist, unsern Willen kundzutun; wir würden für die Selbständigkeit des Baselbietes eintreten.» Damit gab sich die Vereinigung als Oberbaselbieterinnengruppe zu erkennen, die jedoch auch die Verliererposition mit dem agrarischen, bevölkerungsärmeren oberen Baselbiet teilte; die Initiativen und die zwei Jahre später vorgelegten «Wiedervereinigungsartikel» wurden in beiden Kantonen von den «Städtern» (d.h. im Baselland von den Unterbaselbietern) angenommen. Von diesem Moment an waren Basel-Stadt und Baselland auf «Wiedervereinigung» eingespurt, und die Frauenstimmrechtsfrage, welche die Stimmenzahl so entscheidend verändert hätte, wurde (zufälligerweise?) 1946 und 1955 in beiden Kantonen fast gleichzeitig behandelt. Die eidgenössischen Räte allerdings verweigerten 1947/48 den Wiedervereinigungsartikeln von 1938 die Gewährleistung.[7] Erst die Neueinschätzung dieses Entscheids 1960 gab grünes Licht für die Zusammenführung der beiden Halbkantone und damit für erneute Wiedervereinigungsdebatten, die wiederum die Einführung des Frauenstimmrechts entscheidend vorantrieben (vgl. Aufsatz Nr. 9 von Pascale Meyer).

> Die Frauen verfassten eine Resolution, in der sie bedauerten, «dass es uns in dieser Sache nicht möglich ist, unsern Willen kundzutun; wir würden für die Selbständigkeit des Baselbietes eintreten».

Nach 1935 mehren sich jedoch die Klagen über die Zeit, die äusserst ungünstig für Frauenforderungen sei. Die Präsidentin appellierte immer häufiger durchzuhalten. Trotzdem entfernte sich die Vereinigung für Frauenrechte Ende der dreissiger Jahre sehr deutlich von ihrem ursprünglichen Zweck. Neu wurden 1938 einmal pro Monat «Arbeitsabende» eingeführt, an denen erst für Mädchenheime, später

Englische Suffragetten – nicht Vorbild, sondern Feindbild.

für Soldaten gestrickt wurde. «Da die Benennung unserer monatlichen Zusammenkünfte ‹Strickabend› Missfallen erregte in diversen Kreisen, ‹Klub›abend aber gar nach Frauenrechtlerinnen tönte, nennen wir unsere Treffen einfach Zusammenkunft.» Und zum 10jährigen Bestehen der Vereinigung 1939 wird als «Propagandamaterial» eine «Botschaft von Maria Waser», eine der bekanntesten Schweizer Schriftstellerinnen und bürgerliche Vordenkerin, verteilt, die nur noch «weibliche Gesinnung und mütterlichen Geist» im Staat verlangt, aber ausdrücklich kein Frauenstimmrecht mehr.

Während des Zweiten Weltkrieges kam der Vorstand nur noch sporadisch zusammen. Es fanden noch einige Vorträge statt, Früchtepakete für Soldaten wurden verschickt und Sockenwolle gekauft. Zwischen 1942 und 1951 fehlen uns Quellen über die Arbeit der Vereinigung. Das einzige Lebenszeichen: eine Eingabe an den Landrat vom 20.12.1945, in der das aktive und passive Wahlrecht für Frauen in Gemeindeangelegenheiten verlangt wird.

«Er zeigt sich bockbeinig» – Die Abstimmung über das kantonale Frauenstimm- und Wahlrecht 1946

Auf eigene Initiative legte der Baselbieter Regierungsrat kurz nach Kriegsende dem Landrat einen «Bericht betreffend Einführung des Frauenstimmrechtes» vor.[8] Diese Frage sei im Rahmen der eventuellen Verfassungsänderung zu prüfen, die den Staatsbeamten, Pfarrern und Lehrern das passive Wahlrecht bringen sollte. Im Gegensatz zu 1926, als dieselben Verfassungsänderungen diskutiert wurden, jedoch die beiden Fragen in keiner Weise und auf keiner politischen Ebene miteinander verknüpft wurden, stellte nun der Regierungsrat das Frauenstimm- und Wahlrecht in den Zusammenhang des notwendigen Ausbaus der Demokratie.

«Die Frau ist im Zuge der wirtschaftlichen Entwicklung immer mehr in den Wirtschaftsprozess eingeschaltet worden. Man kann diese Entwicklung als unglücklich bezeichnen; die Tatsache lässt sich damit aber nicht aus der Welt schaffen. Die Frau ist heute in vielen Berufen anzutreffen, die nach früheren Auffassungen nur für den Mann geeignet schienen.» Betont wird auch die während des Zweiten Weltkrieges erlebte Kompetenz und Präsenz von Frauen in allen Arbeitsbereichen und in der Armee. Obwohl lauter Gründe für die Einführung des Frauenstimmrechts genannt werden, enthält sich der Regierungsrat einer Stellungnahme. Er weist auf eingeschränkte Mitbestimmungsvarianten hin, plädiert jedoch dafür, dass den Baselbietern das integrale Frauenstimmrecht vorgelegt werden sollte. «Es geht darum, ob es die Gerechtigkeit und das Prinzip der Rechtsgleichheit verlangt, dass die Frau das gleiche Wahlrecht wie der Mann zugestanden erhält und ob eine solche Neuerung im Interesse des Staates und der Frau gelegen ist.» Fast gleichzeitig verlangte die Motion Matter die «vermehrte Zuziehung der Frauen zur öffentlichen Mitarbeit». Diese wurde in einer am 10. Oktober 1945 verfassten Resolution von der Frauenzentrale Baselland, dem Katholischen Frauenbund, der Sozialdemokratischen Frauengruppe und den Frauen der PdA begrüsst. Die zuständige Landratskommission ersuchte jedoch die Frauenverbände, «Publikationen zu unterlassen». Gleichzeitig wurde die Notwendigkeit der Auseinandersetzung mit dem

> «Es geht darum, ob es die Gerechtigkeit und das Prinzip der Rechtsgleichheit verlangt, dass die Frau das gleiche Wahlrecht wie der Mann zugestanden erhält und ob eine solche Neuerung im Interesse des Staates und der Frau gelegen ist.» (Regierungsrat Baselland 1945)

Frauenstimmrecht zum jetzigen Zeitpunkt festgestellt, weil es noch nicht «von sogenannten Frauenrechtlerinnen gefordert werde».[9] Dem Landrat wurde ein «schrittweises» Vorgehen zur Einführung des Frauenstimmrechts empfohlen, bei dem auf dem kleinsten gemeinsamen Nenner begonnen werden sollte: Die Gemeinden sollten die Möglichkeit erhalten, fakultativ ein auf Gemeindeangelegenheiten oder auf bestimmte Sachgebiete beschränktes Frauenstimm- und Wahlrecht einzuführen. Dieser Kommissionsantrag provozierte die Frauenorganisationen zu drei schriftlichen Eingaben: Die «Frauenkommission der Partei der Arbeit Baselland» sowie die «Kommission zur Förderung des Frauenstimmrechts» (1945 gegründet, später wieder aufgelöst) verfassten eine Resolution, in der sie den Kommissionsantrag ‹ausserordentlich bedauerten›: «Wir fordern nichts als unser gutes Recht, als vollwertige Menschen behandelt zu werden und verlangen deshalb die volle politische Gleichberechtigung der Frau in Kantons-, Bezirks- und Gemeindeangelegenheiten.» Der Lehrerinnenverein, der Arbeits- und Haushaltungslehrerinnenverein und der Frauengewerbeverband gaben sich moderater. Sie «begrüssen eine schrittweise Einführung des Stimmrechts, erachten es aber als unbillig, wenn das ohnehin auf Gemeindeangelegenheiten beschränkte Stimmrecht nicht für alle Gemeinden des Kantons obligatorisch erklärt wird.» Die «Vereinigung für Frauenrechte Baselland» bedankte sich schliesslich für das grosszügig gewährte vorweihnächtliche Geschenk eines Stimmrechts für Gemeindeangelegenheiten. «Nach reiflichem Überlegen können wir uns jedoch mit dem vorgeschlagenen fakultativen Stimmrecht nicht einverstanden erklären». Das «schrittweise Vorgehen», wie es die Mehrheit der Baselbieter Frauenorganisationen wünschte, wurde jedoch nicht gewählt. Der Landrat schloss sich der Argumentation des Regierungsrates an, wonach am 7. Juli 1946 die Möglichkeit der Einführung des allgemeinen Frauenstimm- und Wahlrechtes zur Diskussion zu stellen sei.

Knapp einen Monat vor der Baselbieter Abstimmung wurde in Basel über dieselbe Frage abgestimmt. Sehr hoch mit 62,9% Nein-Stimmen verwarfen die Basler Männer die Vorlage. Eine Stimmrechtsgegnerin brachte es auf den Punkt: Diese Männer wüssten eben «die Aufgaben von Mann und Frau noch säuberlich zu trennen».[10] Hauptargumente dagegen waren: Missbrauch der Frauen als «Stimmvieh» für die Linke, die zusätzliche «Belastung» der Frauen mit der Stimmpflicht, die Gefährdung der Familie als Ort der Erholung und des Friedens für Mann und Kinder und eine Vermännlichung der Frauen durch die «schmutzige Politik». Zu tief hatte sich das konservative Geschlechterverständnis der geistigen Landesverteidigung trotz gegenteiliger Realität eingegraben. Das egalitäre Denken der BefürworterInnen war nur wenig verbreitet. Die Appelle der Parteien (Demokraten, Sozialdemokraten, Landesring, Partei der Arbeit) an die «demokratisch gesinnten, politisch reifen, fortschrittlichen Bürger» verhallten ungehört neben «Argumenten» der Gegner wie z.B.: «Frauen, die im FHD oder im Luftschutz gewirkt haben, geben zu verstehen, sie hätten damit eigentlich das Stimmrecht ‹verdient›. Das ist schade. Als die Schweiz in Gefahr war, glaubten wir Männer, sie täten das aus Liebe zur Heimat und nicht, um hinterher eine Rechnung zu präsentieren.»[11]

Am 7. Juli 1946 entschieden auch die Baselbieter mit 73,5% Nein-Stimmen, den Frauen weiterhin ihre bürgerlichen Rechte vorzuenthalten. Keine einzige Gemeinde – auch nicht im unteren Baselbiet oder im stark industrialisierten Waldenburgertal – nahm die Vorlage an. Elisabeth Thommens Kommentar: «Wieso dies Resultat? Noch wesentlich vernichtender als das baslerische? Wir brauchen nicht mehr zu fragen. *Er* will nicht. *Er* zeigt sich bockbeinig. *Er* will zeigen, dass er ein Schweizer ist, der seine

Rechte bewahrt, seine Vorrechte nicht teilt. *Er* ist tief, tief innen überzeugt, dass nur *er*, der Mann, die Welt richtig regieren kann. Tausendjährige Vorurteile wurzeln in seiner stolzen Männerseele. In den Kriegszeiten hat *er* nichts gelernt und nichts vergessen. *Er* ist gewohnt, dass die Frau dient, und dass *er* herrscht. Das soll so sein im Haus, das *muss* so sein in der Gemeinde. Frauen in einer Gemeindeversammlung? Unvorstellbar! Arme Männer, wie schwer sie den Schritt tun zu neuen Erkenntnissen!»[12]

Appelle an das Gerechtigkeitsgefühl verhallten bei 73,5% Nein-Sagern ungehört.

Mit ihrer selbstbewussten kämpferischen Haltung stand Elisabeth Thommen jedoch sehr einsam da. Viele Frauen resignierten, und die Vereinigung für Frauenrechte Baselland wandte sich erst wieder 1951 an ihre Mitglieder.

An die stimmberechtigten Männer von Baselland!

Die Abstimmung vom 6/7. Juli legt den Entscheid, ob die Frau in unserem Kanton die politische Gleichberechtigung mit dem Manne erhalten soll, in Eure Hand.

Baselbieter, überlege Dir die Antwort auf diese wichtige Antwort so, wie es eines demokratisch gesinnten, politisch reifen, fortschrittlichen Bürgers würdig ist.

Bedenke: Die Frage der Gleichberechtigung der Frau ist eine Frage der Gerechtigkeit und des sauberen demokratischen Denkens. § 2 unserer Staatsverfassung lautet: „Die Staatsgewalt beruht auf der Gesamtheit des Volkes." Eine reine Männerherrschaft ist eine Halbdemokratie, die wertvolle staatsbildende und staatserhaltende Kräfte brach liegen lässt. Sie verletzt den elementaren demokratischen Grundsatz: Gleiche Pflichten — gleiches Recht.

Seite an Seite mit dem Mann hat die Frau in harter Pflichterfüllung im Kriege unser Schwei-

7

Abstimmungsplakat von Basel 1946.

8

«Wiederaufrichtung» der Frauenstimmrechtsvereinigung 1951–1953

Am 4. April 1951 fand – wiederum mit initiativer Unterstützung der Basler Sektion – die offizielle «Wiederaufrichtung» der Sektion Baselland des schweizerischen Frauenstimmrechtsverbandes statt. Einen Monat zuvor hatte Schulinspektor Ernst Grauwiller eine Motion für eine Baselbieter Standesinitiative zur Einführung des eidgenössischen Frauenstimmrechts eingereicht. Haupttraktandum der Sektion Baselland war jedoch ein möglicher Anschluss an die Sektion Basel. Die Hauptschwierigkeit sei,

Helene Kopp-Müller, geb. 1905, aufgewachsen in Gelterkinden, Präsidentin der Vereinigung für Frauenrechte Baselland 1951–1953, Gattin des Regierungsrates Otto Kopp (1947–1959), der sich engagiert für das Frauenstimmrecht eingesetzt hat, lebt heute in Liestal.

dass «alle im Unterbaselbiet wohnhaften Mitglieder dem Basler Verein angehören». 1952 beschloss der Vorstand den Zusammenschluss mit der Vereinigung für Frauenstimmrecht Basel-Stadt «unter Vorbehalt einer gewissen Selbständigkeit». Die Verhandlungen mit den Baslerinnen wurden jedoch aus Rücksicht auf deren starke Belastung durch die Konsultativabstimmung von 1954 verschoben. Nachdem sich (nach sechs Anfragen unter 85 Mitgliedern) keine Frau mehr für das Präsidium finden liess, beschloss der Vorstand am 12. Mai 1953, «die Vereinigung für Frauenrechte Baselland vorübergehend aufzulösen». Dies sei zwar statutenwidrig, aber die Statuten seien angesichts des «spärlichen Interesses» der Mitglieder «veraltet». «Es war kein Schwung drin», erklärt heute die damalige Präsidentin Helene Kopp-Müller. Ein stimmrechtsfreundlicher Kommentator stellte bei der dritten Abstimmung 1955 denn auch eine «absolute Passivität» unter den Frauen fest.[13]

«Wie sie stürmen?» – Die Abstimmung von 1955

Überzeugt von der Richtigkeit eines «schrittweisen Vorgehens», reichte der Sozialdemokrat Emil Müller (Gelterkinden) 1948 eine Motion für die fakultative Einführung des Frauenstimmrechts auf Gemeindeebene ein. Erst fünf Jahre danach legte der Regierungsrat dazu seinen ausführlichen Bericht vor.[14] Inzwischen waren Frauenstimmrechtsvorlagen in mehreren Kantonen gescheitert, und die Auffassung, wonach es unbedingt einer Verfassungsrevision bedürfe, um den Frauen die politischen Rechte zuzugestehen, war nun in breiteren Kreisen umstritten. Auf eidgenössischer Ebene suchten die Postulate Oprecht (12.12.1945) und von Roten (20.12.1950) nach neuen Wegen, und die Eingabe des Schweizerischen Verbandes für Frauenstimmrecht (25.11.1950) schlug eine «zeitgemässe Interpretation» von Art. 4 und Art. 74 der Bundesverfassung vor. Verstünde man unter «Schweizer» Frauen wie Männer, müssten den Schweizerinnen auch ohne Verfassungsrevision die politischen Rechte gewährt werden. Damit kam man letztlich auf die Argumentation Emilie Kempin-Spyris zurück, die als erste Schweizer Juristin und Anwältin schon 1887 diese aus der Sicht einer Frau naheliegende Auslegung des Art. 4 vertreten hatte, um das Anwaltspatent zu erwerben. Sie hatte jedoch vor Bundesgericht kein Verständnis gefunden, da ihre Interpretation «ebenso neu als kühn» sei und deshalb der üblichen «historischen Interpretation» widerspreche. Dem Willen des historischen (männlichen) Gesetzgebers, der vor allem in Gleichstellungsfragen unter «Schweizern» nur Männer verstanden hatte, wurde bis Ende der fünfziger Jahre ein unüblich grosses Gewicht beigemessen. Deshalb blieb der Bundesrat bei der Auffassung, wonach das Frauenstimmrecht nur mit einer Verfassungsrevision eingeführt werden könne.

Der basellandschaftliche Regierungsrat rückte jedoch 1953 von dieser Position ab, denn in der kantonalen Verfassung seien Frauen nicht explizit ausgeschlossen vom Stimm- und Wahlrecht. Zudem sei die bisherige Auffassung durch die Gesetzgebung bereits in einigen Bereichen durchbrochen worden. So hätten die Frauen das aktive Wahlrecht bei Hebammenwahlen, das passive Wahlrecht in die Armenpflege (1939), die vormundschaftliche Aufsichtsbehörde (1941), die Schulpflege (1946), die kantonale Fürsorgekommission (1950) und das Stimm- und Wahlrecht in der evangelisch-reformierten Kirche (1952). Er kam 1953 neu zu der Auffassung, «dass die Einführung des Frauenstimmrechtes in unserem Kanton, d.h. in kantonalen und Gemeindeangelegenheiten auf dem Wege der Gesetzgebung erfolgen kann.» So schlägt der Regierungsrat eine Ergänzung des Wahlgesetzes vor, worach bei kantonalen Angelegenheiten auch Frauen von dem Zeitpunkt an das Stimmrecht erhalten sollten, da sie sich in einer Konsultativabstimmung dafür ausgesprochen hätten. Aber sowohl die Wahlgesetz-Kommission als auch der Landrat wollten nichts von der «einfachen» Interpretation der Verfassung und einer Änderung des Wahlgesetzes sowie von einer vorgängigen Abstimmung unter den Frauen wissen,[15] sondern verlangten eine Verfassungsrevision und Vorschläge zur stufenweisen Einführung des Frauenstimmrechts.

Im Kanton Basel-Stadt hatten sich inzwischen (wie schon in Genf 1952) in einer Probeabstimmung 1954 73% der Frauen für ihre Gleichberechtigung ausgesprochen, worauf der Grosse Rat die Änderung der Kantonsverfassung beschloss, die im Dezember den Männern vorgelegt wurde. Dies brachte wiederum Baselland in einen Zugzwang. In einem neuen Bericht vom 24. September 1954 blieb der Regierungsrat weiterhin bei der vorgeschlagenen Gesetzesrevision, legte aber gleichzeitig einen Verfassungsänderungstext zur stufenweisen Einführung des Frauenstimmrechts vor. Der Landrat stimmte der leicht geänderten Vorlage zu: «Soll durch eine Verfassungsrevision die stufenweise Einführung des Stimmrechts der Frauen auf dem Weg der Gesetzgebung ermöglicht werden?» Die Spannung über den Ausgang der Abstimmung hatte jedoch schon nachgelassen. Am

> Sowohl die Wahlgesetz-Kommission als auch der Landrat wollten nichts von der «einfachen» Interpretation der Verfassung und einer Änderung des Wahlgesetzes sowie von einer vorgängigen Abstimmung unter den Frauen wissen.

5. Dezember 1954 hatten die Basler Männer zum vierten Mal ihre Vorrechte behauptet – obwohl diesmal der Wille der Frauen überdeutlich bekannt war. Wen wundert es, dass der Abstimmungskampf im Nachbarkanton einige Monate später «merkwürdig lau» war? Und dass sich keine Frauenorganisation im Landkanton auch nur die geringste Chance ausrechnete angesichts der Missachtung des Frauenwillens im «fortschrittlichen» Basel? Es war «beinahe wie im indochinesischen Dschungelkrieg, wo keiner recht weiss, wo der Feind steht.»[16] Am 15. Mai 1955 äusserten sich gerade noch 36,5% der Baselbieter zu dieser Vorlage, die noch in keiner Weise die tatsächliche Ein-

führung des Frauenstimmrechts zur Folge gehabt hätte. Mit 7'070 Nein gegen 5'496 Ja wurde sie bachab geschickt. Immerhin hatten sich 10 Gemeinden dafür ausgesprochen.[17]

Elisabeth Thommens 1946 ausgedrückte Ratlosigkeit war 1955 aktueller denn je: «Die Aufklärung nützt nur bedingt. Die Throne stehen unerschüttert. All die kleinen Könige sind von ihrem Königtum noch zu überzeugt. Und die Kräfte und der Wille, sie mit Gewalt zum Wackeln zu bringen, sind zu gering. Mauern der Uneinsicht, der Unkameradschaft, der Unkollegialität, des Herrenstandpunkts umgeben die Männerseelen. Wie sie stürmen?»[18]

«Mangels Erfolgsaussichten» wurde auch 1957 auf die weitere Behandlung der Standesinitiative zur Einführung des eidgenössischen Frauenstimmrechts (Motion Grauwiller vom 5.3.1951) verzichtet.

«Herrenstandpunkt» auf dem Land wie in der Stadt

Auffällig bei allen drei Baselbieter Abstimmungen ist die männliche Ignoranz bzw. die geringe Stimmbeteiligung (vgl. Anhang). Eine Entwicklung zeigt sich insofern, als das Geschlechterverständnis 1926 fast ungebrochen dualistisch war und ein auf «weibliche» Sachgebiete beschränktes Stimmrecht denkbar war. 1946 vertraten vor allem der Regierungsrat und die Linke ein egalitäres Rollenbild, das jedoch von bäuerlich-bürgerlichen und katholischen Kreisen vehement abgelehnt wurde. Ähnlich war dies 1955 noch der Fall, doch die Auffassung der Trennung der Geschlechter nach ihrer «natürlichen Bestimmung» war bereits so realitätsfremd und grotesk, dass sich die Stimmrechtsgegner kaum mehr öffentlich in diesem Sinne äussern, jedoch nach wie vor entsprechend stimmen konnten.

In der Konsultativabstimmung vom 21. Februar 1954 sprachen sich 73% der Baslerinnen für das Frauenstimmrecht aus.

In ihrem «Herrenstandpunkt» gegenüber den Frauen waren sich die Mehrheit der Städter und Landschäftler Männer einig. Angesichts dieser über Kantons-, Standes- und Klassengrenzen hinweg grossen Übereinstimmung, der männerdominierten politischen Kultur in Parteien, Landrat und Regierungsrat war der politische Handlungsraum der Frauen äusserst gering. So spielte die «Vereinigung für Frauenrechte» eine eher marginale Rolle, wenn ihr Bestehen auch wichtig war. Ihre aufklärende Arbeit und die Verankerung in politisch einflussreichen Kreisen (z.T. durch Ehe oder Verwandtschaft mit Regierungsräten) führten in den 30er/40er Jahren zu einigen Erfolgen. Da sie ihre Einflussnahme jedoch ausschliesslich auf «indirekte» Wege verlagerte, sind diese heute nur noch schwer nachzuvollziehen. Stärke und Schwäche der Vereinigung lagen damit nahe beieinander: Der persönliche Einfluss war relativ gross, doch der Zwang zur Einhaltung der gesellschaftlichen Rollen ebenso. «Ausharren» hiess die ohnmächtige Losung der konsequentesten Vereinsfrauen. Noch mutigere, kämpferische Frauenrechtlerinnen wie Elisabeth Thommen waren gesellschaftliche Feindbilder sowohl für Männer als auch Frauen im Landkanton. Solche zogen denn auch früher oder später in die grösseren Städte.

> Stärke und Schwäche der Vereinigung lagen nahe beieinander: Der persönliche Einfluss war relativ gross, doch der Zwang zur Einhaltung der gesellschaftlichen Rollen ebenso.

Anmerkungen

1
Klaus Fritz, Der Weg der Baselbieter Frauen zur Rechtsgleichheit, in: Baselbieter Heimatbuch, Bd. XI, Liestal, 1969, S. 222.

2
Bericht zum Landrats-Beschluss vom 17. Mai 1926. Verfassungsakten B 22, Staatsarchiv Baselland, Liestal (StaBL).

3
National-Zeitung vom 12. Juli 1926.

4
«Noch nicht reif!» Von einer Baselbieterin, National-Zeitung vom 18. Juli 1926. Elisabeth Thommen verfasste schon seit den frühen zwanziger Jahren regelmässig Beiträge für Frauen in der Basler National-Zeitung, wo sie auch die wöchentliche Frauenseite «Von der Frau und ihrer Arbeit» begründete und bis 1946 redigierte.
Vgl. auch Kubli Sabine, Wie herrlich frech ich schrieb! in: emanzipation, Basel, Nr. 4, Mai 1988.

5
Vereinigung für Frauenstimmrecht Basel und Umgebung, Bericht über die Jahre 1916–1921, S.2.

6
Die Zitate aus den Protokollen finden sich im Protokollbuch der Vereinigung für Frauenstimmrecht Baselland 1929–1939, in der Loseblattsammlung 1940–1942 und im Protokollordner 1951–1953.

7
Blum Roger, «Im Gefühl gegründet, dass ihm die Zukunft gehöre»: Das Baselbiet, seine Revolution und seine Politik, S. 26, in: Baselland unterwegs. Katalog einer Ausstellung, Liestal 1982.

8
Bericht des Regierungsrates an den Landrat betreffend Einführung des Frauenstimmrechtes vom 22. August 1945. Verfassungsakten B 22, StaBL.

9
Erste und zweite Kommissionssitzung vom 15. Oktober und 3. Dezember 1945, Verfassungsakten B 22, StaBL.

10
Basellandschaftliche Zeitung vom 27. Juni 1946.

11
Basellandschaftliche Zeitung vom 3. Juli 1946.

12
National-Zeitung vom 14. Juli 1946.
Zu E.Thommen vgl. Anm. 4.

13
Basellandschaftliche Zeitung vom 16. Mai 1955.

14
Der Regierungsrat des Kantons Basel-Landschaft an den Landrat betreffend Gewährung des Stimmrechts an die Frauen vom 17. Februar 1953. Verfassungsakten B 22, StaBL.

15
G. Rutschi hatte mit einer Motion vom 12. Juni 1953 eine Probeabstimmung unter den Frauen verlangt. Sein Antrag wurde vom Landrat am 26. Januar 1953 abgelehnt, da die rechtlichen Grundlagen dafür fehlten.

16
Landschäftler vom 13. Mai 1955.

17
Arlesheim, Binningen, Birsfelden, Münchenstein, Muttenz, Rümlingen, Tenniken, Waldenburg, Augst, Pratteln.

18
National-Zeitung vom 14. Juli 1946.

Bildnachweis

1
Schweizerisches Sozialarchiv Zürich

2
Plakatsammlung
Museum für Gestaltung Basel

3
aus: E. Thommen, 10. April 1888 bis 24. Juni 1960. St. Gallen 1960

4
Lina Maier-Mutschler, Basel

5
Landesbibliothek Bern

6
Postkartenserie «Frauenfragen», Universitätsbibliothek Basel

7
Basellandschaftliche Zeitung vom 5. Juli 1946

8
Plakatsammlung
Museum für Gestaltung Basel

9
Helene Kopp-Müller, Liestal

10
Bildarchiv zur Geschichte der Arbeiterbewegung, Roland Gretler, Zürich

Abstimmungen über das Frauenstimmrecht im Kanton Basel-Stadt

1920 8.2.
Stimm- und Wahlrecht in Kantons- und Gemeindeangelegenheiten
(Motion SP)
6711 Ja   12'455 Nein   Stb. 66,6%   *Abgelehnt mit 65% Nein-Stimmen.*

1927 15.5.
Stimm- und Wahlrecht in Kantons- und Gemeindeangelegenheiten
(Initiative KP)
6152 Ja   14'917 Nein   Stb. 59,4%   *Abgelehnt mit 70,8% Nein-Stimmen.*

1946 16.6.
Stimm- und Wahlrecht in Kantons- und Gemeindeangelegenheiten
(Motion PdA)
11'709 Ja   19'892 Nein   Stb. 59,4%   *Abgelehnt mit 62,9% Nein-Stimmen.*

1954 21.2.
Konsultative Frauenabstimmung   *Angenommen mit 72,9% Ja-Stimmen.*

1954 5.12.
Stimm- und Wahlrecht in Kantons- und Gemeindeangelegenheiten
(aufgrund der Frauenabstimmung)
17'321 Ja   21'123 Nein   Stb. 62,1%   *Abgelehnt mit 54,9% Nein-Stimmen.*

1957 3.11.
Ermächtigung zur Einführung
des Stimm- und Wahlrechts in den Bürgergemeinden
12'667 Ja   8568 Nein   Stb. 33,2%   *Angenommen mit 59,7% Ja-Stimmen.*
In der Folge 1957 in den Bürgergemeinden von Riehen und
Basel-Stadt angenommen, in Bettingen abgelehnt.

1966 26.6.
Stimm- und Wahlrecht in Kantons- und Gemeindeangelegenheiten
(Gegenvorschlag zur 1957 zustande gekommenen Initiative
der Vereinigung für Frauenstimmrecht)
13'713 Ja   9141 Nein   Stb. 34,5%   *Angenommen mit 60,0% Ja-Stimmen.*
Erster deutschschweizer Kanton mit dem Frauenstimmrecht.

Abstimmungen über das Frauenstimmrecht im Kanton Basel-Landschaft

1926 11.7.
Stimm- und Wahlrecht in Schul-, Kirchen- und Armensachen
(Partialrevision der Staatsverfassung)
3164 Ja   3332 Nein   Stb. 31,9%   *Abgelehnt mit 51,3% Nein-Stimmen.*

1946 7.7.
Stimm- und Wahlrecht in Kantons- und Gemeindeangelegenheiten
(Vorlage des Regierungsrates)
3784 Ja   10'480 Nein   Stb. 47,8%   *Abgelehnt mit 73,5% Nein-Stimmen.*

1955 15.5.
Stufenweise Einführung politischer Frauenrechte auf dem Wege der Gesetzgebung
(Motion SP und Vorlage des Regierungsrates)
5496 Ja   7070 Nein   Stb. 36,5%   *Abgelehnt mit 56,3% Nein-Stimmen.*

1966 13.3.
Verfassungsrevision über die stufenweise Einführung politischer Frauenrechte
auf dem Wege der Gesetzgebung (Motion SP)
8321 Ja   6210 Nein   Stb. 32,2%   *Angenommen mit 57,3% Ja-Stimmen.*

1967 4.6.
Verfassungsartikel zur Einführung des Stimm- und Wahlrechtes
auf dem Weg der Gesetzgebung
8506 Ja   4810 Nein   Stb. 28,5%   *Angenommen mit 63,9% Ja-Stimmen.*

1968 23.6.
Stimm- und Wahlrecht in kantonalen Angelegenheiten
(Änderung des Wahlgesetzes)
9374 Ja   4396 Nein   Stb. 28,6%   *Angenommen mit 68,1% Ja-Stimmen.*
Zweiter deutschschweizer Kanton mit dem Frauenstimmrecht.

1970 27.9.
Stimm- und Wahlrecht in Gemeindeangelegenheiten (Änderung des Gemeindegesetzes).
Die Frauen waren selber stimmberechtigt.
21'566 Ja   5010 Nein   Stb. 24,9%   *Angenommen mit 81,1% Ja-Stimmen.*

Zusammengestellt aus diversen Quellen, insbesondere aus:
Ruckstuhl Lotti, Frauen sprengen Fesseln. Hindernislauf zum Frauenstimmrecht in der
Schweiz, Bonstetten o.J. [1986].

Pascale Meyer, lic. phil. I,
Basel, Historikerin,
Beauftragte des Amtes
für Museen und Archäologie
Baselland, Liestal

«Es gelte auszuharren»
1957–1968

Im Jahr 1959 fand die erste eidgenössische Abstimmung über das Frauenstimmrecht statt. Zwei Jahre zuvor hatte der Bundesrat anlässlich des Zivilschutzartikels eine Botschaft zur Einführung des Frauenstimmrechts herausgegeben. Damit beabsichtigte er, das in der Vorlage angekündigte Dienstobligatorium der Frauen «verdaulich» zu machen, was allerdings nicht gelang: Der Artikel wurde in der «Volksabstimmung» 1957 verworfen. Ebenfalls verworfen wurde am 1. Februar 1959 aber auch die Vorlage zum Frauenstimmrecht: mit 69% Nein-Stimmen. Als spontane Reaktion darauf streikten fünfzig baselstädtische Gymnasiallehrerinnen, was ihnen prompt den Vorwurf einbrachte, sie seien noch nicht reif für das Stimmrecht, «da sie sonst wüssten, dass in unserer Demokratie die Minderheit sich der Mehrheit zu fügen hat».[1] Gleichentags wurde aber im Kanton Waadt das Frauenstimmrecht auf kantonaler Ebene angenommen. In Neuenburg und Genf stimmten die Männer ebenfalls mehrheitlich für das Frauenstimmrecht; es kam deshalb anschliessend zu kantonalen Vorlagen: Noch im selben Jahr erhielten die Neuenburgerinnen, ein Jahr später die Genferinnen das Stimm- und Wahlrecht auf kantonaler Ebene.[2]

«Jetzt erst recht», lautete das Motto der Deutschschweizer Stimmrechtsvereinigungen. Zahlreiche Publikationen und die neu gegründete Stimmrechtsseite des Schweizerischen Frauenblattes[3] verdeutlichen die vermehrten Anstrengungen, welche die Stimmrechtsvereine unternahmen, um den Kampf für das Frauenstimmrecht weiterzuführen.

Die Vereinigung für Frauenrechte, Gruppe Baselland

Auch im Baselbiet regten sich die Kräfte wieder, nachdem es nach der Auflösung von 1953 einige Jahre ruhig um die «Vereinigung für Frauenrechte Baselland» war. Bis 1959 schlossen sich nahezu 100 Frauen, vor allem aus dem unteren Baselbiet, dem städtischen Verein an. Ab 1958 machte sich eine Gruppe von Unterbaselbieterinnen um Irene Reinhardt, die sich «Vereinigung für Frauenrechte, Gruppe Baselland» nannte, selbständig. Offiziell gehörte sie zwar weiterhin der städtischen Sektion an, die aktiven Frauen tagten aber selbständig und griffen unabhängig von der starken städ-

Irene Reinhardt-Schoch,
geb. 1916 in Moskau,
seit 1920 in der Schweiz.
Von Beruf ist sie Lehrerin.
Heirat 1941, vier Kinder.
Sie trat 1954 in die Vereinigung für Frauenstimmrecht
Basel und Umgebung ein und
leitete die Gruppe BL.
Sie lebt heute in München-stein/BL.

1

tischen Sektion Themen auf. Irene Reinhardt bemühte sich beispielsweise bei den Behörden, die Mitarbeit der Frauen in den Gemeinden anzuregen. Für die eidgenössische Abstimmung von 1959 gelang es der Gruppe BL, in Muttenz und in Münchenstein Orientierungsabende zu organisieren, die sehr gut besucht wurden. Eine wichtige Rolle spielte auch Anneliese Villard-Traber, die als Präsidentin der städtischen Sektion (von 1957 bis 1963) in engem Kontakt mit der Baselbieter Gruppe stand. Sie betreute die Stimmrechtsseite des Frauenblattes und gewährleistete damit den Informationsfluss unter den diversen Stimmrechtsvereinen.

Auch in Liestal...

Im Jahr 1960 hat sich auch in Liestal eine lockere Gruppe gebildet. Am 17. November fand eine erste Veranstaltung statt, die den Titel trug: «Was tun wir in Liestal für das Frauenstimmrecht». Die Unterbaselbieterinnen bemerkten, «dass junge Frauen am Werk sind, die die Arbeit für die Frauenrechte wieder in Schwung bringen und zwar aus eigener Kraft und ohne Hilfe von Basel oder von uns aus dem unteren Baselbiet.» (Protokoll 7. Dezember 1960)

Dass im Baselbiet zwei Gruppen für das Frauenstimmrecht aktiv waren, verdeutlicht die Gespaltenheit und die Schwierigkeiten der Baselbieter Stimmrechtsbewegung. Für die Frauen im unteren Baselbiet war es aus politischen und nicht zuletzt auch aus verkehrstechnischen Gründen einfacher, sich regelmässig zu treffen und die Forderung nach dem Frauenstimmrecht konsequent zu vertreten. Im oberen Kantonsteil hingegen brauchte es anfangs der sechziger Jahre dafür mehr Mut, wie manche Frauen bestätigten. Wer das Frauenstimmrecht öffentlich forderte, exponierte sich und wurde noch anfangs der sechziger Jahre abschätzend als «Suffragette» bezeichnet.

«Stimmrecht für geistig Gebrechliche»

ɛ Ende 1960 verfasste die Gruppe BL ein Schreiben an den Landrat, das im Zusammenhang mit der Diskussion um das Stimmrecht für «geistig Gebrechliche» stand: Die Gruppe BL bemängelte, dass «man nichts von der Diskriminierung der über 50'000 Frauen hörte, die doch weder geistig beschränkt, noch behindert, auch nicht bevormundet sind...».[4]

Die Antwort des Landschreibers gibt in einem Brief die Stellungnahme des Landrates wieder: Der Landrat wollte das Schreiben der Frauen nicht zum Anlass für einen Vorstoss nehmen. «Wenn unsere Bevölkerung dem Frauenstimmrecht einmal etwas mehr zugeneigt sein wird, dürfte der Zeitpunkt für eine neue Aktion gekommen sein.»

Dass «die Bevölkerung dem Frauenstimmrecht noch nicht sehr stark zugeneigt war», hielt auch eine Pressenotiz im Januar 1961 fest: Das Baselbiet stehe im Ruf, «in bezug auf das Frauenstimmrecht ein steiniger Boden zu sein», meldete die Basellandschaftliche Zeitung.[5] Es erstaunt daher auch wenig, dass die Gruppe BL Schwierigkeiten hatte, neue Frauen zur Mitarbeit zu bewegen. Wahrscheinlich nicht untypisch ist das folgende Schreiben einer Frau, die bedauerte, nicht an den Sitzungen teilnehmen zu können: «Überdies suche ich meine Abende nach Möglichkeit frei zu halten, weil mein Mann zum Mittagessen nicht heimkommen kann und deshalb meiner Ansicht nach ein Recht darauf hat, dass seine Frau am Abend in erster Linie für ihn und seine Arbeit da ist.» Trotz der nicht allzu optimistischen Stimmung liessen es sich aber auch die Oberbaselbieterinnen nicht nehmen, am 1. Februar, dem Tag der Ablehnung des eidgenössischen Frauenstimmrechts, jährlich Veranstaltungen abzuhalten, wie es fast alle Stimmrechtsvereine der Schweiz taten. Die Presse allerdings quittierte die Bemühungen der engagierten Frauen mit folgendem Kommentar: «Gedenktage, Demonstrationen und selbst gut gemeinte Vorträge scheinen mir nicht die geeigneten Mittel zu sein, um den Gedanken des Frauenstimmrechts zu verbreiten».[6]

> Dass «die Bevölkerung dem Frauenstimmrecht noch nicht sehr stark zugeneigt war», hielt auch eine Pressenotiz im Januar 1961 fest: Das Baselbiet stehe im Ruf, «in bezug auf das Frauenstimmrecht ein steiniger Boden zu sein».

Verfassungsarbeit

1 1962 konzentrierten sich die Frauen aus dem Vorstand der Gruppe BL vor allem auf die Tätigkeit des Verfassungsrates, der seit 1960 eine Verfassungsgrundlage für einen wiedervereinigten Kanton Basel ausarbeitete. Irene Reinhardt versuchte, die Männer davon zu überzeugen, dass mit Hilfe des Frauenstimmrechts eine Abstimmung über einen wiedervereingten Kanton zugunsten eines selbständigen Baselbiets gewonnen werden könnte.

Der Verfassungsrat lehnte aber 1962 die Einführung des Frauenstimmrechts in die neue Verfassung ab und überging damit eine entsprechende Aufforderung der Gruppe BL und der Frauenzentrale BS. Die abstimmungstaktischen Überlegungen, die das Vorgehen der Verfassungsräte bestimmten, waren grotesk: Da sie von

9 Frauenstimmrecht BL 1957–1968

Die Baselbieterin: sitzend, kniend, untätig

Das Wandgemälde von Otto Plattner und Emilio Müller aus dem Jahr 1932 im Landratssaal von Liestal drückt das noch in den sechziger Jahren v.a. von der BGB-Fraktion vertretene Rollenverständnis von Frau und Mann aus.

der frauenstimmrechtsfeindlichen Haltung der männlichen Stimmbürger ausgingen, befürworteten die Gegner der Wiedervereinigung das Frauenstimmrecht, um die Verfassung zu Fall zu bringen; die Befürworter der Wiedervereinigung hingegen lehnten es aus Angst um die Verfassung ab. Damit wurde das Frauenstimmrecht zum Spielball der politischen Kräfte, und die Debatten im Verfassungsrat zeigen klar, dass es nicht um das Frauenstimmrecht an sich ging, sondern um die Wiedervereinigung.

Zwei Jahre später beschloss der Verfassungsrat – trotz erneuter Intervention der Gruppe BL – das Frauenstimmrecht durch Gesetz im künftigen Kanton Basel einzuführen. Ausschlaggebend dafür, dass das Frauenstimmrecht schliesslich in der zweiten Lesung von 1967 einstimmig gutgeheissen wurde, war die Tatsache, dass Basel-Stadt das Frauenstimmrecht 1966 eingeführt hatte.

2

PdA-Frauen bringen den Stein ins Rollen

Auf der parlamentarischen Ebene regten sich die Kräfte für das Frauenstimmrecht im Jahre 1964 wieder. Anlässlich des Kongresses der «Schweizer Frauenvereinigung für Frieden und Fortschritt» (Frauen der Partei der Arbeit [PdA]), der in Basel im April 1964 tagte, reichten erstmals Frauen im Baselbiet eine Petition betreffend Einführung des Frauenstimmrechts ein. Die Petentinnen stiessen jedoch im Landrat auf wenig Verständnis, weil die Petition «aus der Küche der Partei der Arbeit» stammte. Deshalb wurde es auch nicht für nötig empfunden, auf das Begehren einzutreten, denn «die Petitionskommission erachtet es nicht als opportun, die umstrittene Frage der Einführung des Frauenstimmrechtes auf Grund der vorliegenden Petition aufzugreifen, zumal sich unter den Unterzeichnerinnen nur vereinzelte Frauen aus Baselland befinden.»[8]

Diesem abschlägigen Entscheid des Landrates zum Trotz, nahm der sozialdemokratische Landrat Leo Bürgisser aus Oberwil diese Petition zum Anlass, eine Motion zu starten, die die stufenweise Einführung des Stimmrechts auf dem Wege der Gesetzgebung für Frauen in kantonalen und kommunalen Angelegenheiten vorsah.[9] Dieser Motion war diejenige von Fritz Schiesser aus dem Jahr 1961 über «die generelle Wählbarkeit der Frauen in staatliche Ämter» vorausgegangen. Leo Bürgisser begründete eingangs seine Motion mit der Einführung des Frauenstimmrechtes im «Negerstaat Sudan». Diese Begründung schien aber nicht allen Landräten ausreichend, denn «wenn die Neger einen Entscheid treffen», sei es «absolut nicht notwendig, dass die Weissen nachdoppeln müssen», meinte beispielsweise ein christlichsozialer Landrat. Vertreter der Bauern-, Gewerbe- und Bürgerpartei (BGB) hielten hingegen fest, dass sie ihren Frauen das «Stimmrecht zu Hause» geben wollten, das aber «sollte genügen, um Ordnung in Baselland und Basel-Stadt zu haben». Und schliesslich befand ein freisinniger Landrat, dass «man auch gegen das Frauenstimmrecht sein kann, auch wenn man die Frauen durchaus schätzt».[10]

Die Argumente der Gegner des Frauenstimmrechts waren stets dieselben: Frauen sollten nicht mit der «schmutzigen» Politik in Berührung kommen, Frauen seien politisch zu wenig gebildet und schliesslich sei das Stimmrecht nicht mit der «natürlichen» Rolle der Frau zu vereinbaren. Die so argumentierenden Landräte der bürgerlichen Fraktionen waren aber klar in der Minderheit, und die Motion konnte überwiesen werden.

Die Hoffnung der Regierung, die in ihrem Bericht vom 16. Februar 1965 festhielt, «es könnten heute keine wesentlichen Gründe mehr angeführt werden, der Frau weiterhin die politischen Rechte vorzuenthalten», stützte sich auf das Verfahren der «stufenweisen Einführung». Die Vorlage sah vor, das Frauenstimmrecht in der Verfassung zu verankern (wozu es im Baselland zwei Abstimmungen brauchte), es dann aber auf dem Weg der Gesetzgebung schrittweise zu verwirklichen. Trotz der regierungsrätlichen Unterstützung sah sich die landrätliche Kommission veranlasst, den Text des von der Regierung vorgelegten Beschlusses zu ändern, und setzte statt «Einführung des Frauenstimmrechts» – «Einführung der politischen Rechte der Frauen» ein.

In der Landratssitzung vom 13. September 1965 waren die Gegner des Frauenstimmrechts noch deutlicher in der Minderheit. Die Kommissionsvorlage wurde in derselben Debatte mit 53:7 Stimmen gutgeheissen, nur noch die Fraktion der BGB war mehrheitlich gegen eine Volksabstimmung.[11]

Gründung der «Vereinigung für Frauenstimmrecht Baselland»

Vermutlich war die Motion Bürgisser der Anlass für Susanne Müller und Andrée Stober gewesen, wieder eine selbständige Sektion Baselbiet zu gründen. Mit Recht wiesen sie darauf hin, dass eine Vereinigung für das Frauenstimmrecht für den ganzen Kanton repräsentativ sein müsste. Die jetzige Situation, die Existenz einer eigenständigen Unterbaselbieter sowie einer ebenfalls mittlerweilen gut organisierten Oberbaselbieter Gruppe, wurde in Anbetracht der bevorstehenden Abstimmung untragbar. An der Vorstandssitzung wie auch an der Jahresversammlung waren sich die Frauen

Andrée Stober, geb. 1925 in Basel. Heirat 1949, drei Kinder, lebte bis 1961 in La-Tours-de-Peilz (VD), danach in Birsfelden (BL). Sie trat 1961 der Vereinigung für Frauenstimmrecht Basel und Umgebung bei. Von 1963–1965 war sie Präsidentin der Gruppe BL und der Vereinigung für Frauenstimmrecht Baselland. Sie lebt heute in Birsfelden/BL.

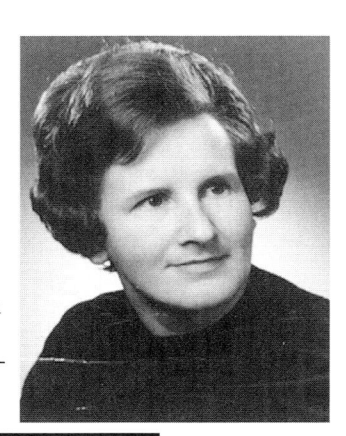

3

Susanne Müller, geb. 1923, nach Architektur-Studium als Architektin im Hochbauamt Baselland tätig. Sie trat 1958 der Vereinigung für Frauenrechte, Gruppe BL bei. Von 1965–1972 war sie Präsidentin der Vereinigung für Frauenstimmrecht Baselland. Lebt heute in Frick/AG.

4

aber keineswegs einig. Nach kontroversen Diskussionen wurde dennoch beschlossen, dass nun wieder eine eigenständige Baselbieter Sektion aus der Taufe gehoben werden sollte.

Am 1. Februar 1965 fand die Gründungsversammlung der «Vereinigung für Frauenstimmrecht Baselland» (VFS/BL) in Liestal statt. Zur Präsidentin wurde Andrée Stober, eine Unterbaselbieterin, zur Vizepräsidentin Susanne Müller, eine Oberbaselbieterin, gewählt. Im selben Jahr noch trat der VFS/BL der Frauenzentrale bei.

Schon bald übernahm Susanne Müller das Präsidium, da Andrée Stober krankheitshalber zurücktreten musste. Sie bestimmte in den kommenden Jahren das Geschick der Vereinigung. Getragen von der Überzeugung, dass «alles reifen muss»[12], war sie zwar eine engagierte und wortgewaltige Präsidentin: Demonstrationen für das Frauenstimmrecht jedoch verabscheute sie. Zu den Aktivitäten des Vorstandes gehörten 1965 der rege Tribünenbesuch an den Landratssitzungen, das Planen und Koordinieren von zahlreichen gut besuchten Staatsbürgerkursen und diversen Aktionen sowie das Schreiben von Zeitungsartikeln.

Die erste von drei Abstimmungen: 13. März 1966

In der Eintretens-Abstimmung vom 13. März 1966 sollten die Baselbieter Männer über die grundsätzliche Frage entscheiden, ob ein Verfassungsartikel über die Einführung der Frauenrechte ausgearbeitet werden könne.

Was die VFS/BL in diesem Jahr unternommen hat, um die Bevölkerung für die Abstimmung zu mobilisieren, geht aus den Protokollen kaum hervor; vermutlich hielt sich die VFS/BL im Hintergrund – dem Einfluss der Politiker vertrauend (vgl. Aufsatz Nr. 8 von Sabine Kubli). So erstaunt es wenig, dass an einer Vorstandssitzung beschlossen wurde, dass sie sich in der Presse ruhig verhalten würde. Ein überparteiliches Komitee, in dem u.a. Regierungsrat Dr. Ernst Boerlin und Susanne Müller vertreten waren, organisierte hingegen eine «Aufruf-Aktion». Namhafte Landräte unterzeichneten eine Stellungnahme für das Frauenstimmrecht. Die Unterstützung durch den Regierungsrat für die kommende Abstimmung war gross, wie dies schon bei den vorhergehenden Abstimmungen der Fall war. Während Journalisten in den Zeitungen vorwiegend befürwortende Stellungnahmen abgaben, vermittelten Leserbriefe hingegen ein anderes Bild, was schliesslich den Chefredaktor der Basellandschaftlichen Zeitung, Anton Cleis, veranlasste, kurz vor dem Abstimmungsdatum zu resümieren: «Es ist völlig sinnlos, einen überzeugten Gegner des Frauenstimmrechts umstimmen zu wollen. Es handelt sich um ein reines Generationenproblem. Die Frauen werden das Stimm- und Wahlrecht erhalten, weil es eine Selbstverständlichkeit ist und weil es überhaupt keine vernünftigen Argumente dagegen gibt.»[13] Anton Cleis behielt recht: Am 13. März 1966 sprachen sich die Baselbieter Männer mit 8321 Ja gegen 6210 Nein grundsätzlich für die Rechtsgleichheit von Frau und Mann aus.

In der Zeitung waren am Tag danach folgende Zeilen von Susanne Müller zu lesen: «Die Zuversicht und das Vertrauen haben sich gelohnt. Der Souverän hat gut entschieden […] Die künftige Zusammenarbeit hat wohltuend gewirkt auf die Gemüter: Die Männer haben sich erfolgreich bemüht, ritterlich zu sein, und wir Frauen haben uns aufs Zuhören beschränkt…».[14]

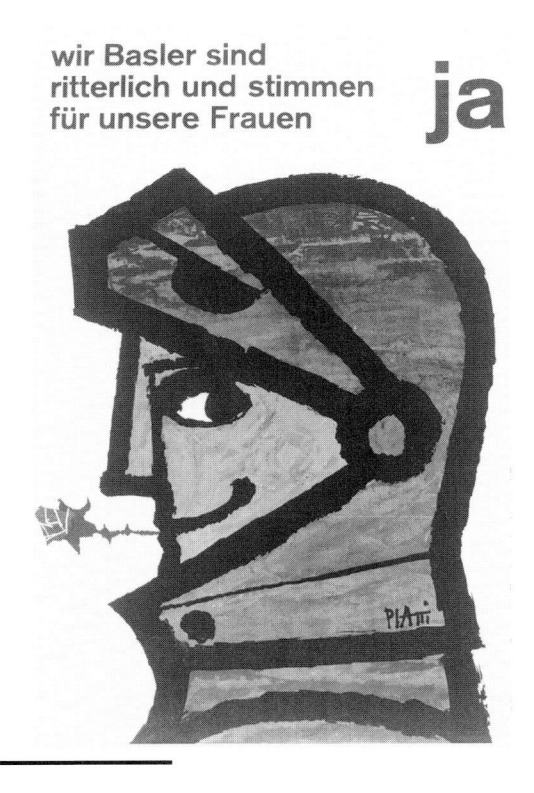

Einführung des Frauenstimmrechts – Akt der Ritterlichkeit? Abstimmungsplakat zur Eidgenössischen Volksabstimmung von 1959.

Dass sich die Präsidentin der Stimmrechtsvereinigung bei den Männern bedankte, ihre «Ritterlichkeit» betonend, wirft ein Licht auf das herkömmliche Geschlechtsrollen-Verständnis. Die Forderung nach politischer Gleichberechtigung leiteten denn auch viele Frauen aus ihren traditionellen Aufgaben in Familie und Kindererziehung ab. Entsprechend moderat fiel die Forderung nach dem Stimmrecht aus, auch wenn einige Mitglieder der VSF/BL andere Töne anstimmten: «Nach Umfrage unter den Frauen meiner Verwandtschaft habe ich gemerkt, dass etwas Drastisches, um die Sache zu beschleunigen, erwartet wird. Ich bin nach wie vor für einen Streik. Wenn die Männer einen wirtschaftlichen und finanziellen Schaden sehen, werden sie schon erwachen.» (Brief U.G. vom 29. Dezember 1966)

Mitgliederwerbung für die
Vereinigung für
Frauenstimmrecht Baselland.

Ich bin eine Frau von heute

und liebe den modernen
Rhythmus der Zeit.
Darum will ich das
umfassende Stimmrecht.
Fragen über
Lebenshaltungskosten,
Familienrecht,
Erziehung und
Sozialversicherung
interessieren auch mich.

**Deshalb werde ich
Mitglied der
Vereinigung für
Frauenstimmrecht
Baselland**

Die zweite Abstimmung: der neue Verfassungsartikel

Für den Abstimmungskampf erschienen dem Vorstand aber – entgegen anderslautenden Ratschlägen – Zeitungsinserate und Aufrufe an alle Parteivorstände die probaten Mittel zu sein. Der Abstimmung vom 4. Juni 1967 konnten die Frauen und die Politiker denn auch gelassen entgegensehen. Die öffentliche Diskussion war lau, und alle Parteien gaben die Ja-Parole aus. Mit einer komfortabeln Mehrheit (8506 Ja, 4810 Nein) beschlossen die Männer, das Frauenstimmrecht stufenweise auf dem Weg der Gesetzgebung einzuführen. Das Gesetz jedoch, dass die Frauen dieses nun verfassungsmässig verankerte Recht tatsächlich ausüben können, musste jedoch erst noch geschaffen werden (Ergänzung des Wahlgesetzes).

Die dritte Abstimmung:
das Stimm- und Wahlrecht in kantonalen Angelegenheiten

In den Jahren 1968 und 1969 kam in der schweizerischen Frauenbewegung ein neuer Wind auf: Im Herbst 1968 wurde die Frauenbefreiungsbewegung (FBB) gegründet, deren Mitglieder sich nicht mehr mit dem Stimmrecht zufrieden gaben, sondern vehement den Abbau der sozialen und wirtschaftlichen Privilegien der Männer forderten. Doch im Baselbiet blieben die radikaleren Töne der «Neuen Frauenbewegung» noch weitgehend ungehört. Es waren Männer aus Regierungs- und landrätlichen Kreisen, die sich 1968 für das Frauenstimmrecht stark machten, weil schon bald mit der entscheidenden Abstimmung über die Wiedervereinigung zu rechnen war.

Damit lässt sich auch das Engagement mancher Politiker für das Frauenstimmrecht erklären.[15] Mit Hilfe der Frauen hofften die Gegner der Wiedervereinigung, die Vorlage zu Fall bringen zu können, da sie von den Frauen eine pro-baselbieterische Gesinnung erwarteten. In der Abstimmungsvorlage über das Frauenstimmrecht von 1968 war zu lesen, es «wäre ein Missverhältnis vorhanden, wenn die Frauen unseres Kantons nicht teilnehmen könnten, dagegen die Frauen in Basel-Stadt, die das Stimmrecht ja schon haben» (seit dem 26. Juni 1966, PM). Am 7. Dezember 1969 lehnte schliesslich das Baselbiet die Wiedervereingung beider Basel mit deutlicher Mehrheit ab, im Gegensatz zu Basel-Stadt.

Die Unterstützungsarbeit der VFS/BL für den Abstimmungskampf beschränkte sich darauf, die Männer zu ermuntern, «Ja» zu stimmen, die Mitarbeit im öffentlichen Leben (in Parteien und Kommissionen) zu verstärken und sich an Gesprächen zu beteiligen. Weiter wurde das Aktionskomitee finanziell unterstützt, das sich aus Vertretern der Regierung, des Land- und Nationalrates sowie einiger Frauen zusammensetzte. Die Werbung für das Frauenstimmrecht aber sollte in «zurückhaltender und diskreter Art durchgeführt werden» (aus einem Brief an alle Mitglieder vom Mai 1968). Wie in der Abstimmung vom vorigen Jahr bekannten sich sämtliche Parteien zum Frauenstimmrecht, und die Gegner hatten es schwer: in zahlreichen Zei-

Liestaler Frauen am 7. Dezember 1969 erstmals an der Urne, um über die Vorlage der Wiedervereinigung beider Basel abzustimmen.

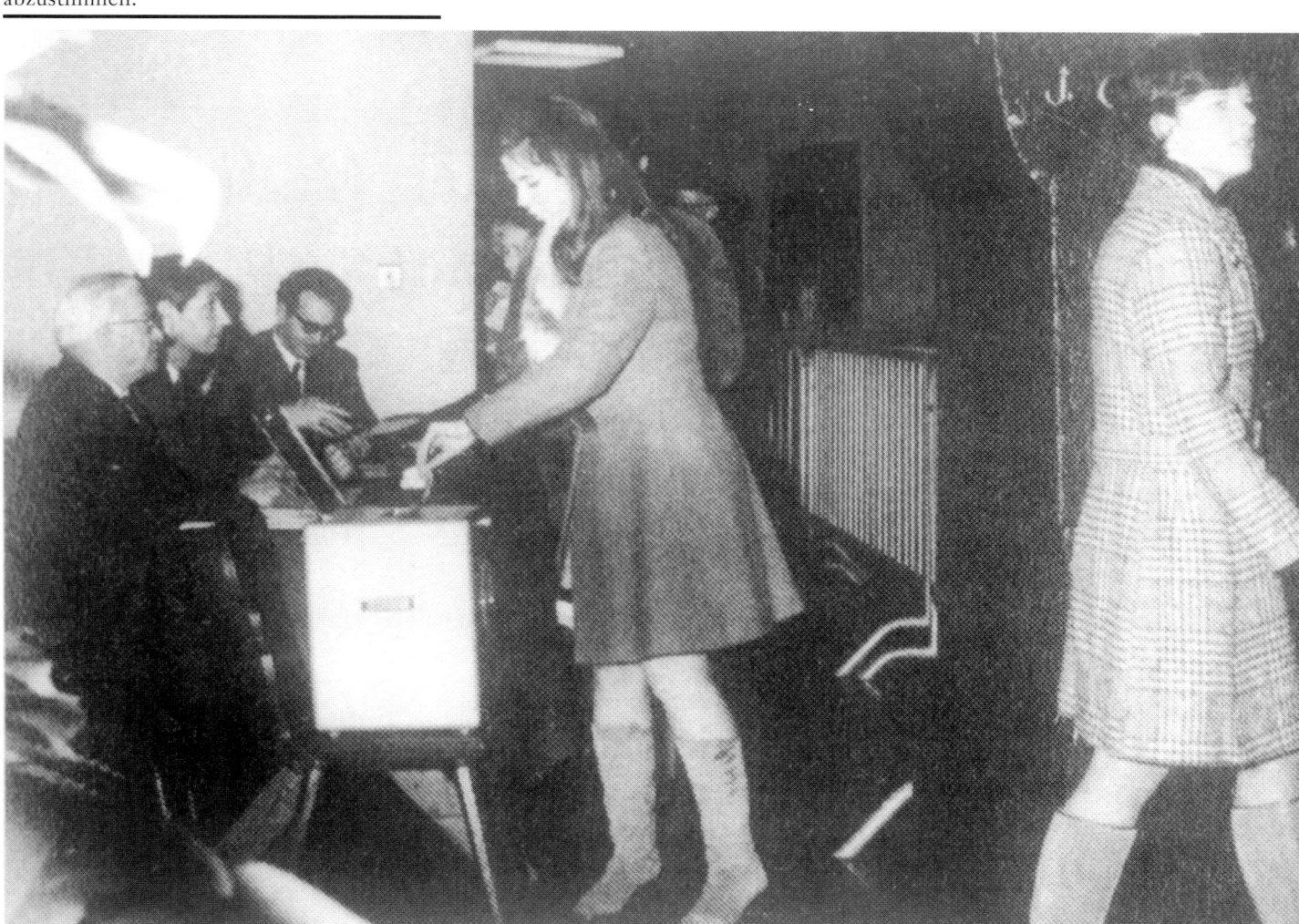

9 Frauenstimmrecht BL 1957–1968

tungsartikeln und in kontradiktorischen Versammlungen, von den Parteien organisiert, unterlagen sie mit ihren ‹ewig-gestrigen› Argumenten. Am 23. Juni 1968 schliesslich sprachen sich 9374 Männer für das Frauenstimmrecht, 4398 dagegen aus (resp. befürworteten das Gesetz betr. Wählbarkeit in Behörden und Beamtungen). Baselland hatte als zweiter Deutschschweizer Kanton das Frauenstimmrecht eingeführt. Auf das Stimm- und Wahlrecht auf Gemeindeebene mussten die Baselbieterinnen allerdings noch bis zum 27. September 1970 warten. An diesem Datum stimmten nun auch die Baselbieterinnen, da sie jetzt im Besitze des kantonalen Stimm- und Wahlrechts waren, darüber ab, ob sie das Stimmrecht auch auf der Gemeindeebene wünschten. Sie taten es – mit grosser Mehrheit übrigens. Am 7. Februar 1971 schliesslich hat die Schweiz als zweitletzter Staat Europas das Frauenstimmrecht eingeführt. Mit deutlicher Mehrheit befürworteten die Männer die Einführung des Frauenstimm- und Wahlrecht schliesslich auch auf Bundesebene.

> Baselland hatte als zweiter Deutschschweizer Kanton das Frauenstimmrecht eingeführt. Auf das Stimm- und Wahlrecht auf Gemeindeebene mussten die Baselbieterinnen allerdings noch bis zum 27. September 1970 warten.

Die Baselbieterin: sitzend, kniend, untätig

«Volk und Staat» heisst die Bronzegruppe von August Suter vor dem Gebäude der Finanzdirektion in Liestal. Schützend und gebieterisch zugleich hält der Mann (Staat?) seinen Arm über die kniende Frau (Volk?). Wie lange noch?

«Zurückhaltend und diskret»

Z «Zurückhaltend und diskret», diese Worte von Susanne Müller umschreiben das taktische Vorgehen der VFS/BL am besten. Von einem «Kampf der Baselbieterinnen» für das Stimmrecht kann eigentlich nicht die Rede sein; gegen eine solche Umschreibung hätten sich die engagierten Baselbieterinnen wohl auch gewehrt. Susanne Müller führte den Erfolg, die Einführung des Frauenstimmrechtes, denn auch weniger auf ihre Initiative zurück, sondern vielmehr auf die Bemühungen der Politiker, «wohl deshalb, weil ‹es› in der Luft lag.» (Aus dem Bericht an den Schweizerischen Verband für Frauenstimmrecht am 21. Januar 1968).

In der Luft lag das Frauenstimmrecht im Baselbiet aber nicht nur, weil sich den sechziger Jahren neue politische und soziale Vorstellungen und ein Wandel im Frauenbild durchgesetzt hatten; wichtiger noch war die Wiedervereinigungsabstimmung von 1969. Wie viele engagierte Frauen bestätigten, wirkte diese für das Baselbiet wichtige Abstimmung wie ein Katalysator auf das Verhalten einiger einflussreicher Persönlichkeiten. Namhafte Politiker, die anfänglich keineswegs als «Freunde des Frauenstimmrechts» bezeichnet werden konnten, haben sich im Hinblick auf die Abstimmung vehement für das Frauenstimmrecht eingesetzt, weil sie hofften, mit Hilfe der Frauen die Abstimmung zu gewinnen.

Nicht vergessen darf man aber auch den Einfluss des bevölkerungsmässig stärkeren Unterbaselbiets. Deutlich sprachen sich die Unterbaselbieter 1966 für das Frauenstimmrecht aus, während die Bezirke Sissach und Waldenburg die Vorlage knapp ablehnten.[16] Diese kantonale Heterogenität war gleichzeitig aber auch ein Hemmschuh für die VFS/BL. Der Vereinigung fehlten nämlich diejenigen Kräfte, die sich engagiert für das Frauenstimmrecht im Baselbiet einsetzten, weil viele Unterbaselbieterinnen in der städtischen Sektion aktiv waren. Dies war (und ist heute noch) ein Problem, das seit der Gründung der VFS/BL existierte.

Trotz dieser Schwierigkeit gelang es den Frauen aber, ein Forum zu schaffen, dessen Strukturen zwar an die seit Mitte des letzten Jahrhunderts existierende bürgerliche (Frauen)vereinstradition erinnern, dessen Funktion aber klar rechtspolitischer Natur war. Die Mitgliedschaft in einer Partei kam für viele Frauen nicht in Frage, zumal die Parteien des bürgerlichen Spektrums bis zur Einführung des Frauenstimmrechts ihnen den Eintritt verwehrten. Deshalb fanden Frauen aus der Mittel- und Oberschicht, vor allem Lehrerinnen, Juristinnen und/oder Ehefrauen von Politikern, mit zum Teil divergierenden politischen Vorstellungen, in der Vereinigung ein Forum, das eine gemeinsame, zentrale Forderung vertrat: die Forderung nach dem Stimm- und Wahlrecht für Frauen.

Anmerkungen

(Akten der VFS/BL von Frieda Ramp, Beatrice Aegerter und Susanne Müller)

1
D'Studäntin kunnt. Katalog zur Ausstellung «100 Jahre Frauen an der Uni Basel», Basel o.J., S. 34.

2
Vgl. dazu: Ruckstuhl Lotti, Frauen sprengen Fesseln. Hindernislauf zum Frauenstimmrecht in der Schweiz, Bonstetten o.J. [1986], S. 178, Villard-Traber Anneliese, Der lange Weg zur Gleichberechtigung, Basel 1984 oder: Woodtli Susanna, Gleichberechtigung. Der Kampf um die politischen Rechte der Frau in der Schweiz, Frauenfeld 1983.

3
Die Stimmrechtsseite im Schweizerischen Frauenblatt, nach dem negativen Ergebnis der Abstimmung vom 1. Februar 1959 ins Leben gerufen, war ab 1964 das offizielle Organ des Schweizerischen Verbandes für Frauenstimmrecht.

4
Landrat-Protokoll B2, 9. Dezember 1960, Staatsarchiv Baselland, Liestal (StaBL).

5
Basellandschaftliche Zeitung 3. Februar 1961.

6
Basellandschaftliche Zeitung 4. Februar 1961.

7
Vgl. dazu: Haberthür Beat, Die Debatten im gemeinsamen Verfassungsrat beider Basel 1960–1964, unveröfftl. Lizentiatsarbeit, Flüh 1989, und: Baselland bleibt selbständig, Von der Wiedervereinigung zur Partnerschaft, Hg.: Stiftung für Baselbieter Zeitgeschichte, Liestal 1985.

8
Landrat-Protokoll B2, 28. September 1964, StaBL.
Vgl. auch zur Geschichte der Einführung des Frauenstimmrechts: Klaus Fritz, Der Weg der Baselbieter Frauen zur Rechtsgleichheit, in: Baselbieter Heimatbuch, Bd. XI, Liestal 1969.

9
Im Verfassungsrat allerdings bekannte sich L. Bürgisser nicht zum Frauenstimmrecht. Er stimmte gegen eine Aufnahme in die Verfassung. (Landrat-Protokoll B2, 7. Dezember 1964, StaBL).

10
Alle Voten aus: Landrat-Protokoll B2, 7. Dezember 1964, StaBL.

11
Landrat-Protokoll, B2, 13. September 1965, StaBL.

12
Interview mit Susanne Müller Juni 1991.

13
Basellandschaftliche Zeitung 10. März 1966.

14
Basellandschaftliche Zeitung 16. März 1966.

15
Vgl. dazu Ruckstuhl Lotti (wie Anm. 2), S. 178. Der gleichen Auffassung ist auch Susanne Müller (Interview Juni 1991).

16
Bezirk Sissach: 1281 Ja gegen 1322 Nein, Bezirk Waldenburg: 533 Ja gegen 727 Nein, Bezirk Liestal: 1808 Ja gegen 1573 Nein. (Zum Vergleich: Bezirk Arlesheim: 4699 Ja, 2588 Nein). Ergebnis der kantonalen Volksabstimmung vom 13. März 1966, in den Akten der VFS/BL.

Bildnachweis

1
Irene Reinhardt-Schoch, Münchenstein

2
Foto André Muelhaupt, Basel

3
Andrée Stober, Birsfelden

4
Susanne Müller, Frick

5
Plakatsammlung Museum für Gestaltung, Basel

6
Aus: Ruckstuhl Lotti, Frauen sprengen Fesseln, Bonstetten, o.J. [1986]

7
Foto Ursula Schild, Rheinfelden

Ein Gespräch

Die Fragen stellte
Sabine Braunschweig, lic. phil. I,
Basel, Historikerin,
November 1991

Ein Gespräch mit der Baselbieter Politikerin Susanne Leutenegger Oberholzer

Welche Ereignisse haben die Gleichstellungspolitik im Kanton Baselland in den letzten Jahren geprägt?

Vorab ist festzuhalten, dass man die Entwicklung im Kanton Baselland nicht von der übrigen Schweiz getrennt betrachten kann. Am eidgenössischen Frauenkongress 1975 wurde die Verfassungsinitiative für einen Gleichberechtigungsartikel lanciert. Sie wurde im Dezember 1976 eingereicht. Verlangt wurde die Ergänzung der Bundesverfassung mit einem Gleichstellungsgebot, und zwar innert einer verbindlichen Frist (fünf Jahre). Die Initiative wurde dann – gegen den Protest der neuen Frauenbewegung – zugunsten des unverbindlicheren Gegenvorschlages zurückgezogen. Am 14. Juni 1981 wurde bekanntlich der Gleichberechtigungsartikel der Bundesverfassung nach einem denkwürdigen Abstimmungskampf angenommen. Auf seine Durchsetzung warten wir Frauen zehn Jahre später in Baselland wie in der übrigen Schweiz noch immer.

Ende der siebziger Jahre erarbeiteten in Basel-Stadt drei Sozialwissenschafterinnen eine Studie zur Stellung der Frau. In Baselland verlangte die seinerzeitige Landrätin Madeleine Jaques Schwank (POBL) 1978 in einem Postulat eine vergleichbare Analyse zur «Verbesserung der Stellung der Frau in unserem Kanton». Diese wurde dann auf die Untersuchung einer verwaltungsinternen Arbeitsgruppe reduziert. Sie legte 1981 ihre Situationsanalyse vor. Offengelegt wurde damit vor allem die Diskriminierung der Frauen in der kantonalen Verwaltung selbst.

Mit der Arbeit an der neuen Baselbieter Verfassung (1980–1984) setzte dann eine intensive Gleichstellungsdiskussion im Rat und in der Öffentlichkeit ein. Vor allem Vertreterinnen der neuen Frauenbewegung (OFRA und POCH-Frauengruppe) forderten bereits sehr früh einen Gleichberechtigungsartikel in der Baselbieter Verfassung, die sprachliche Gleichbehandlung der Geschlechter und die Verankerung eines Frauenbüros in der Verfassung. Unsere Frauengruppe bekräftigte dies mit einer Petition für Frauenrechte an den Verfassungsrat. Die Frauenforderungen wurden von immer weiteren Kreisen unterstützt. Auf Druck vieler Frauen im Kanton wurde schliesslich 1984 der Gleichstellungsartikel in die Baselbieter Verfassung aufgenommen. Als klarer Auftrag an alle Behörden im Kanton und in den Gemeinden ist er heute für uns Frauen wichtig.

Trotzdem ist bald klar geworden: Ohne konkrete Durchsetzungsinstrumente kommen wir nicht weiter. Nach dem Vorbild des Frauenbüros im Kanton Jura verlangte ich selbst 1986 in einer Motion die Einrichtung eines Baselbieter Frauenbüros und die Einsetzung einer kantonalen Frauenkommission. (Auf die Einrichtung des Gleichstellungsbüros Baselland und die Arbeit der Beratenden Frauenkommission geht der Aufsatz Nr. 11 ein).

Wie sieht heute die Bilanz aus?

Das Büro für Gleichstellung ist dringend nötig. Das macht seine Arbeit deutlich. Gegenwärtig ziehen Frauenkommission und Büro Bilanz darüber, was in den letzten Jahren erreicht worden ist. Wir stehen vor der Tatsache, dass wir in Baselland von der Durchsetzung der Gleichstellung nach 23 Jahren kantonalem und 20 Jahre eidgenössischem Frauenstimmrecht und 10 Jahre Verfassungsauftrag noch weit entfernt sind. Auch in Baselland sind, allen Anstrengungen des Gleichstellungsbüros und der Frauenkommission zum Trotz, die Frauen in den Behörden noch krass untervertreten.

> **§ 8   Gleichberechtigung von Frau und Mann**
>
> ¹ Frau und Mann sind gleichberechtigt.
> Kanton und Gemeinden sorgen
> für ihre Gleichstellung.
>
> ² Alle in dieser Verfassung verankerten
> persönlichen Rechte und Pflichten
> sowie die Volksrechte gelten für Frauen
> und Männer gleichermassen.

Gleichstellungsartikel in der Verfassung des Kantons Basel-Landschaft vom 17. Mai 1984.

Der Gleichstellungsauftrag muss für alle Menschen und Behörden in diesem Kanton verbindlich werden. Wir Frauen müssen uns ernsthaft überlegen, ob wir nicht ein kantonales Gleichstellungsgesetz und ein Rechtsetzungsprogramm für die Durchsetzung der gleichen Rechte auf kantonaler Ebene benötigen.

Welche Vision haben Sie für die Baselbieterinnen?

Meine Vision ist eine Gesellschaft, die aus gleichberechtigten Menschen, Frauen und Männern, besteht. Dazu müssen wir die bestehende Trennung in eine Männerwelt und in eine Frauenwelt überwinden. Viele Diskriminierungen sind die direkte Folge der bestehenden gesellschaftlichen Arbeitsteilung. Gleichberechtigung heisst für mich, dass die Männer hälftig ihre Verantwortung in der Betreuungs- und in der Hausarbeit übernehmen. Gleichzeitig muss den Frauen endlich der Platz in der Berufswelt und in der Politik offen stehen.

Dazu sind grosse soziale Veränderungen erforderlich. Es braucht andere Rahmenbedingungen, die es den Frauen auch tatsächlich ermöglichen, ausserhäusliche Aufgaben in der Gesellschaft zu übernehmen. Ein wichtiger Faktor ist dabei die Sozialversicherung, die grundlegend reformiert und zivilstandsunabhängig ausgestaltet werden muss. Sie geht noch immer vom traditionellen Familienmodell aus. Aber

Susanne Leutenegger Oberholzer wurde 1948 in Chur geboren und durchlief dort die Schulen bis zur Matur. Danach studierte sie in Basel Nationalökonomie und schloss mit dem Lizentiat ab. Beruflich tätig war sie u.a. als Wirtschaftsredaktorin bei der ehemaligen Basler «National-Zeitung» und als Abteilungsleiterin Wirtschafts- und Konsumentenpolitik bei einem Grossverteiler. Derzeit studiert sie im Zweitstudium Recht.

Politisch aktiv war sie für die POBL/Grüne BL in politischen Gremien der Gemeinde Allschwil (Einwohnerrat, Vormundschaftsbehörde), im Kanton (Verfassungsrat von 1980 bis 1984, Landrat von 1983 bis 1989) und auf Bundesebene (Nationalrat 1987 bis 1991).

Gleichzeitig war sie immer aktiv in Basisorganisationen; in der Frauenbewegung, in der Gewerkschaft, in der Anti-AKW-Bewegung und in verschiedenen Umweltorganisationen.

Ihre Schwerpunkte in der politischen Arbeit waren Frauenpolitik, Umwelt-, Verkehrs- und Sozialpolitik sowie Solidaritätsarbeit mit der Dritten Welt

Foto Dominik Labhardt, Basel

gerade die klassische Frauenbiografie – Ehe bis ans Lebensende, Haushalt und Kinder – trifft nur noch für eine Minderheit von Frauen zu. Dazu gehören aber auch konkrete Einrichtungen wie Kindertagesstätten und Tagesschulen. Es geht nicht mehr an, dass die eine Hälfte der Bevölkerung, nämlich die Männer, sich auf die unentgeltlich erbrachte Infrastrukturleistung der anderen Hälfte, der Frauen, abstützen kann.

Im Sinne einer kürzerfristigen Perspektive, bis etwa zum Jahr 2000, hoffe ich, dass in allen Ämtern und Funktionen in Baselland die Frauen gemäss ihrem Anteil in der Bevölkerung, d.h. etwa mit 50 Prozent, vertreten sein werden. Das gilt vor allem auch für die Regierung und den Landrat. Aber dazu müssten Männer Macht abgeben, wogegen sie sich enorm wehren. Sie müssten aufstehen und ihren Sitz einer Frau überlassen. Als Übergangslösung wird eine Quotierung notwendig sein. Mit einer Parlamentarischen Initiative verlangte ich z.B. eine Geschlechterquotierung für alle Bundesbehörden. Sie ist immer noch hängig.

10 Ein Gespräch

Weshalb braucht es überhaupt mehr Frauen in den zentralen Funktionen der Gesellschaft?
Machen Frauen eine bessere Politik?

E Es gibt viele Gründe dafür. Zum einen ist die Gleichberechtigung ein ur-demokratisches Recht, das gerade in der Schweiz eine Selbstverständlichkeit sein sollte. Dann glaube ich, dass die Frauen zwar nicht besser, aber *anders* politisieren als die Männer. Praktisch alle Frauen, von welcher Partei sie auch herkommen, haben Diskriminationserfahrung. Und das prägt nachhaltig. Dann sind die Frauen vielleicht doch auch näher am Leben und (zumindest heute noch) weniger in (Wirtschafts-)Interessen verfilzt als die Männer und damit unabhängiger. Die spezifischen Erfahrungen der Frauen sind für die Gesellschaft wichtig. Frauen gehören zu den ärmsten Menschen in unserer Gesellschaft. Ich hoffe, dass es uns Frauen in Baselland gelingen wird, eine Sozialpolitik zu machen, die allen eine menschenwürdige Existenz sichert. Und für eine zukunftsorientierte Politik, die uns unsere Mitwelt und den nächsten Generationen die Lebensgrundlagen sichert, braucht es die Kapazitäten, die Phantasie und die Fähigkeiten der Frauen. Um es mit Margarete Mitscherlich zu sagen: «Die Zukunft ist weiblich – oder sie ist gar nicht».

> Für eine zukunftsorientierte Politik, die uns unsere Mitwelt und den nächsten Generationen die Lebensgrundlagen sichert, braucht es die Kapazitäten, die Phantasie und die Fähigkeiten der Frauen.

Collage von
Fritz Lohmann, Berlin
«Die Zukunft ist weiblich...» (Postkarte).

> **OFRA Baselland**
>
> Nach einjähriger Vorbereitungszeit gründeten am 12. März 1980 in Arisdorf 26 Frauen die OFRA-Sektion Baselland. Einerseits übernahmen sie Themen der OFRA Schweiz wie z.B. den Abstimmungskampf für die Mutterschutzinitiative 1984 oder Stellungnahmen gegen die vorgesehene Integration der Frauen in die Gesamtverteidigung unter dem Motto «Wir Frauen passen unter keinen Helm». Andererseits bauten sie eine «Beratungsstelle für Frauen» im Kulturzentrum Palazzo in Liestal auf, die jedoch wenig frequentiert wurde. Parallel dazu entstand eine eigentliche feministische Subkultur. Das Angebot reichte von Frauenliteratur- und Selbstverteidigungskursen über Frauensinggruppen bis zu klassischer Körpermassage und einer Arbeitsgruppe zu Sexismus in Schulbüchern.
>
> Auf kantonalpolitischer Ebene forderte die OFRA Baselland unter anderem die sprachliche Gleichbehandlung und die Verankerung eines «Büros für Frauenfragen» in der neuen Kantonsverfassung. Was anfangs noch als «extrem feministisch» verschrieen war, wurde allmählich zur allgemeinen Forderung der organisierten Frauen. Mit zahlreichen anderen Frauenorganisationen nahm die OFRA Einsitz in der gemeinsam erkämpften Beratenden Frauenkommission Baselland.
>
> Während die OFRA Baselland ihre Aktivitäten in den letzten Jahren stark reduzierte, werden die Erfahrungen ihrer aktiven Frauen heute im Land- und Nationalrat, in politischen Parteien, in der Arbeitswelt und in der Familie wirksam.

**Sie engagieren sich seit zwanzig Jahren in verschiedenen politischen Gremien?
Welche Erfahrungen haben Sie gemacht? Hat es Veränderungen gegeben?**

In bezug auf die Frauenpolitik verzeichne ich Änderungen in der Zusammenarbeit zwischen den Frauen. Als ich zu politisieren begann, gab es einen grossen Graben zwischen bürgerlichen und linken Frauen. Vor allem von bürgerlicher Seite wurden wir frauenbewegten Frauen oft als Emanzen verschrien. Viele Frauen solidarisierten sich eher mit ihren Parteikollegen als mit uns Frauen. Nicht zuletzt die mangelnde Frauensolidarität brachte m.E. wichtige Frauenforderungen wie z.B. die Einrichtung der Mutterschaftsversicherung, auf die wir seit 1945 warten, zu Fall. Viele Frauenforderungen stiessen auch auf absolutes Unverständnis – die nicht-sexistische Sprache zum Beispiel. Inzwischen hat sich dies doch geändert.

Die Tatsache, dass die Gleichstellung bislang weitgehend Papier geblieben ist, hat allen gezeigt, dass ohne starken Druck keine Fortschritte erzielt werden. So gab es in einigen Fragen auch parteiübergreifende Frauenkoalitionen wie z.B. beim Sexualstrafrecht und bei der 10. AHV-Revision.

...und Erfahrungen 1991?

Der Aufsteller des Jahres: Der Frauenstreik vom 14. Juni 1991. Ich denke, es ist einmalig, dass in der Schweiz rund eine halbe Million Menschen für eine Frauenforderung, eine Forderung überhaupt, auf die Strassen gehen und sich in irgendeiner Form an einer solchen Aktion beteiligen. Dies ist eine Aktionsform, die Frauen pflegen müssen. Bis wir die Gleichstellung durchgesetzt haben, erhoffe ich mir einmal pro Jahr solche massive Protestkundgebungen. Das war 1991 ein riesiger Erfolg für die

Frauen. Andererseits ist nun die Initiative «Nationalrat 2000» (Quotierung im Nationalrat) gescheitert. Ich denke, dass die Auseinandersetzungen mittelfristig sehr hart werden. Es geht schliesslich um die Umverteilung von Macht und Einfluss. Wir sind noch nicht weiter in der Durchsetzung der Gleichstellung, denn diese bedingt, dass Männer Macht abgeben und Positionen zugunsten von Frauen räumen müssen. Auf den «Goodwill» der Männer können wir uns nicht länger verlassen.

Heute zeigt sich, dass in den achtziger Jahren die Gleichstellung überhaupt nicht weitergekommen ist, weder in der Frage Gleicher Lohn für gleichwertige Arbeit, noch in der Ausbildung, noch in der Aufgabenneuverteilung in der Familie. Diese Stagnation muss für die ganze Schweiz festgestellt werden. Die Lehre aus den letzten zwanzig Jahren Frauenstimmrecht und den letzten zehn Jahren Gleichstellungsartikel ist für mich die, dass die Gleichstellung ohne konkrete Instrumente, ohne klare gesetzliche Grundlage nicht verwirklicht werden kann. Sie wird sich nicht gleichsam von alleine automatisch einstellen! Doch ich bin optimistisch. Die Frauen werden für ihre Rechte kämpfen.

Die Frauenkommission

Autorinnen: Mitglieder
der Arbeitsgruppe Ausstellung
(Beratende Kommission
für Frauenfragen)

Die Beratende Kommission für Frauenfragen des Kantons Basel-Landschaft

Als 1968 das Frauenstimmrecht im Kanton Baselland endlich zum Durchbruch kam und 1984 auch die Gleichstellung in der neuen Kantonsverfassung verankert wurde, hofften die Frauen auf eine neue Zeit.

Aber die wenigen, die den Sprung ins Parlament schafften, hatten einen schweren Stand, denn überall dort, wo Entscheidungen vorbereitet und getroffen wurden, in Expertengruppen und Kommissionen, sassen mehrheitlich Männer. Was also sollte sich da Grundsätzliches ändern?

Die Verfassung garantierte Frauen und Männern zwar die gleichen Rechte, aber die Gesetze in Bund und Kanton waren noch lange nicht angepasst. Für die Frauen in den Frauenverbänden und den Parteien ging die grosse Arbeit also weiter. Wieviel Überzeugungsarbeit brauchte es, um das neue Eherecht durchzubringen! Die Mutterschaftsversicherung, seit 1945 in der Bundesverfassung verankert, ist noch immer nicht verwirklicht. Wie lange geht es noch, bis in allen Köpfen die Erkenntnis reift, dass Haus- und Betreuungsarbeit einen Wert hat, der sich in der AHV auswirken muss? Die schwierigen Verhältnisse der ausserschulischen Betreuung sind in vielen Fällen ein ungelöstes Problem. Die heutigen Familienformen verlangen nach neuen schulischen und ausserschulischen Strukturen. Wie sollten die Frauen der Frauenverbände die schwierige Aufgabe der gleichen Ausbildung anpacken, wie einen Überblick bekommen in unserem föderalistischen Schulsystem?

Die Idee eines professionellen Büros, das sich mit all diesen Fragen beschäftigen könnte, wurde immer mehr zum Wunsch, und nach und nach waren die engagierten Frauen davon überzeugt, dass etwas geschehen müsse. 1976 wurde durch Bundesbeschluss die Eidgenössische Kommission für Frauenfragen eingesetzt. 1979 entstand im Kanton Jura ein Frauenbüro. Es gab also bereits Vorbilder.

In den achtziger Jahren setzte in verschiedenen anderen Kantonen die Diskussion um die Schaffung von Frauenbüros ein. Getragen wurde die Forderung zuerst von der neuen Frauenbewegung und Frauengruppen linker Parteien. In der Folge nahmen auch die traditionellen Frauenbewegungen und die Frauenzentralen die Forderung auf.

11 Die Frauenkommission

In Baselland wurde die Diskussion um die Durchsetzung der Gleichen Rechte anfangs der achtziger Jahre vor allem im Rahmen der Revision der Baselbieter Verfassung intensiv geführt. Bereits damals verlangten die OFRA und die Frauengruppen der POBL die Verankerung eines Gleichberechtigungsartikels und des Frauenbüros in der Verfassung. Die Forderung wurde auch mit einer Petition an den Verfassungsrat unterstützt. Die Frauenzentrale organisierte viele Gesprächskreise, in denen sie Gelegenheit bot, mit Verfassungsrätinnen über diese und andere Fragen zu diskutieren und sich eine Meinung zu bilden.

1985 brachte die Frauenzentrale an einer gemeinsamen Sitzung mit dem Katholischen Frauenbund BL das Thema auf den Tisch. Es wurde damals zurückgestellt; zuerst musste das «Neue Eherecht» durchgebracht werden. Im Mai 1986 lud der Vorstand der Frauenzentrale die Landrätinnen zum alljährlichen Gespräch ein, diesmal über die in der Zwischenzeit eingereichte Motion über «die Schaffung eines Büros für Frauenfragen und die Einsetzung einer kantonalen Frauenkommission» von Susanne Leutenegger Oberholzer. Die Politikerinnen standen der Idee mehrheitlich positiv gegenüber und wollten sie im Landrat unterstützen. Wie aber würden die BaselbieterInnen reagieren?

Die Frauenzentrale nahm mit der Vereinigung für Frauenrechte Kontakt auf. Dieser Verband hatte sich ebenfalls schon seit langem mit der Idee eines Frauenbüros befasst. Gemeinsam, aber unter der Federführung der Vereinigung für Frauenrechte, gingen die Frauen an die Arbeit. Sie luden alle interessierten Frauen zu einem ersten Gespräch ein. Gleichzeitig informierte die Frauenzentrale ihre angeschlossenen Vereine und Verbände über die Idee eines Frauenbüros. An einer Präsidentinnentagung betonte die Anwältin Elisabeth Freivogel, dass es Aufgabe des Staates sei, die Gleichstellung von Frau und Mann in der Praxis durchzusetzen und dass deshalb ein Instrument mit allen nötigen Vollmachten für deren Durchsetzung geschaffen werden müsse. Als weitere Möglichkeit skizzierte die Frauenzentrale ein Modell eines privaten, von allen Frauenverbänden getragenen, vom Staat subventionierten Frauenbüros. Die Vereinigung für Frauenrechte lud ihrerseits Marie-Josèphe Lachat, die Leiterin des Jurassischen Frauenbüros, an ihre Delegiertenversammlung ein. Um der Forderung Nachdruck zu verleihen, lancierte in der Zwischenzeit ein überparteiliches Komitee von Frauen der POBL, der Grünen und der OFRA im November 1986 eine Initiative für die Schaffung eines Büros für Frauenfragen. Sie wurde 1987 eingereicht.

Ein überparteiliches Komitee von Frauen der POBL, der Grünen und der OFRA lancierte im November 1986 eine Initiative für die Schaffung eines Büros für Frauenfragen. Sie wurde 1987 eingereicht.

Nach einem Briefwechsel und einem ersten Gespräch mit Regierungsrat Paul Nyffeler bekam die Arbeitsgruppe den Auftrag, eine Kommission zusammenzustellen, die ein Konzept für ein Frauenbüro ausarbeiten sollte. Einzige Bedingung: Die Kommission sollte politisch, geographisch und gesellschaftlich breit abgestützt sein. Alle Frauenverbände sowie Parteien wurden angesprochen und konnten eine Delegierte vorschlagen. Es kamen Frauen aus den verschiedensten Organisationen, die sich für ein Frauenbüro einsetzen wollten.

Am 14. April 1987 wählte der Regierungsrat eine 22köpfige Kommission. Folgende Organisationen sind in dieser Frauenkommission vertreten:

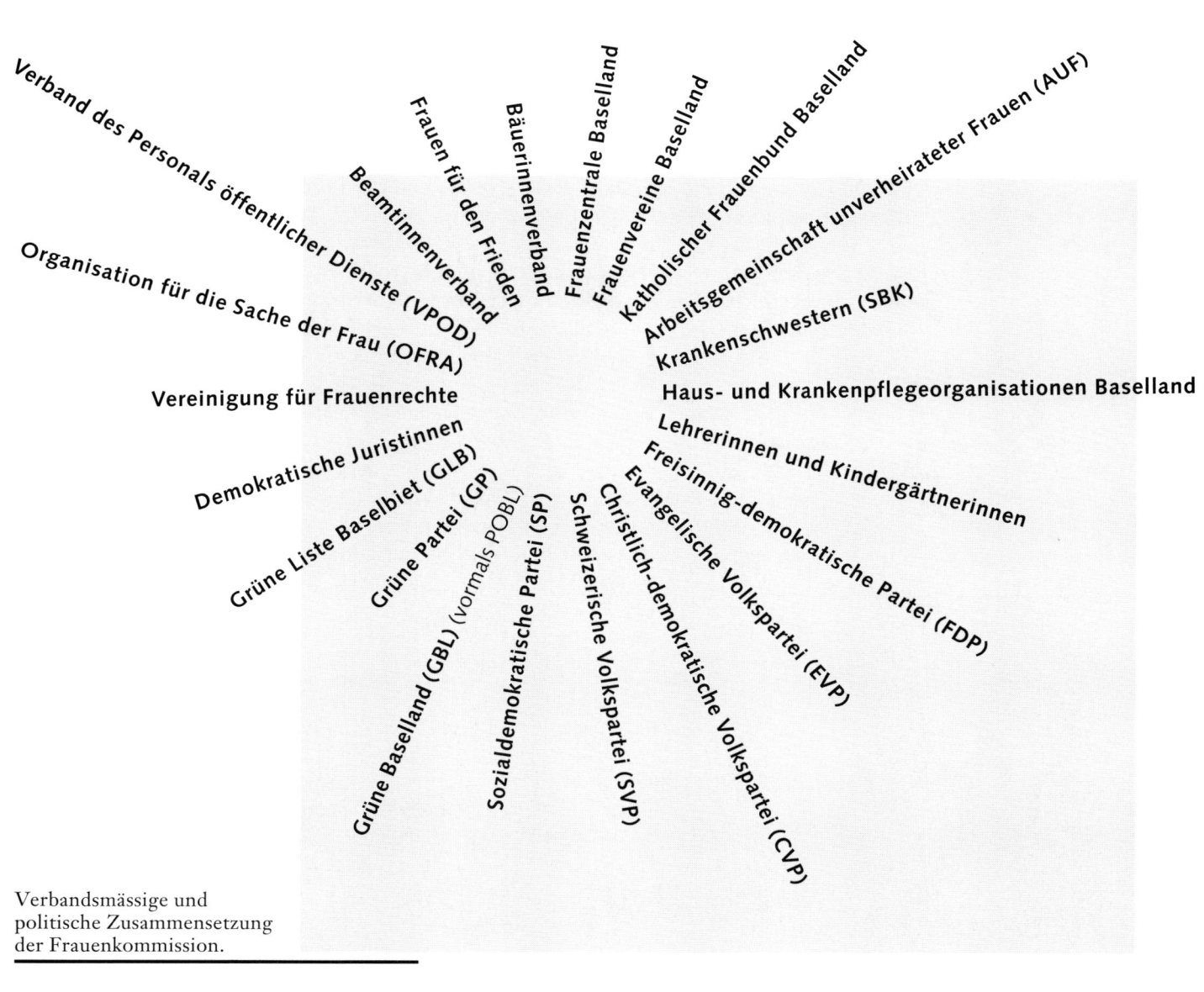

Diagramm: strahlenförmige Anordnung von Organisationen:

- Verband des Personals öffentlicher Dienste (VPOD)
- Organisation für die Sache der Frau (OFRA)
- Beamtinnenverband
- Frauen für den Frieden
- Bäuerinnenverband
- Frauenzentrale Baselland
- Frauenvereine Baselland
- Katholischer Frauenbund Baselland
- Arbeitsgemeinschaft unverheirateter Frauen (AUF)
- Krankenschwestern (SBK)
- Vereinigung für Frauenrechte
- Haus- und Krankenpflegeorganisationen Baselland
- Demokratische Juristinnen
- Lehrerinnen und Kindergärtnerinnen
- Grüne Liste Baselbiet (GLB)
- Freisinnig-demokratische Partei (FDP)
- Grüne Partei (GP)
- Evangelische Volkspartei (EVP)
- Grüne Baselland (GBL) (vormals POBL)
- Christlich-demokratische Volkspartei (CVP)
- Sozialdemokratische Partei (SP)
- Schweizerische Volkspartei (SVP)

Verbandsmässige und politische Zusammensetzung der Frauenkommission.

Das gemeinsame Ziel, die Verwirklichung der «Gleichen Rechte für Mann und Frau» und die Realisierung eines Büros für Gleichstellung liess die Frauen in ausserordentlich guter Zusammenarbeit – mit allen nötigen Diskussionen und Auseinandersetzungen – in kurzer Zeit ein Konzept für ein Frauenbüro erarbeiten. Im Mai 1988 lag das Konzept vor. Die Kommission hatte sich auf das Projekt für die Schaffung eines Büros auf dem Verordnungsweg geeinigt, d.h. der Regierungsrat ist ermächtigt, das Büro für Gleichstellung auf dem Verordnungsweg einzusetzen und nach seinem Ermessen wieder abzusetzen. Die Frauenkommission war sich darüber im klaren, dass die Zeit noch nicht reif war für die ebenfalls ausgearbeitete Variante, ein Frauenbüro auf Gesetzesebene zu verankern. Damit hätte man bei einer eventuellen Volksabstimmung scheitern können; lieber das Machbare und Mögliche – also die Minivariante.

Der Regierungsrat setzte alles daran, das Büro zu realisieren, und schon anfangs 1989 konnte das Büro für Gleichstellung seine Arbeit aufnehmen.

Die Frauenkommission musste nach der Einrichtung des Büros, nach Erreichen dieses wichtigen Zieles, neue Prioritäten in ihrer Arbeit setzen. Sie erhält jedoch weiterhin die Verbindung zwischen dem Büro und der Basis, d.h. den Frauenorganisationen aufrecht. Als beratende Kommission bleibt sie für den Regierungsrat und für das Büro für Gleichstellung eine wichtige Institution.

11 Die Frauenkommission

Organisation und Auftrag der Beratenden Kommission für Frauenfragen des Kantons Basel-Landschaft

Die Beratende Kommission für Frauenfragen repräsentiert das gesamte politische und verbandsmässige Spektrum der Frauen im Kanton Basel-Landschaft. Auf der Grundlage der Gleichstellungsgebote der Bundesverfassung (Art. 4 Abs. 2) und der Kantonsverfassung (Art. 8 Abs. 1) wird die Gleichstellung von Frau und Mann in allen Lebensbereichen angestrebt. Dabei geht es nicht nur um die rechtliche Gleichstellung, sondern auch darum, Frauen und Männern tatsächliche Chancengleichheit für die Gestaltung ihres Lebens zu bieten.

Die Kommission leistet politische Aufklärungsarbeit für die Verwirklichung der Gleichstellungsgebote in der Bundes- und in der Kantonsverfassung, greift Probleme und Fragen zur Gleichstellung von Frau und Mann auf und schlägt Lösungs-

Mitglieder der Beratenden Kommission für Frauenfragen.

Foto Felix Gysin, Mikrofilmstelle StaBL

Von links nach rechts, vordere Reihe:
Traude Rehmann-Rothenbach (SP), Irène Stübi (SVP), Lis Buess-Zingg (Grüne Partei), Susanne Leutenegger Oberholzer (Grüne Baselland), Elke Rausch (Beamtinnenverband), Danielle Schwab (Büro für Gleichstellung), Bettina Müller (Grüne Liste Baselbiet), Elsbeth Frei-Graf (Katholischer Frauenbund)

Von links nach rechts, hintere Reihe:
Annemarie Graf-Leuppi (FDP Arbeitskreis), Marie-Louise Bohny Schuler (Demokratische Juristinnen), Maja Dubach Pulfer (Frauen für den Frieden), Ruth Tschudin-Märklin (EVP), Maja Frei-Zulauf (Frauenvereine BL), Ruth Ritter-Buess (Bäuerinnenvereinigung), Eva Chappuis (VPOD), Katharina Zumthor Rüsch (CVP), Andrea Strasser Köhler (Kindergärtnerinnen).

Nicht anwesend:
Elsbeth Ewald (Arbeitsgemeinschaft unverheirateter Frauen), Myriam Spiess (Frauenzentrale BL), Doris Mühleisen (Krankenschwestern SBK), Barbara Cohn (OFRA), Vera Hasenböhler (Vereinigung für Frauenrechte), Madeleine Chrétien (Haus- und Krankenpflegeorganisationen BL)

möglichkeiten vor. Die Kommission berät den Regierungsrat in Gleichstellungs- und Frauenfragen. Sie kann zu diesem Zweck in Vernehmlassungen und Gesetzes- und Planungsvorhaben miteinbezogen werden. Sie sorgt für Öffentlichkeitsarbeit und bringt grundsätzlich Anregungen aus unterschiedlichen Interessensbereichen ein.

Die Kompetenzen und Funktionen der Frauenkommission wurden durch eine Verordnung des Regierungsrates geregelt. Nach langen Diskussionen wurde diese mit dem Regierungsrat und der Frauenkommission erarbeitet und trat am 1. September 1990 in Kraft. Zusätzlich gab sich die Frauenkommission eine Geschäftsordnung, die vom Regierungsrat mit Protokoll vom 14. August 1991 genehmigt wurde. Sie regelt die Wahl und Amtsdauer sowie die Organisation und die Aufgaben des Ausschusses: Organisation der Arbeit der Frauenkommission, Sitzungsleitung, Kontakte mit dem Regierungsrat und dem Büro für Gleichstellung, Koordination zwischen Arbeitsgruppen und der Frauenkommission und vieles mehr. War am Anfang die Sitzungsleitung der Frauenkommission rotierend, d.h. jede Teilnehmerin musste einmal eine Sitzung leiten, so wurde mit der Zeit dieses System zu aufwendig. Es war unklar, wer die Ansprechpartnerin für den Regierungsrat war. Auch der Informationsfluss war nicht garantiert. Heute hat die Frauenkommission einen Ausschuss, bestehend aus fünf Frauen, die sich die Arbeit teilen.

> Die Kommission leistet politische Aufklärungsarbeit für die Verwirklichung der Gleichstellungsgebote in der Bundes- und in der Kantonsverfassung, greift Probleme und Fragen zur Gleichstellung von Frau und Mann auf und schlägt Lösungsmöglichkeiten vor.

Um den Ansturm von Ideen und die damit verbundene Arbeit etwas zu koordinieren, wurden diverse Arbeitsgruppen ins Leben gerufen. Sie arbeiten längere Zeit an einem Thema wie z.B. «Gewalt an Frauen». Andere Arbeitsgruppen werden ad hoc zusammengestellt und nach Beendigung der Arbeit wieder aufgelöst. Die Frauenkommission stellt hier einige Beispiele vor (Stand Herbst 1991):

Arbeitsgruppe Gewalt an Frauen

«Alltäglich. Totgeschwiegen. Verdrängt» – ein öffentliches Podiumsgespräch mit Fachfrauen zum Thema Gewalt an Frauen war der eigentliche Auftakt der Aktivitäten der Arbeitsgruppe. Seither ist der Kontakt zu den entsprechenden Beratungsstellen der Region stets aktiviert und das Gespräch gesucht worden. Der Erfahrungsaustausch hat sich in der Bearbeitung der verschiedenen anfallenden Geschäfte als absolut erforderlich erwiesen. So hat die Arbeitsgruppe für die im regierungsrätlichen Auftrag ausgearbeitete Stellungnahme zum Postulat 89/317 (Einführung von Selbstverteidigungskursen/Wen-Do für Mädchen als Sekundarschul-Freifach) ein Wen-Do-Wochenendseminar besucht und Gespräche mit Fachfrauen geführt. Danach vertrat die Arbeitsgruppe die Auffassung, dass die Einführung von Selbstverteidigungskursen als Sekundarschul-Freifach für Mädchen zu befürworten sei.

Die Arbeitsgruppe befasst sich im weiteren mit den verschiedenen Formen von Gewalt (wie sexuelle oder strukturelle Gewalt), mit der Justiz, mit den Beratungs- und Hilfeleistungsmöglichkeiten für betroffene Frauen und mit Information für die Öffentlichkeit.

Arbeitsgruppe 14. Juni 1991

Z Zehn Frauen haben in diversen Sitzungen Aktivitäten für den Frauenstreiktag am 14. Juni 1991 vorbereitet sowie zwei Petitionen («Petition für eine rasche Behandlung der im Landrat hängigen Vorstösse» und «Petition für eine rasche Behandlung der vom Landrat überwiesenen Vorstösse») ausgearbeitet.

In der Vorlage ist zu lesen: «Es ist [...] bedauerlich, dass einzelne Vorstösse jahrelang liegenbleiben, ohne dass sie behandelt würden. Das Parlament hat es in der Hand mitzuhelfen, eine kraftvolle, fortschrittliche Gleichstellungspolitik zu betreiben und den Kanton Baselland zu gelebter Gleichberechtigung zu führen.» Am 16. Oktober 1991 ging der Landrat in einer dreistündigen Einschaltsitzung auf 28 Vorstösse ein und überwies den grössten Teil.

Frauenstreik, 14. Juni 1991: Zehn Frauen aus der Arbeitsgruppe «14. Juni» haben den Frauenstreiktag in Liestal vorbereitet.

Foto Hans-Peter Buess, Oberwil

Arbeitsgruppe Frau und Politik

S Seit Dezember 1990 besteht eine Arbeitsgruppe mit dem Thema «Frauen und Politik». In einer ersten aktuellen Phase befassten sich die Frauen mit den bevorstehenden Landratswahlen: «Aktionen zugunsten der Frauen in der Politik».

Frauen sind immer noch in allen politischen Gremien unterrepräsentiert, sowohl beim Bund als auch in den Kantonen. Obwohl der Landrat offenbar einen grossen Schritt vorwärts gemacht hat, ist die Situation noch nicht befriedigend. Aus diesen Gründen ist in der Arbeitsgruppe der Wunsch nach einer Studie über die Stellung der Frau in der Politik laut geworden. Aufgrund eines Vorprojektes des Instituts «cultur prospectiv» bekam die Arbeitsgruppe vom Regierungsrat den Auftrag, ein neues Projekt mit folgenden Zielen erarbeiten zu lassen:

1. Eine vergleichende Studie soll die Bedingungen, unter denen sich Frauen resp. Männer an der Politik aktiv beteiligen, aufzeigen.
2. Die Hindernisse für Frauen, sich an der institutionalisierten Politik zu beteiligen, sollen definiert werden.
3. Konkrete Massnahmen, die an dieser Situation etwas ändern könnten, wären daraus abzuleiten.

Mitglieder der Arbeitsgruppe Ausstellung v.l.n.r.:
Traude Rehmann-Rothenbach, Binningen
Madeleine Chrétien, Liestal
Dorothé Brian, Frenkendorf
Elsbeth Ewald, Liestal
Myriam Spiess, Bubendorf

Foto Felix Gysin, Mikrofilmstelle StaBL

Arbeitsgruppe Ausstellung

Die Arbeitsgruppe «Ausstellung» begleitete das Ausstellungsprojekt, vor allem bei der Ideensammlung, und verfasste diesen Katalogbeitrag.

Arbeitsgruppe Lehrmittel und Koedukation

Diese Arbeitsgruppe beschäftigt sich mit der Gleichstellungsproblematik an den Baselbieter Schulen. Anhand von Literatur und eigenen Erfahrungen versucht sie, die verschiedenen Problemkreise wie Sprachgebrauch, Lehrer- und Lehrerinnenverhalten, Rollenverhalten, Koedukation und Lehrmittel aufzuarbeiten. Im Bereich Lehrmittel untersucht sie anhand von Stichproben, wieweit die heute im Kanton gebräuchlichen Lehrbücher den Kriterien der nicht sexistischen Erziehung entsprechen. Eine wichtige Aufgabe der Frauenkommission wird es noch sein, die verantwortlichen Personen in Lehrmittelkommissionen, in der Lehrer- und Lehrerinnen-Aus- und Fortbildung sowie alle übrigen im Erziehungsbereich tätigen Personen für diese Thematik zu sensibilisieren und entsprechende Öffentlichkeitsarbeit zu leisten.

Ausblick

In Anwesenheit von Regierungsrat Dr. Hans Fünfschilling traf sich die Beratende Kommission für Frauenfragen des Kantons Basel-Landschaft zu einer Tagung zum Thema Öffentlichkeitsarbeit (16./17. August 1991). Dieses Thema gab immer wieder Anlass zu Diskussionen.

Bei dieser Gelegenheit setzte sich die Kommission auch mit der Frage auseinander, ob ihre rechtliche Grundlage genüge, um den verfassungsmässigen Auftrag zur Verwirklichung der Gleichstellung von Frau und Mann zu erfüllen. Während der zweijährigen Arbeit des Büros für Gleichstellung und der dreijährigen Arbeit der Frauenkommission hat sich gezeigt, dass die jetzigen Kompetenzen nicht ausreichen. Im Gespräch mit allen Beteiligten wurde klar, dass anstelle der blossen Regierungsratsverordnung ein Gesetz, das dem Büro und der Kommission die nötigen Kompetenzen ausdrücklich einräumt, für eine effiziente Arbeit ins Auge gefasst werden muss. Ein Teil der kommenden Arbeit in der Frauenkommission wird diesem Thema gewidmet sein. Das taktische Vorgehen in dieser Sache ist von grosser Wichtigkeit, und es gilt jetzt, die verschiedenen Möglichkeiten zu diskutieren.

Die Arbeit in der Frauenkommission, sei es in den Plenarsitzungen oder in den Arbeitsgruppen, ist für uns Frauen von eminenter Bedeutung. Die Auseinandersetzung mit frauenrelevanten Themen bringt eine grosse persönliche Sensibilisierung mit sich. Diese Sensibilisierung weiterzugeben, die Öffentlichkeit aufmerksam zu machen auf die noch heute bestehenden Ungerechtigkeiten in allen Lebensbereichen ist eine der Aufgaben der Frauenkommission – im Sinne der Partnerschaft unter gleichwertigen Menschen.

Marie-Thérèse Kuhn-Schleiniger,
lic. rer. pol., Reinach BL,
Leiterin des Büros für
Gleichstellung von Frau und
Mann, Baselland

Dem Wohlwollen ein Ende

Einige Überlegungen zum sogenannten Gleichstellungsgesetz

Die Frau im Herrenhaus

Der Staat Schweiz und seine Gesetze sind nach dem patriarchalen Prinzip aufgebaut. Aufgabe des Patriarchen ist es, für das Wohlergehen aller in seinem Einflussbereich Stehenden zu sorgen; er ist aber auch für ihr Wohlverhalten verantwortlich. Gerade weil mit der Befehlsgewalt auch die Sorgepflicht verbunden ist, wird die Machtfrage immer auch eine emotionale sein. Es erstaunt nicht, dass den Frauen, welche dies ändern wollen, grosse Widerstände erwachsen. Wenn der Patriarch abdanken muss, so kann nur der Mann heil überstehen, der seine eigene Stärke nicht aus der Schwäche anderer bezieht, sondern aus einer partnerschaftlichen Beziehung zu andern, Männern und Frauen.

Nun geht es hier um einen Gesetzestext. Aber es wäre verfehlt, so zu tun, als sei das Gleichstellungsgesetz eine rein juristische Frage. Es ist vielmehr ein Zeichen dafür, dass ein Gesetz immer nur der Interpretationsversuch eines Machtverhältnisses ist: es regelt Beziehungen, wie sie *normalerweise* erwartet werden. Und dieses *normalerweise* entspricht nach wie vor, trotz Frauenstimmrecht, Gleichstellungsartikel in der Bundesverfassung und neuem Eherecht einer *patriarchalen Norm*. Gerade in diesem Gesetz, welches die ökonomische Ungleichstellung der Frau in der Berufswelt zum Inhalt hat (ganz entgegen dem, was der sehr viel allgemeinere Titel vermuten liesse), ist es deshalb besonders wichtig, die Lebensumstände der Frauen zum Ausgangspunkt zu nehmen und damit vom bisher üblichen Konzept der männerorientierten Sichtweise abzuweichen.

Kirsten Ketcher, welche an der Universität Kopenhagen Frauenrecht lehrt, wird in der Zeitschrift plädoyer 2/88 mit folgender Metapher zitiert: «Wir pflegen ein Haus durch die Haupteingangstür zu betreten und sehen dabei die sich im Haus befindlichen Gegenstände immer auf dieselbe Art. Betreten wir das Haus aber einmal durch die Hintertür, sehen wir zwar immer noch die gleichen Gegenstände, nur aus einer neuen Perspektive. Wir sehen Dinge, die vorher nicht zu sehen waren. Was vorher dominierend war, tritt in den Hintergrund, oder wir sehen es jetzt vielleicht gar nicht mehr.»[1] Die Einführung des Frauenstimmrechts wäre in dieser Metapher nichts als die Erlaubnis an die Frauen, das Herrenhaus zu betreten.

12 Das Gleichstellungsgesetz

Die Vorgeschichte

3 Bleiben wir ein wenig bei dem Bild: Kaum im Herrenhaus, sind die Frauen aktiv geworden. Sie haben eine neue Hausordnung durchgesetzt, nach der in diesem Hause alle gleichberechtigt sind und Anspruch auf *gleichen Lohn für gleichwertige Arbeit haben*. Auf die Diskussionen, welche der Einführung des *Gleichstellungsartikels*[2] in die Bundesverfassung vorausgegangen sind, kann hier nicht eingegangen werden. Sicher ist nur eines: Das Herrenhaus wurde zwar erneut inspiziert, aber wiederum hauptsächlich aus der gewohnten, der normalen, also aus der Männerperspektive. Ein kleiner Exkurs sei hier gestattet, der aufzeigt, dass sich der Kanton Basel-Landschaft recht viel offener gab als der grosse Nachbar Bern. «Die aus neun Männern bestehende Berner Regierung führte bei einer Reihe männlicher Beamten und einigen männerdominierten Berufsorganisationen eine Vernehmlassung durch und liess anschliessend den Bundesrat wissen, das Postulat der Gleichberechtigung sei im Kanton Bern ‹weitestgehend erfüllt›. Wo noch kleine Ungleichheiten bestünden, würden sie ‹kaum je als Diskriminierung der Frauen empfunden, eher im Gegenteil, daraus folgt, dass ein echtes und dringendes Bedürfnis auf Änderung nicht besteht. Die Initiative (gemeint ist die Gleichberechtigungsinitiative, MTK) scheint vielmehr utopischem Drang nach Gleichmacherei einerseits und politischem Opportunismus

Das «Herrenhaus» in Liestal: Im Kanton Baselland haben zu Beginn der Legislaturperiode 1991–1995 23 Frauen ein Landratsmandat (von insgesamt 84) «erobert».

1

andererseits entsprungen zu sein›.»³ Im gleichen Vernehmlassungsverfahren nahm die Regierung des Kantons Basel-Landschaft Stellung, indem sie eine mehrseitige Aufzählung gesetzlich festgeschriebener Ungleichheiten aufführte. Die Regierung blieb aber nicht an der Oberfläche, sondern hielt auch die faktischen Ungleichheiten fest, zitierte sogar die Umfrage einer Parlamentarierin bei den Frauen der Verwaltung, «dass 77% der antwortenden Frauen der Auffassung waren, mit der Gleichstellung von Mann und Frau in der kantonalen Verwaltung stehe es noch nicht zum besten, gar 89% der antwortenden Frauen in der Verwaltung meinten, es sollten die Frauen mehr Aufstiegschancen haben.»⁴ Die Regierung erschrak dann über ihren eigenen Mut – wie in Bern bestand sie auch nur aus Männern, will sagen Menschen – und relativierte: «Wieweit diese Auffassungen objektiv berechtigt sind, bleibe dahingestellt.» Weiter unten wieder ganz mutig: «Generell lässt sich feststellen, dass man die Frauen überwiegend in Berufen und Stellen mit zudienenden Funktionen vorfindet. Eine Reihe von Berufen wurden aus lohnpolitischen Gründen zu ‹Frauenberufen› gemacht, weil den männlichen Arbeitnehmern einfach mehr hätte bezahlt werden müssen.» (sic!) Die Regierung hielt weiter fest, dass der Initiativtext «Fragen von grösster Tragweite für Familie, Staat, Wirtschaft und Gesellschaft generell offen» lasse.

> In Berücksichtigung aller Umstände konnte die fünfköpfige Männerregierung deshalb der Gleichberechtigungsinitiative trotz aller Einsichten nicht zustimmen. «Einem wesentlich gekürzten Gegenentwurf könnten wir zustimmen».
> (Regierungsrat des Kantons Basel-Landschaft)

Sie gab sich die Antwort aber selbst: «Die heutige Familie als Urzelle des Staates soll nicht (noch mehr) gefährdet werden, sondern in ihrem heutigen Aufgabenbereich belassen oder gar gestärkt werden. Wir wollen keinen Zerfall der Familie.» In Berücksichtigung aller Umstände konnte die fünfköpfige Männerregierung deshalb der Initiative trotz aller Einsichten nicht zustimmen. «Einem wesentlich gekürzten Gegenentwurf könnten wir zustimmen».⁵

Das Gleichstellungsgesetz alias Lohngleichheitsgesetz

Z Zur Zeit der Einführung des Gleichstellungsartikels in der Bundesverfassung, der abgeschwächt und entgegen allen Widerständen in gemilderter Form 1981 eine Stimmenmehrheit fand, wussten politisch wache Frauen und Männer, dass der Verfassungsartikel die Gleichstellung noch nicht bringen, sondern erst Anlass zu zahlreichen notwendigen Gesetzesanpassungen sein würde. 1988 hat eine ExpertInnengruppe in einem umfassenden Bericht festgestellt, dass in der Schweiz *Lohndiskriminierungen* in erheblichem Ausmass zu verzeichnen seien. Je nach Art der Tätigkeit kann der Lohnunterschied bis 30% betragen.⁶ Zwar ging man in den letzten Jahren vermehrt dazu über, solche Lohnungleichheiten für *Arbeiterinnen* zuzugeben, allenfalls auch ungleiche Karrierechancen zu vermuten. Neueste Untersuchungen zeigen allerdings, dass die Lohnungleichheit auch an *Kaderstellen* eklatant ist. Dort nimmt sie mit der Hierarchiestufe sogar zu: Je höher die Funktion einer Frau ist, desto grösser wird der Lohnunterschied gemessen am Mann in gleicher Funktion. Eine Untersuchung des KV hat zudem gleiches für *kaufmännische Angestellte* eindeutig nachgewiesen. Damit wären denn auch *staatliche Stellen* betroffen, die bis anhin glaubten, dass ihre Besoldungssysteme geschlechtsneutral seien (zum Thema Arbeitsbewertung vgl. Aufsatz Nr. 14 von Inge Fehlbaum resp. zum Thema Lohngleichheitsprozesse Aufsatz Nr. 15 von Elisabeth Freivogel).

12 Das Gleichstellungsgesetz

Nicht nur von den ExpertInnen, auch im eidgenössischen Parlament wurde von Frauen mehrmals auf die Notwendigkeit eines Lohngleichheitsgesetzes hingewiesen. Die immer offensichtlicher werdende Ungeduld der Frauen hat den Bundesrat letztlich gezwungen, endlich aktiv zu werden und diesen Schritt in Richtung einer Verwirklichung des in der Verfassung garantierten Lohngleichheitsgrundsatzes zu tun. Am 18. Januar 1991 endlich legte er nicht nur eine, nein zwei Varianten von Gesetzen vor. Es ist zu vermuten, dass der Bundesrat halbherzig bei der Sache war und sich deshalb nicht auf einen Vorschlag einigen konnte. Im folgenden wird allerdings nur auf den Vorschlag eingegangen, der sinnvoll erscheint (vgl. die entsprechenden Gesetzesartikel im Anhang).

Die Reaktionen der Verbände, Parteien und Regierungen – wie vor zehn Jahren in ihrer grossen Mehrheit männlich – sind letztlich nicht überraschend (zu einer Auswertung der kantonalen Stellungnahmen vgl. Aufsatz Nr. 13 Gleichstellungsauftrag von Claudia Kaufmann). Diejenigen, welche die Gesetzesvorlage ablehnen, argumentieren wie gehabt. Stellvertretend für etliche andere sei deshalb nur ein typischer Satz aus der Vernehmlassung des Kantons Zürich zitiert: «Die Gleichstellung von Frau und Mann muss in erster Linie auf dem Weg von gesellschaftlichen Veränderungen und Umdenkungsprozessen bewirkt werden und nicht über in der Praxis unrealistische gesetzliche Regelungen, die zu noch mehr (noch mehr? MTK) Prozessen führen und den Anliegen der Frauen nur scheinbar entgegenkommen.»[7]

2

Wie lange noch müssen sich Frauen von Männern sagen lassen, was gut für sie ist? Welche Massnahmen kommen den Frauen tatsächlich entgegen, nebst dem Umdenkungsprozess, auf den wir schon so lange warten?

In der Tat hat es sich in den letzten 10 Jahren gezeigt, dass
- es äusserst schwierig ist, *Gleichwertigkeit* von bestimmten Tätigkeiten oder Arbeiten *nachzuweisen* in einem System, welches von Normen geprägt ist, die bis zum heutigen Tag in praktisch allen Lebensbereichen Männernormen sind
- auf Lohngleichheit klagende Frauen keinen *Kündigungsschutz* geniessen
- die Angst der klagenden Frau, beruflich isoliert und am Arbeitsplatz *soziale Nachteile* zu erfahren, enorm gross ist
- die Frauen das ganze *Prozessrisiko* selber tragen.

Damit der *Rechtsanspruch* auf gleichen Lohn für gleichwertige Arbeit tatsächlich auch im Einzelfall durchgesetzt werden kann, brauchen die Frauen nicht nur moralische Unterstützung und Massnahmen wie Förderung, Unterstützung und Empfehlungen bezüglich der Ausbildung und der Arbeitsbiografie, sondern vielmehr auch die rechtlichen Instrumente, die ihnen ermöglichen, eine erkannte Diskriminierung anzufechten.

Sollte ihnen das, wie im vorliegenden Gesetzesentwurf vorgesehen, gewährt werden, so ist die Schweiz damit nicht etwa führend, sondern sie erfüllt die *Minimalanforderungen*, die im *europäischen Wirtschaftsraum* gelten und in etwa dem «acquis communautaire» entsprechen.

Die wichtigsten Neuerungen

Im folgenden wird der Gesetzestext, so wie er vom Bundesrat in die Vernehmlassung geschickt wurde, erläutert und kommentiert. Es wird auch auf einzelne Massnahmen hingewiesen, welche die Wirksamkeit des Gesetzes noch verstärken könnten. Auf völlig unproblematische Artikel, welche auch von hartnäckigen Gegnern kaum bestritten werden können, wird nicht eingegangen, so z.B. auf die Vermittlungsstellen und Vermittlungsverfahren.

Zweck des Gesetzes und Geltungsbereich

Das Gesetz, auf welches die Frauen seit zehn Jahren warten, bezieht sich auf die Gleichstellung im Erwerbsleben. Es kann deshalb nicht den Anspruch erheben, eine umfassende Gleichstellungspolitik zu ersetzen, weder auf eidgenössischer, noch auf kantonaler, kommunaler oder betrieblicher Ebene.

Diskriminierungsverbot

Der Artikel zum Diskriminierungsverbot ist – leider nur bezogen auf das Erwerbsleben – umfassend: namentlich erwähnt werden Stellenausschreibung, Anstellung, Aufgabenzuteilung, Aus- und Weiterbildung, Beförderung, Entlöhnung und Entlassung. Abmachungen, die diesem Verbot widersprechen, sind nichtig. Dabei wird unter Diskriminierung nicht nur eine Benachteiligung aufgrund des Geschlechts verstanden, sondern auch eine Benachteiligung unter Berufung auf den Zivilstand oder die familiäre Situation. Der Verein Feministische Wissenschaft weist zu Recht darauf hin, dass in diesem Artikel der explizite Hinweis auf ein Verbot sexueller Belästigung am Arbeitsplatz fehlt. Die stillschweigende Annahme, sexuelle Belästigung falle unter ein allgemeines Diskriminierungsverbot, dürfte sich für manche Frau als Trugschluss erweisen. Wichtig ist der Absatz 3.3, der besagt, dass «Massnahmen zur Verwirklichung der tatsächlichen Gleichstellung keine Diskriminierung» darstellen. Diese Bestimmung ist für die Gleichstellungsbeauftragten sehr hilfreich, sehen sie sich doch immer wieder mit dem Vorwurf konfrontiert, ihre Massnahmen zugunsten der Frauen stellten eine Männerdiskriminierung dar. Solche Massnahmen sind jedenfalls gerechtfertigt und auch mit dem Gleichstellungsartikel in der Bundesverfassung durchaus vereinbar, solange in unserer Gesellschaft die Gleichstellung noch nicht realisiert ist; sie haben kompensatorischen Charakter und können dann aufgehoben werden, wenn den Frauen die gleichen Möglichkeiten offen stehen, ihr persönliches Leben zu gestalten und auf das öffentliche Leben gestaltend einzuwirken. Ach, Göttin der Morgenröte, könnten sie doch schon aufgehoben werden!

12 Das Gleichstellungsgesetz

In diesem Sinne kann auch die Forderung nach Quoten aufrecht erhalten werden, welche immer wieder als unnötig abqualifiziert werden. Quoten haben sich als effizientes Instrument erwiesen. Die Frage ist müssig, ob sie wohl deshalb so vehement bekämpft werden.

Klagerecht und Entschädigung

Eine diskriminierte Person kann auf Beseitigung, Unterlassung, Feststellung oder Schadenersatz klagen. Davon ausgenommen bleibt nach dem Vorschlag allerdings die Diskriminierung bei der Anstellung oder bei der Entlassung: in diesen Fällen kann nur auf Entschädigung geklagt werden.

Richtiger schiene es, wenn eine diskriminierte Person den nachweislich erlittenen Schaden und nicht nur eine Entschädigung einklagen könnte.

Die Aktion «Vertrauen in Frauen» unterstützte die Baselbieter Nationalratskandidatinnen 1991. Trotzdem konnten nur zwei, Angeline Fankhauser (SP) und Ruth Gonseth-Egenter (Grüne Baselbiet) den Zug nach Bern besteigen.

3

Umkehr der Beweislast

Die wenigen bisher durchgeführten Prozesse in Lohngleichheitsfällen haben gezeigt, dass die Beweisführung in diesen Fragen äusserst schwierig ist. Wie das eidgenössische Justiz- und Polizeidepartement in seinen erläuternden Bemerkungen schreibt, ist Beweislastumkehr «gerechtfertigt, weil sie eine tatsächliche Ungleichheit, die Konzentration der Beweismittel in den Händen des Arbeitgebers, korrigiert.» Eigentlich handelt es sich nicht um eine Beweislastumkehr, sondern um eine Beweislasterleichterung: die beschwerdeführende Partei muss die Verletzung des Lohngleichheitsanspruchs nicht beweisen, sondern glaubhaft machen. Dabei entscheidet das Gericht zu ihren Gunsten, wenn die Gegenpartei nicht beweisen kann, dass der Anspruch nicht verletzt wurde. Es ist nicht einsichtig, weshalb die Beweislastumkehr im bundesrätlichen Vorschlag auf Lohnfragen beschränkt wird, nachdem die Konzentration der Beweismittel in den Händen der Arbeitgeber auch in Fragen der Beförderung, Aufgabenzuteilung und andern sensiblen Bereichen ebenso eindeutig ist. Die Ausdehnung der Beweislastumkehr auf alle Diskriminierungsklagen ist deshalb unabdingbar.

Verbandsklage und Verbandsbeschwerde

Vorgesehen ist lediglich eine Feststellungsklage durch eine Organisation, d.h. eine Frauen- oder Berufsorganisation kann im eigenen Namen, nicht im Namen einer betroffenen Person, feststellen lassen, dass der Lohngleichheitsanspruch verletzt ist. Will dann eine betroffene Person eine Leistung erreichen, so muss sie das über eine Individualklage versuchen. Die Verbandsklage bildet ein Kernstück des Gleichstellungsgesetzes und ist gleichzeitig ein heiss umstrittener Punkt. Dies ist kaum verständlich, da der Artikel nicht sehr weit geht und ausgebaut werden müsste. Zum einen sollte das Verbandsklagerecht genau wie die Beweislastumkehr auf sämtliche Diskriminierungen im Erwerbsleben erweitert werden. Zum andern müsste nicht nur eine Feststellungsklage, sondern auch eine Leistungsklage möglich sein. Erfahrungen auch in diesem Kanton haben gezeigt, dass viele Frauen selbst mit intensiver Unterstützung durch andere Frauen oder durch Organisationen selbst nicht in der Lage sind, eine Lohnklage durchzustehen. Dies dürfte auch für eine Leistungsklage der Fall sein. Es ist interessant zu wissen, dass der Kanton Basel-Landschaft in der Frage der Beweislastumkehr wie der Verbandsklage im Unterschied zu Basel-Stadt für eine Ausdehnung auf alle Diskriminierungsfälle eingestanden ist.

> Die Verbandsklage bildet ein Kernstück des Gleichstellungsgesetzes und ist gleichzeitig ein heiss umstrittener Punkt.

Kündigungsschutz

Der vorgesehene Kündigungsschutz ist vage: Er bedeutet, dass bei Verfahren, die Lohnstreitigkeiten betreffen, eine Kündigung anfechtbar ist, wenn sie ohne begründeten Anlass ausgesprochen wird. Zudem gilt es, während der Schutzzeit Formvorschriften zu wahren.

Der Kündigungsschutz wäre weit sicherer, wenn eine Kündigung ohne begründeten Anlass nichtig wäre, anstatt nur anfechtbar. Auch der Kündigungsschutz müsste ausgedehnt werden auf alle Klagen, welche berufliche Diskriminierung betreffen. Darin sind sich sowohl die Frauenzentrale, die Beratende Kommission für Frauenfragen, das Büro für Gleichstellung wie auch die Regierung des Kantons Basel-Landschaft einig. Ohne Kündigungsschutz wird es nicht gelingen, die Lohngleichheit durchzusetzen.

Büro für Gleichstellung

Mit diesen Artikeln erhält das Eidgenössische Büro für Gleichstellung eine formelle gesetzliche Grundlage. Es erwachsen ihm daraus aber auch mehr und neue Aufgaben.

Daraus folgt, dass dem Büro grössere Mittel und mehr Kompetenzen zugebilligt werden müssen. Das Büro kann seinen Aufgaben nur nachkommen, wenn es auch unabhängig Untersuchungen durchführen und entsprechend verfügen kann. Seine Aufgabe ist es letztlich, ein Änderung von bestehenden Ungleichstellungen und Ungleichgewichten zu erreichen. Dies hat zwangsläufig zur Folge, dass seine Arbeit auf Widerstand stösst.

Der Spatz in der Hand

Zusammenfassend kann gesagt werden, dass das Gleichstellungsgesetz, wie es im *Entwurf* vorliegt, *nicht so umfassend* ist, wie ich mir dies wünschte. Obwohl es sich nur auf die Berufswelt bezieht und da in weiten Teilen nur auf die Lohngleichheit, bedeutet es einen wichtigen Schritt zum Abbau massiver Diskriminierungen. Die Argumente, welche dagegen ins Feld geführt werden, sind genau dieselben, wie sie vor zehn Jahren gegen den Gleichstellungsartikel angebracht wurden. Sehr erfreulich ist es, dass diejenigen, die so argumentieren, an Zahl abgenommen haben: es sind die ewig *gleichen Patriarchen*, welche die Frauen ihr *Wohlwollen* spüren lassen und ihnen sagen, was nützt und was schadet: Frauen sollen noch etwas *Geduld* haben, dem gesellschaftlichen Wandel seine Zeit lassen und nicht überdrehen, das könnte sich kontraproduktiv auswirken – wir kennen das alles. Die «gesellschaftlichen Umdenkungsprozesse» sind zwar schön und gut und notwendig. Aber sie ernähren die Frau so schlecht. Und sie werden uns schon zu lange versprochen. Deshalb wollen wir *das Diskriminierungsverbot in allen Lebensbereichen*, das *Verbandsklagerecht*, den *Kündigungsschutz* und die *Beweislastumkehr*. Dann wird es uns schon gelingen, den Umdenkungsprozess ein bisschen zu beschleunigen...

> Obwohl das Gleichstellungsgesetz sich nur auf die Berufswelt bezieht und da in weiten Teilen nur auf die Lohngleichheit, bedeutet es einen wichtigen Schritt zum Abbau massiver Diskriminierungen.

Anhang

Entwurf Dezember 1990

Ausschnitte aus dem
Bundesgesetz über die Gleichstellung von Frau und Mann

1. Abschnitt: Zweck und Geltungsbereich

Artikel 1
1
Dieses Gesetz bezweckt die Förderung der tatsächlichen Gleichstellung von Frau und Mann insbesondere im Erwerbsleben.
2
Es gilt für privatrechtliche und öffentlich-rechtliche Arbeitsverhältnisse.

2. Abschnitt: Gleichstellung im Erwerbsleben

Artikel 2 Diskriminierungsverbot
1
Arbeitnehmerinnen und Arbeitnehmer dürfen aufgrund ihres Geschlechts weder direkt noch indirekt benachteiligt werden, namentlich nicht unter Berufung auf den Zivilstand oder auf die familiäre Situation. Das Geschlecht oder andere Kriterien, die geeignet sind, Personen des einen Geschlechts gegenüber dem andern zu benachteiligen, dürfen nur so weit berücksichtigt werden, als die Ausführung der Arbeit es erfordert.
2
Das Verbot direkter oder indirekter Diskriminierung gilt insbesondere bei der Stellenausschreibung, Anstellung, Aufgabenzuteilung, Aus- und Weiterbildung, Beförderung, Entlöhnung und Entlassung. Abreden, die diesem Verbot entgegenstehen, sind nichtig.
3
Massnahmen zur Verwirklichung der tatsächlichen Gleichstellung stellen keine Diskriminierung dar.

Artikel 3 Klagerecht
1
Die diskriminierte Person kann Beseitigung, Unterlassung und Feststellung der Diskriminierung sowie Schadenersatz verlangen. Wird sie bei der Anstellung oder der Entlassung diskriminiert, kann sie jedoch nur eine Entschädigung im Sinne von Artikel 336a des Obligationenrechts[2] geltend machen.
2
Wird die Person aufgrund ihres Geschlechts nicht angestellt, so muss sie die Entschädigung innert 180 Tagen geltend machen. Die Entschädigung wird nach dem voraussichtlichen Lohn berechnet.
3
Bei der Entlassung gilt das Verfahren nach Artikel 336b des Obligationenrechts.[3]
4
Artikel 9 dieses Gesetzes bleibt vorbehalten.

3. Abschnitt: Durchsetzung der Lohngleichheit

Artikel 7 Umkehr der Beweislast
Macht die klagende oder die beschwerdeführende Partei die Verletzung des Anspruchs auf Lohngleichheit glaubhaft, so entscheidet das Gericht zu ihren Gunsten, es sei denn, die Gegenpartei beweise, dass der Anspruch nicht verletzt worden ist.

Artikel 8 Verbandsklage und Verbandsbeschwerde

1
Frauen- und Berufsorganisationen, die nach ihren Statuten die Gleichstellung von Frau und Mann fördern oder die Interessen der Arbeitnehmerinnen und Arbeitnehmer schützen, können in eigenem Namen gerichtlich feststellen lassen, dass der Lohngleichheitsanspruch verletzt worden ist.

2
Für das Verfahren gelten die gleichen Grundsätze wie bei der Individualklage.

4. Abschnitt: Kündigungsschutz

Artikel 9

1
Während der Dauer des Vermittlungs-, Klage- oder Beschwerdeverfahrens und ein Jahr danach ist bei Streitigkeiten über die Lohngleichheit die Kündigung des Arbeitsverhältnisses durch den Arbeitgeber oder die Arbeitgeberin anfechtbar, wenn sie ohne begründeten Anlass ausgesprochen wird. Die Anfechtung muss bis zum Ende der Kündigungsfrist erfolgen.

2
Verzichtet die Arbeitnehmerin oder der Arbeitnehmer auf die Weiterführung des Arbeitsverhältnisses, so spricht ihr oder ihm das Gericht eine Entschädigung nach Artikel 336a des Obligationenrechts[4] zu.

3
Eine Kündigung während der Schutzzeit bedarf der schriftlichen Form und ist zu begründen.

6. Abschnitt: Büro für die Gleichstellung von Frau und Mann

Artikel 12 Aufgaben

1
Das Büro für die Gleichstellung von Frau und Mann (Büro) fördert die Gleichstellung von Frau und Mann in allen Lebensbereichen und setzt sich für die Beseitigung jeglicher Form direkter und indirekter Diskriminierung ein. Es ist dem Eidgenössischen Departement des Innern unterstellt.

2
Es entscheidet über die Ausrichtung von Finanzhilfen nach den Artikeln 10 und 11.

3
Es kann sich an Projekten von gesamtschweizerischer Bedeutung beteiligen, die seine Tätigkeit unterstützen.

2, 3 und 4: SR 220

Anmerkungen

1
Ketcher Kirsten, zit. in: Matefi Gabriella, Von Frauenrechten zu einem ganzheitlichen Frauenrecht, in: plädoyer 2/88.

2
BV Art. 4 Abs. 2: Mann und Frau sind gleichberechtigt. Das Gesetz sorgt für ihre Gleichstellung, vor allem in Familie, Ausbildung und Arbeit. Mann und Frau haben Anspruch auf gleichen Lohn für gleichwertige Arbeit.

3
Berner Regierungsrat, zit. in: Robert Leni, Die Frau in der Gesellschaft der Zukunft, Schriften der SAD, 20. März 1985.

4
Regierungsrat des Kantons Basel-Landschaft in seiner Stellungnahme vom 24. April 1987, zuhanden des Bundesrates.

5
Alle übrigen Zitate dieses Abschnittes ebenda.

6
Schlussbericht der Arbeitsgruppe «Lohngleichheit» des EJPD Lohngleichheit für Mann und Frau, EDMZ 1988.

7
Regierungsrat des Kantons Zürich in seiner Stellungnahme vom 10. Juli 1991, zuhanden des Bundesrates.

Bildnachweis

1
Foto Felix Gysin, Mikrofilmstelle StaBL

2
Karikatur Marie Marcks

3
Foto Peter Armbruster, Basel

Claudia Kaufmann,
Dr. iur., Bern, Leiterin
des Eidgenössischen Büros
für die Gleichstellung
von Frau und Mann

«Dass die Gleichstellung von Mann und Frau allmählich vom Kampf zur Selbstverständlichkeit wird»

Zum Selbstverständnis kantonaler Behörden bei der Umsetzung des Gleichstellungsauftrages

BV 4 II – eine neue Verpflichtung für die Kantone

«Mann und Frau sind gleichberechtigt. Das Gesetz sorgt für ihre Gleichstellung, vor allem in Familie, Ausbildung und Arbeit. Mann und Frau haben Anspruch auf gleichen Lohn für gleichwertige Arbeit.» Diese drei Sätze wurden in der Volksabstimmung vom 14. Juni 1981 als Art. 4 Abs. 2 in die Bundesverfassung aufgenommen; sie verpflichten nicht nur die Behörden des Bundes, sondern in gleichem Masse auch diejenigen der Kantone und der Gemeinden. Das Lohngleichheitsprinzip ist zudem auch in der Privatwirtschaft direkt anwend- und durchsetzbar.

Auch wenn BV 4 II neben dem Diskriminierungsverbot den expliziten Auftrag zur tatsächlichen Gleichstellung von Frau und Mann enthält, stand im Zeitpunkt seines Erlasses doch die rechtliche, formale Ebene der Gleichbehandlung, also die Rechtsgleichheit im Vordergrund. Nicht zufällig wurde der Bundesrat bei der Behandlung des Gleichstellungsartikels im Nationalrat mit einer Motion beauftragt, einen Katalog derjenigen Bundesnormen aufzustellen, die Frauen und Männer ungleich behandeln, und den Räten ein Programm zur Beseitigung der diskriminierenden Bestimmungen zu unterbreiten. Es sollte jedoch fünf Jahre dauern, bis dieses Rechtsetzungsprogramm publiziert werden konnte.[1] Während die Bundesbehörden an ihrem Diskriminierungs-Inventar, das immerhin rund 130 Seiten umfasst, arbeiteten, wurden die Kantone gebeten, ihrerseits über ihre Rechtslage zur Gleichbehandlung zu berichten. Diese Stellungnahmen geben einen aufschlussreichen Überblick über das damalige Verständnis und namentlich über das Selbstverständnis der Kantone in Sachen Gleichstellungspolitik. So bezieht sich z.B. der Regierungsrat des Kantons Basel-Landschaft in seiner Antwort auf eine detaillierte Studie, die neben rein rechtlichen Ungleichheiten auch faktisch existierende Barrieren und Hindernisse für Frauen aufzeigt.[2] Ohne grosse Bereitschaft, die darin vorgeschlagenen konkreten Massnahmen zu ergreifen, nahm der Regierungsrat eine eigene abschliessende Würdigung vor und hielt u.a. fest: «Zwar wurde auf die Durchführung eines speziellen Orientierungsseminars betreffend Weiterbildung für Frauen (spezifische Laufbahn- und Weiterbildungskurse für Frauen, C.K.) bewusst verzichtet, dies wäre doch wieder eine Ungleichbehandlung gewesen, doch haben die Frauen heute Zutritt zu allen Orientierungsseminarien dieser Art. Auch die Stelleninserate sind heute durchwegs geschlechtsneutral abgefasst, sofern nicht spezifisch nur ein männlicher oder weiblicher Adressat angesprochen wird. Was die Frauenvertretung in den Kommissionen betrifft, so wird sie nach Möglichkeit gefördert, der Rest liegt bei den Frauen selbst, die sich immerhin zur Verfügung stellen müssen, um teilzuhaben.»[3] Es ist wohl vor allem das auffallend geringe Problembewusstsein, das den Regierungsrat so optimistisch zum Schluss kommen lässt: «Zusammenfassend und abschliessend können wir feststellen, dass im Kanton Baselland die Gleichstellung von Mann und Frau rechtlich fast ganz und faktisch sehr weitgehend vollzogen ist, die Tendenz, die noch bestehenden Ungleichheiten in den beruflichen und gesellschaftlichen Möglichkeiten der beiden Geschlechter auszumerzen, augenfällig ist, und vor allem das Bewusstsein der Richtigkeit dieser Bestrebungen immer weitere Kreise ergreift, so dass die Gleichstellung von Mann und Frau allmählich vom Kampf zur Selbstverständlichkeit wird.»[4] Noch lehnte der Regierungsrat ein «Sondergesetz für die Gleichberechtigung der Frau» ab. Dies sei ein untaugliches Mittel.

«Zusammenfassend und abschliessend können wir feststellen, dass im Kanton Baselland die Gleichstellung von Mann und Frau rechtlich fast ganz und faktisch sehr weitgehend vollzogen ist, ... so dass die Gleichstellung von Mann und Frau allmählich vom Kampf zur Selbstverständlichkeit wird.» (Regierungsrat des Kantons Basel-Landschaft 1983)

Von der Rechtsgleichheit zur faktischen Chancengleichheit

Dass das Rechtsetzungsprogramm unerwartet lange auf sich warten liess, macht deutlich, wie schwer sich die Bundesverwaltung mit diesem Auftrag tat. Gleichzeitig erlaubte dieses zögerliche Vorgehen, die in den fünf Jahren seit Inkrafttreten des neuen Verfassungsartikels gesammelten Erfahrungen und Erkenntnisse in den Text mit einfliessen zu lassen. Die in der Frauenbewegung in den achtziger Jahren geführte rechtspolitische Diskussion wie auch namentlich die internationale Entwicklung der Gleichstellungspolitik konnten nicht mehr weiter übersehen werden: Im Rechtsetzungsprogramm hat der Bundesrat den Schritt von der Rechtsgleichheit zur anzustrebenden tatsächlichen Gleichstellung vollzogen und verweist darauf, BV 4 II habe insbesondere die Chancengleichheit der Geschlechter zu verwirklichen.[5] Zum ersten Mal werden in einem behördlichen Dokument die Möglichkeit und Zulässigkeit positiver Massnahmen erwähnt, und folgerichtig verweist das Programm zum Schluss auf Durchsetzungsorgane im Ausland, die als Teile der Verwaltung für die Realisierung der Gleichstellung zu sorgen haben.

Ein weiterer wichtiger Schritt in Richtung tatsächliche Gleichstellung war hiermit getan. Auf Bundesebene und in mehreren Kantonen setzte – wiederum auf Druck verschiedener Frauenorganisationen und dank Vorstössen von Parlamentarierinnen – eine Bewegung ein, die heute ihren Höhepunkt erreicht zu haben scheint und die wohl auch noch in den nächsten drei bis fünf Jahren anhalten wird: die Einrichtung von Gleichstellungsbüros. Das Büro für die Gleichstellung von Frau und Mann des Kantons Basel-Landschaft gehört hierbei zur ersten Generation, betrachten wir die Arbeit der Leiterin des jurassischen Büros, die ihre Tätigkeit rund zehn Jahre früher aufnahm, als «Pionierin hors concours». Auf kantonaler Ebene wurden Gleichstellungsbüros in Genf (1987), in Basel-Landschaft (1989), St. Gallen (1989, hier allerdings ausserhalb der kantonalen Verwaltung), in Zürich (1990), Bern (1990),

Postkarte zur Abstimmung «Gleiche Rechte für Mann und Frau», 13./14. Juni 1981

1

Neuenburg (1990) und Waadt (1991)[6] eröffnet. In andern Kantonen ist die Einrichtung der Büros bereits beschlossen (Zug, Basel-Stadt, Wallis) oder steht deren Konkretisierung kurz vor dem Abschluss (Luzern, Solothurn). In mehreren Kantonen sind Frauenorganisationen daran, den Büros zum Durchbruch zu verhelfen (Freiburg, Aargau).

Unterscheiden sich die einzelnen Gleichstellungsbüros je in ihrer Entstehungsgeschichte, rechtlichen Grundlage, personellen und finanziellen Ausgestaltung sowie ihren Kompetenzen, so haben sie einen gemeinsamen Hintergrund, der das gewandelte Gleichstellungsverständnis der Kantone deutlich macht:

– Die Verwirklichung der tatsächlichen Gleichstellung darf nicht auf die Gesetzgebung beschränkt werden. Die Aufhebung frauenbenachteiligender Rechtsnormen wie auch die rechtliche Verankerung von Gleichstellungs- und Frauenförderungsmassnahmen sind notwendige Voraussetzungen für eine Chancengleichheit der Geschlechter; ausreichend sind sie jedoch nicht. In den Kantonen ist das Bewusstsein gewachsen, dass – analog zum Ausland – staatliche Stellen mit der Umsetzung und Konkretisierung des Gleichstellungsauftrages betraut werden müssen. Dies impliziert auch die Überzeugung, dass der Staat selbst aktiv werden und eine offensive Gleichstellungspolitik verfolgen muss und es nicht dabei bewenden lassen kann, möglichst diskriminierungsfreie Rahmenbedingungen zu schaffen. Beim obengenannten Beispiel der Frauenvertretung in den Kommissionen bedeutet dies, dass sich die Stän-

13 Der Gleichstellungsauftrag

de nicht mehr – wie der Regierungsrat des Kantons Basel-Landschaft – mit dem Hinweis begnügen, die Frauen müssten sich eben zur Verfügung stellen, sondern nach den bestehenden strukturellen Hindernissen und den konkreten Möglichkeiten, sie zu beseitigen, fragen.

– Die Erfahrungen der letzten zehn Jahre haben deutlich gemacht, dass die Umsetzung des Verfassungsgebots eine Daueraufgabe ist, welche die Behörden in einem Schritt-für-Schritt-Prozess zugleich hartnäckig und geduldig anzugehen haben. Die Hoffnung, der angestrebte Bewusstseins- und Mentalitätswechsel verhelfe der Chancengleichheit zum Durchbruch und ihre Realisierung sei eine Frage der Zeit, hat sich endgültig zerschlagen. Im Gegenteil, je eingehender und differenzierter sich die Behörden mit dem Gleichbehandlungsauftrag auseinandersetzen, desto stärker wächst bei ihnen die Erkenntnis, wie wichtig und unverzichtbar eine eigene aktive Gleichstellungspolitik wird.

> Die Überzeugung wächst, dass der Staat selbst aktiv werden und eine offensive Gleichstellungspolitik verfolgen muss und es nicht dabei bewenden lassen kann, möglichst diskriminierungsfreie Rahmenbedingungen zu schaffen.

– Schliesslich werden auch verschiedene Kantone mit eigenem Gleichstellungsbüro ein Argument nicht ganz ausser acht gelassen haben, das für die Einrichtung der eidgenössischen Stelle von grosser Bedeutung war: lieber ein Gleichstellungsbüro als eine Gleichstellungs- bzw. Antidiskriminierungsgesetzgebung. Mit dem Entscheid für die neue Behörde – quasi als kleineres Übel – sollte für die Verwirklichung des Verfassungsauftrages die Notwendigkeit der verwaltungsinternen Umsetzung betont und der allfällige Bedarf einer Ausführungsgesetzgebung verneint werden. Im Gegensatz zu den meisten europäischen Ländern und zu den USA, wo jeweils die Spezialgesetzgebung Gleichstellungsbehörden und -kommissionen zur Durchsetzung und Kontrolle der eigenen Gesetzesvorschriften vorsieht, haben Bund und Kantone es bisher abgelehnt, BV 4 II auf Gesetzesstufe auszuführen.

Die Kantone haben durch die Arbeit der Gleichstellungsbüros erfahren, dass ein griffiges Engagement für die Chancengleichheit von Frau und Mann heute Spezialwissen und hohe Fachkompetenz erfordert, gleichzeitig aber die gesamte Verwaltung miteinbeziehen und einbinden muss. Den Frauen- und Gleichstellungsfragen wird somit in den Kantonen grössere Beachtung geschenkt, sie werden differenzierter und mit grösserem Sachwissen angegangen. Auswirkungen dieser Bemühungen lassen sich beispielsweise auch in offiziellen Dokumenten der Kantone, namentlich in Stellungnahmen und Vernehmlassungen finden, welche die wachsende Sensibilität widerspiegeln.

Ja zur tatsächlichen Gleichstellung mittels gesetzlicher Instrumente

Die Verwirklichung der Gleichstellung kann – auch bei grössten Anstrengungen und beim besten Willen der Büros – nicht allein über die Verstärkung der Verwaltungsstrukturen erreicht werden. Gerade griffige Kompetenzen und erfolgsversprechende Förderungsmassnahmen bedürfen oft gesetzlicher Grundlagen. Für den Bereich der Lohn- und Chancengleichheit im Berufsleben ist die Diskrepanz zwischen Verfassungsgebot und realem Frauenalltag immer noch so gross, dass eine

Verstärkung der Durchsetzung mittels gesetzlicher Instrumente sich auch in der Schweiz aufdrängt[7] und zum ersten Mal Chancen hat, von den Ständen akzeptiert zu werden. (Den Inhalt des Gleichstellungsgesetzes erläutert Marie-Thérèse Kuhn-Schleiniger in Aufsatz Nr. 12.)

Presseecho des Vernehmlassungsverfahrens zum Gleichstellungsgesetz

> **Egalité femmes-hommes**
> **BLICKPUNKT**
> NN Samstag, 29. Juni 1991 · Nr. 148
> Ende der Vernehmlassung des Gesetzesentwurfs für die Gleichstellung von Frau und Mann – Kanton Zug erklärt ihn für «untauglich»
> **4:1 für Gleichstellungsgesetz in der Zentralschweiz**
> Avant-projet de loi fédérale sur l'égalité entre hommes et femmes
> **Le Jura dit: «Mieux encore»**
> SCH
> EIGER Donnerstag, 25. Juli 1991
> **Will der Bund die Männer diskriminieren?**
> Nicht nur Zustimmung zum Entwurf für ein Gleichstellungsg

Das Vernehmlassungsverfahren zum Gleichstellungsgesetz, in dem die Kantone ihre Stellungnahme bis zum Juli 1991 abzugeben hatten, zeigt den jüngsten Gesinnungswandel der Kantone sehr deutlich: von den 26 Ständen sprechen sich 20 grundsätzlich positiv aus, nur 6 Kantone stehen der Spezialgesetzgebung skeptisch oder eindeutig ablehnend gegenüber: es sind dies Appenzell Innerrhoden, Graubünden, St. Gallen, Waadt, Zug und Zürich.

Bei den das Gesetz befürwortenden Kantonen lassen sich drei Gruppen erkennen: die erste, die sich mit gewissen Vorbehalten für ein Gleichstellungsgesetz ausspricht (Glarus, Schwyz, Uri und Freiburg); die zweite, die die vorgeschlagenen Massnahmen im grossen und ganzen gutheisst (die in der Regionalkonferenz der Nordwestschweiz zusammengeschlossenen Aargau, Basel-Landschaft, Basel-Stadt, Bern und Solothurn sowie Appenzell Ausserrhoden, Luzern, Nidwalden, Obwalden, Schaffhausen, Tessin, Thurgau und Wallis) sowie die dritte, die mit konkreten Vorschlägen den Gesetzesentwurf ausbauen und inhaltlich verstärken will (Jura, Neuenburg und Genf).

Die Argumente, die gegen die Gesetzesvorlage angeführt werden, sind sehr unterschiedlich, haben aber eines gemeinsam: sie führen alle zu einer generellen Ablehnung eines Gesetzes, das weder als notwendiges noch als taugliches Mittel zur Verwirklichung der Gleichstellung betrachtet wird. Immerhin behauptet kein Kanton, die Lohngleichheit sei heute bereits realisiert. Während Appenzell Innerrhoden erklärt, Gleichberechtigung und Lohngleichheit können nicht durch Zwang herbeigeführt werden[8], sind die vorgeschlagenen Massnahmen für St. Gallen «zu rigoros»[9]; für den

Kanton Waadt stehen neben dem von ihm abgelehnten Zwangscharakter diverser Vorschläge («nature coercitive»[10]) vor allem auch föderalistische Aspekte, die namentlich gegen die Einführung der Beweislastumkehr, den Ausbau des Kündigungsschutzes und die Einführung der Verbandsklage sprächen, im Vordergrund. Der Kanton Zug lehnt ebenfalls die genannten Verfahrenserleichterungen als «unverhältnismässig und verfehlt»[11] ab, der Ausbau des Kündigungsschutzes sei für Arbeitgeber und Arbeitnehmerin «unzumutbar»[12]. Der Gesetzesentwurf wird als «untauglich» bezeichnet, und der Regierungsrat gibt abschliessend seiner «Besorgnis Ausdruck, dass die vorgeschlagenen Massnahmen weit über das unbestrittene Ziel hinausgehen und sich letztlich kontraproduktiv auswirken könnten»[13].

Immerhin behauptet kein Kanton, die Lohngleichheit sei heute bereits realisiert.

Auch der Regierungsrat des Kantons Zürich bekennt sich in seiner Stellungnahme zur Notwendigkeit einer konsequenten Durchsetzung von BV 4 II, lehnt aber anschliessend praktisch das gesamte vorgeschlagene Instrumentarium als ungerechtfertigt und überflüssig ab. «Die Gleichstellung von Mann und Frau muss in erster Linie auf dem Wege von gesellschaftlichen Veränderungen und Umdenkungsprozessen bewirkt werden und nicht über in der Praxis unrealistische gesetzliche Regelungen, die zu noch mehr Prozessen führen und den Anliegen der Frauen nur scheinbar entgegenkommen»[14].

Von dieser Gruppe, die ausser dem Kanton Waadt ausschliesslich aus Deutschschweizer Kantonen besteht, haben immerhin drei ein Gleichstellungsbüro (St. Gallen, Waadt und Zürich), und im Kanton Zug hat der Regierungsrat dem versuchsweisen Einsetzen einer Frauenstelle vor der Redaktion seiner Stellungnahme zum Gleichstellungsgesetz zugestimmt.

Wenn nun hier der Eindruck aufkommen könnte, der Einfluss der Gleichstellungsbüros sei gering gewesen, so muss zweierlei bedacht werden. Zum einen haben die Büros St. Gallen und Zürich dem Bundesrat ihre eigene Vernehmlassung, die in allen Punkten von derjenigen ihrer Kantonsregierung wesentlich abweicht und in etwa denjenigen der Kantone Jura, Neuenburg und Genf entspricht, eingereicht. Damit ist es möglich geworden, die Ansichten der kantonalen Fachstellen zur Kenntnis zu nehmen. Zum andern bleibt daran zu erinnern, dass die St. Galler Frauenstelle nicht in die Verwaltung eingebettet ist und dadurch nicht die Möglichkeit hat, direkt an der Meinungsbildung des Regierungsrates zu partizipieren.

Unter denjenigen Kantonen, die das Gesetz, so wie es vorgeschlagen wird, grundsätzlich begrüssen, finden wir auch die Nordwestschweizer Kantone Aargau, Basel-Landschaft (der sich ja 1983 noch explizit gegen eine Spezialgesetzgebung ausgesprochen hat), Basel-Stadt, Bern und Solothurn. In ihrer gemeinsamen Stellungnahme finden wir an mehreren Orten eine Mehrheits- und eine Minderheitsmeinung. Werden Massnahmen als zu weitgehend abgelehnt, wie beispielsweise das allgemeine Diskriminierungsverbot, so stehen Basel-Stadt und Aargau – beides Kantone, die sich noch nicht auf die Erfahrung und das Sachwissen einer Frauenstelle beziehen können[15], hinter dieser Minderheitsmeinung. Gleich laufen die «Fraktionen» bei den vorgeschlagenen Verstärkungen des Gesetzes. Analog zu den Empfehlungen der verschiedenen kantonalen Gleichstellungsbüros sprechen sich jeweils Basel-Landschaft, Bern und Solothurn für eine Ausdehnung des Klage- und Beschwerdeverfah-

Kantonale Stellungnahmen
zum Gleichstellungsgesetz

● Gleichstellungsbüro eingerichtet

○ Gleichstellungsbüro beschlossen

○ Gleichstellungsbüro in Vorbereitung

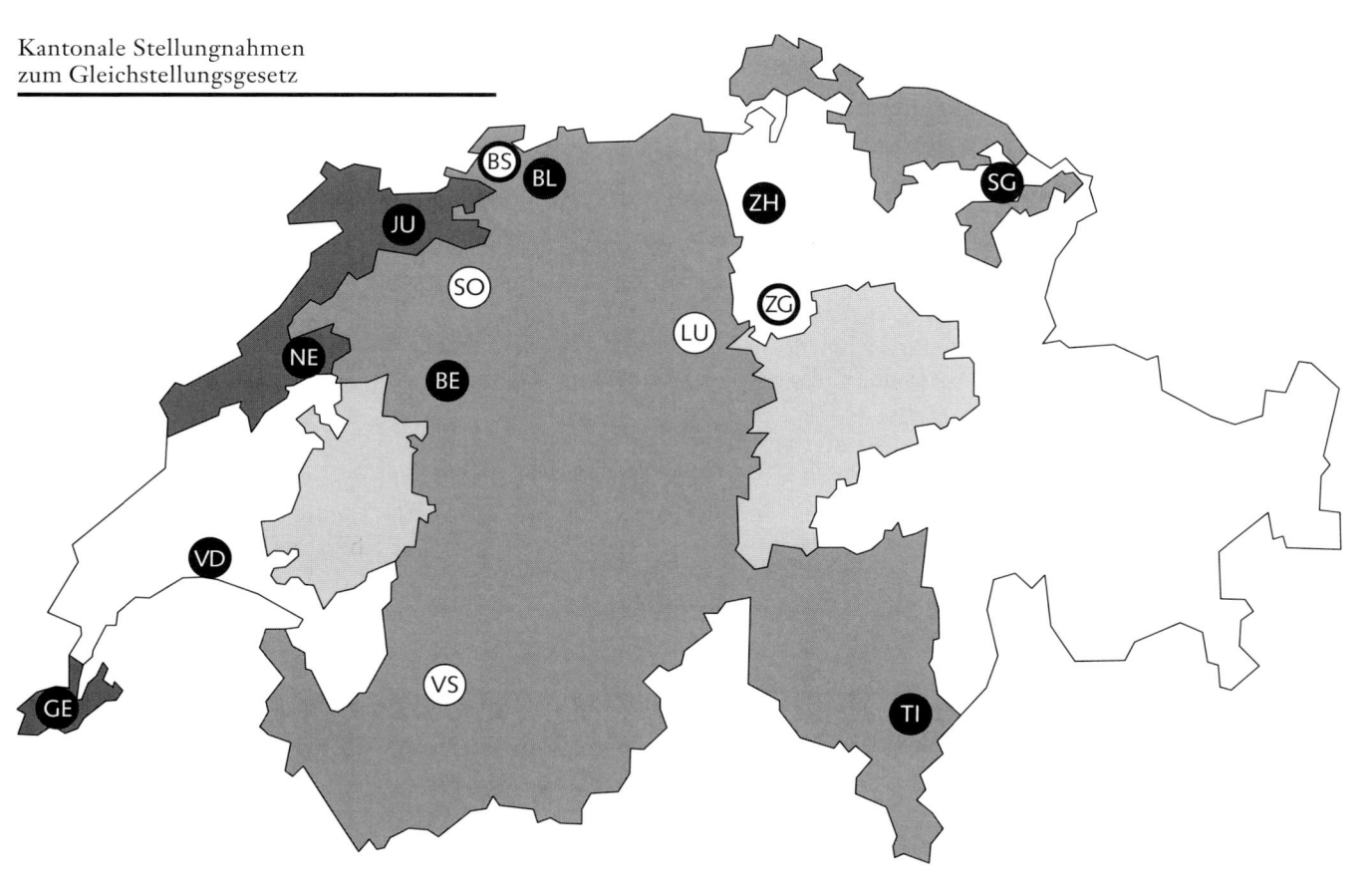

Noch mehr!

3 Kantone sind für einen Ausbau und die Verstärkung des Gleichstellungsgesetzes: Genf, Jura und Neuenburg.

Diese drei Kantone haben ein Gleichstellungsbüro.

Ja.

13 Kantone befürworten das Gleichstellungsgesetz: Aargau, Appenzell Ausserrhoden, Basel-Landschaft, Basel-Stadt, Bern, Luzern, Nidwalden, Obwalden, Schaffhausen, Solothurn, Tessin, Thurgau und Wallis.

In BL, BE und TI bestehen bereits Gleichstellungsbüros. In BS, LU, SO und VS sind Gleichstellungsbüros beschlossen oder kurz vor der Konkretisierung.

Ja, aber...

4 Kantone befürworten das Gesetz mit Vorbehalten: Freiburg, Glarus, Schwyz und Uri.

So nicht!

6 Kantone stehen dem Gesetz skeptisch oder ablehnend gegenüber: Appenzell Innerrhoden, Graubünden, St. Gallen, Waadt, Zug und Zürich.

Jedoch sind in SG, VD und ZH Gleichstellungsbüros tätig, die in ihren eigenen Stellungnahmen die Position «Noch mehr!» vertreten haben. In ZG ist ein Gleichstellungsbüro beschlossen.

rens, der Beweislastumkehr sowie der Verbandsklage auf alle Diskriminierungsformen im Erwerbsleben (und nicht nur für Lohnklagen), für die Nichtigkeit (und nicht nur Anfechtbarkeit) der unbegründeten Kündigung sowie für die Aufhebung der Streitwertgrenze von Fr. 20'000.– bei Lohnklagen aus. Die Gleichstellungsbüros Baselland und Bern haben neben der aktiven Mitarbeit an der Vernehmlassung der Nordwestschweizer Kantone auch je eine eigene Stellungnahme eingereicht, die denjenigen ihrer Kolleginnen der andern Kantone in allen wesentlichen Punkten entspricht.

Bei der Gruppe der drei Kantone, die das Gesetz verstärken und entsprechend anreichern möchten, fällt namentlich auf, dass in ihr drei Stände der Westschweiz vertreten sind und dass diese je ein Gleichstellungsbüro haben, das jeweils sehr stark an der Ausarbeitung der kantonalen Stellungnahme beteiligt war.

Unter denjenigen Kantonen, die das Gesetz, so wie es vorgeschlagen wird, grundsätzlich begrüssen, finden wir auch die Nordwestschweizer Kantone Aargau, Basel-Landschaft (der sich ja 1983 noch explizit gegen eine Spezialgesetzgebung ausgesprochen hat), Basel-Stadt, Bern und Solothurn.

Jura und Neuenburg gaben je zwei Stellungnahmen ab, eine der Regierung und eine des Gleichstellungsbüros, die sich inhaltlich in den wesentlichen Punkten decken, während in Genf das Gleichstellungsbüro auf eine eigene ausführliche Stellungnahme verzichtet hat, da es derjenigen der Kantonsregierung nur in einem Punkt[16] eine Verschärfung gegenüber dem Gesetzesentwurf beizufügen hat. Das offensive Gleichstelungsverständnis dieser drei Kantone wird auch daraus ersichtlich, dass sie alle auf ihre Ungeduld hinweisen, mit der sie eine schnelle Realisierung des Gesetzesprojekts erwarten.

Mit dem Verhältnis 20:6 stellt sich eine komfortable Mehrheit der Kantone hinter das Gleichstellungsgesetz. Es ist unbestreitbar, dass zu dieser erfreulichen Trendwende neben der Diskussion um den europäischen Integrationsprozess[17] die Gleichstellungsbüros (und kantonalen Frauenkommissionen[18]) das ihre beigetragen haben. Sie haben als zuständige Fachstellen den Standard aufgezeigt, an dem sich künftig eine ernstgemeinte, erfolgversprechende Gleichstellungspolitik messen lassen muss. Auch wenn sich (noch) einige Kantone mit den Konsequenzen, die aus der Arbeit ihrer Gleichstellungsbüros resultieren, schwer tun – das Vernehmlassungsverfahren zum Gleichstellungsgesetz macht Einfluss- und Wirkungsmöglichkeit der Büros deutlich.

In den zehn Jahren, in denen der Verfassungsauftrag zur Gleichbehandlung sowie zur tatsächlichen Gleichstellung und Chancengleichheit führen sollte, hat sich das Bewusstsein zur notwendigen aktiven Rolle der Kantone bei dessen Umsetzung stark entwickelt: Mehrere Etappen können bei diesem Prozess beobachtet werden, die teils fliessend ineinander übergehen und sich überlappen. So befinden wir uns heute mit dem Boom kantonaler Gleichstellungsbüros einerseits auf dem Höhepunkt der zweiten Phase, während anderseits die neue Bereitschaft einer grossen Mehrheit der Kantone, auch die Spezialgesetzgebung – zumindest auf Bundesebene – als Mittel zur Verwirklichung der Gleichstellung einzusetzen, bereits der dritten Etappe zuzurechnen ist.

Es muss in den nächsten Dekaden jedoch noch eine Vielzahl weiterer Schritte folgen, bis das Selbstverständnis der Kantone dazu führen wird, dass die Gleichstellung von Frau und Mann tatsächlich selbstverständlich und die Gleichstellungsbüros überflüssig werden.

Anmerkungen

1
Rechtsetzungsprogramm «Gleiche Rechte für Mann und Frau» vom 26. Februar 1986, Bundesblatt 1986 I 1144 ff.

2
Eine aufgrund eines Postulats «betreffend Verbesserung der Stellung der Frau im Kanton Baselland» 1979 eingesetzte Arbeitsgruppe hatte Mitte 1981 eine detaillierte Studie vorgelegt.

3
Stellungnahme des Regierungsrates des Kantons Basel-Landschaft vom 27. September 1983, in: Beilage 2 zum Rechtsetzungsprogramm «Gleiche Rechte für Mann und Frau», Stellungnahmen der Kantonsregierungen zur Umfrage des EJPD über die Ungleichheiten im kantonalen Recht im Wortlaut, Bern 25. Februar 1986, S. 244.

4
Ebenda, S. 244/245.

5
Bundesblatt 1986 I 1151.

6
Im Kanton Tessin nahm Mitte 1991 eine Delegierte für Frauenfragen, die der Staatskanzlei unterstellt ist, ihre Arbeit auf. Obwohl das Parlament die Einrichtung eines Büros mit entsprechender Infrastruktur und Kompetenzen einstimmig verabschiedet hatte, konnte sich der Vorsteher des Justizdepartements bei seinen Kollegen nicht durchsetzen; die Regierung entschied sich kurz vor den Wahlen im Frühling 1991, anstelle eines Büros eine Delegierte einzusetzen.

7
Die meisten der im Entwurf für ein Gleichstellungsgesetz vorgeschlagenen Massnahmen werden im Ausland seit Jahren angewandt und sind auch Teil der EG-Gleichstellungsgesetzgebung.

8
Protokoll der Standeskommission des Kantons Appenzell Innerrhoden vom 17. Juni 1991, S. 1.

9
Vernehmlassung des Landammann und Regierungsrats des Kantons St. Gallen vom 5. Juni 1991, S. 1.

10
Prise de position du Conseil d'Etat du Canton de Vaud vom 3. Juli 1991, S. 5.

11
Vernehmlassung des Regierungsrats des Kantons Zug vom 17. Juni 1991, S. 10.

12
Ebenda, S. 13.

13
Ebenda, S. 17.

14
Vernehmlassung des Regierungsrats des Kantons Zürich vom 10. Juli 1991, S. 3.

15
Der Basler Regierungsrat hat die Einführung der Frauenstelle – ähnlich wie der Kanton Zug – vor seiner hier diskutierten Vernehmlassung beschlossen. Es ist vorgesehen, dass das Büro im Frühjahr 1992 seine Arbeit aufnimmt.

16
Wie alle kantonalen Gleichstellungsbüros und verschiedene Frauenorganisationen spricht sich das Genfer Büro für die Nichtigkeit – und nicht nur Anfechtbarkeit – einer unbegründeten Kündigung aus.

17
Die beiden EG-Richtlinien 75/117/EWG und 76/207/EWG, verbindliche Normen zur Lohngleichheit und zur Chancengleichheit im Berufsleben enthalten, die heute vom schweizerischen Recht noch nicht abgedeckt werden, sind Teil des acquis communautaire.

18
Die Frauenkommissionen Basel-Stadt und Wallis, beide Konsultativorgane des Regierungsrates, haben eigene, den Gesetzesvorschlag sehr unterstützende Stellungnahmen verabschiedet. Im Wallis hat sich der Regierungsrat der Vernehmlassung der Kommission sogar angeschlossen und auf das Verfassen eines Begleitbriefes, in dem er einen Punkt vertieft, beschränkt.

Bildnachweis

1
Schweizerisches Sozialarchiv Zürich

Das Arbeitsbewertungssystem

1 4

Inge Fehlbaum, lic. rer. pol.,
Basel, Leiterin des Büros
für Gleichstellung von Frau
und Mann, Baselland

Diskriminierung durch die Hintertür
Wie objektiv sind analytische Arbeitsbewertungssysteme?

W Wer hat einen höheren Lohn verdient – die Sekretärin, umsichtige Organisatorin, geschickte Einfädlerin der zahlreichen Termine ihres Chefs, oder der Abteilungsleiter, der zwar eine höhere Ausbildung genossen hat, der auch mehr Verantwortung in seiner Linienfunktion hat, dessen Ferienabwesenheit möglicherweise aber weniger schmerzlich ist als diejenige der Sekretärin? Wer sollte besser bezahlt werden – die Kindergärtnerin, die eine Horde lauter, quirliger Kinder täglich aufs Neue unterhalten, trösten, besänftigen und so auf ihren ersten Schritten zum Leben in der Gemeinschaft begleiten muss, oder der Gymnasiallehrer, der einen anspruchsvollen Lehrstoff an oft unmotivierte, gelangweilte, über- oder unterforderte Schüler und Schülerinnen vermitteln muss? Wessen Arbeit ist mehr wert, diejenige des Bauarbeiters, der fähig sein muss, schwere Lasten zu heben und der dies nur mit vollem Einsatz seiner Körperkraft tun kann, oder die Kassierin an einer Ladenkasse, die zwar sehr leichte Dinge hebt, dies dafür aber unzählige Male am Tag und in immer gleicher Körperhaltung?

Die Antworten fallen schwer, sie müssen aber erfolgen, wenn dem Lohngleichheitssatz in der Bundesverfassung «Mann und Frau haben Anspruch auf gleichen Lohn für gleichwertige Arbeit» zur Durchsetzung verholfen werden soll.

Die Betriebswissenschaft hat verschiedene Verfahren entwickelt, die jede betriebliche Funktion nach dem gleichen Schema messbar macht. Dank dieser *Arbeitsbewertungsverfahren* ist der Vorgang der Lohnfestsetzung transparenter geworden, es besteht also eine Möglichkeit, die Ursachen der bestehenden Lohndifferenzen zwischen Frauen- und Männerlöhnen offenzulegen. Allerdings müssen wir uns bewusst sein, dass diese Verfahren selber Diskriminierungsquellen enthalten können. Vorsicht ist geboten, und eine Prüfung der Verfahren unter diesem Aspekt ist angezeigt.

Nachdem im Kanton Basel-Landschaft die Personalverbände im Jahr 1990 die Forderung nach Reallohnerhöhung gestellt hatten, setzte der Regierungsrat eine Arbeitsgruppe ein. Diese Arbeitsgruppe, unter der Leitung des Büros für Gleichstellung, hatte den Auftrag, die Arbeitsbewertung, mit welcher die Löhne der öffentlichen

14 Das Arbeitsbewertungssystem

Hand festgelegt werden, einer kritischen Prüfung zu unterziehen – unter Berücksichtigung der Frage: Enthält das Bewertungsschema Faktoren, die dazu führen, dass Frauenarbeit tendenziell schlechter bewertet wird? Die Ergebnisse dieser Prüfung sind im folgenden auszugsweise dargestellt.

Wie funktioniert die analytische Arbeitsbewertung?

M Mit der Arbeitsbewertung wird der *Anforderungsgrad* einer bestimmten Tätigkeit ermittelt. Das Rückgrat der Arbeitsbewertung besteht aus einem Merkmalskatalog, der eine eindeutige Bestimmung des Arbeitswertes verschiedener Tätigkeiten erlaubt. Die Hauptmerkmale

1. Grundanforderungen
2. Geistige Anforderungen
3. Charakterliche Anforderungen
4. Körperliche Anforderungen
5. Belastungen

werden wiederum in 18 Einzelkriterien aufgegliedert, die zum Teil auch untereinander vernetzt sind. Die Vernetzung zeigt das nachstehende Prinzipschema.

Prinzipschema Aufbau der Arbeitsbewertung im Kanton Baselland.

---

1. Grundanforderungen
(Masszahl = Dauer der Ausbildung bzw. zum Erwerb der Zusatzkenntnisse
  Schul- und Ausbildungskenntnisse
  Zusatzkenntnisse

2. Geistige Anforderungen
(Masszahl = jeweils verlangter Anforderungsgrad)
  Ausdrucksfähigkeit
  Geistige Fähigkeiten   } Geistige Beanspruchung

3. Charakterliche Anforderungen
(Masszahl = jeweils verlangter Anforderungsgrad)
  Durchsetzungsvermögen
  Takt
  Selbständigkeit   } Seelische Belastung } Exponiertheit
  Verantwortungsbewusstsein   Kritik
  Aufmerksamkeit

4. Körperliche Anforderungen
(Masszahl = jeweils verlangter Anforderungsgrad)
  Körperliche Geschicklichkeit
  Arbeitsvermögen (Körperliche Konstitution)   } Körperliche Beanspruchung
  Empfindungsvermögen   } Beanspruchung der Sinnesorga[ne]

5. Belastungen
  Umgebungseinflüsse
  Arbeitszeit

Die wichtigste Aufgabe der Arbeitsbewertung besteht in der Quantifizierung dieser Kriterien, *d.h. in der Umsetzung der verbalen Arbeitsbewertung in numerisch fassbare Punkteinheiten.* Als Hilfsmittel werden dazu zahlreiche Umrechnungstabellen verwendet. Sie sollen gewährleisten, dass Tätigkeiten, welche die gleichen Anforderungen (inkl. Belastungen) bedingen, denselben numerischen Arbeitswert erhalten. Ausschlaggebend für die Umsetzung der Kriterien in numerische Punkteinheiten ist die Gewichtung der einzelnen Merkmale. Je höher das Gewicht eines bestimmten Merkmals ist, umso stärkeren Einfluss hat dieses Merkmal auf den Gesamtarbeitswert dieser Funktion. So hat das Merkmal «Ausbildungskenntnisse» das höchste Gewicht aller Merkmale; eine Funktion, die eine lange Ausbildung erfordert, erreicht demnach einen hohen Arbeitswert (Beispiel: Chefarzt).

Arbeitsbewertungsmerkmale und Gewichtungstabelle des Lohnsystems Baselland.

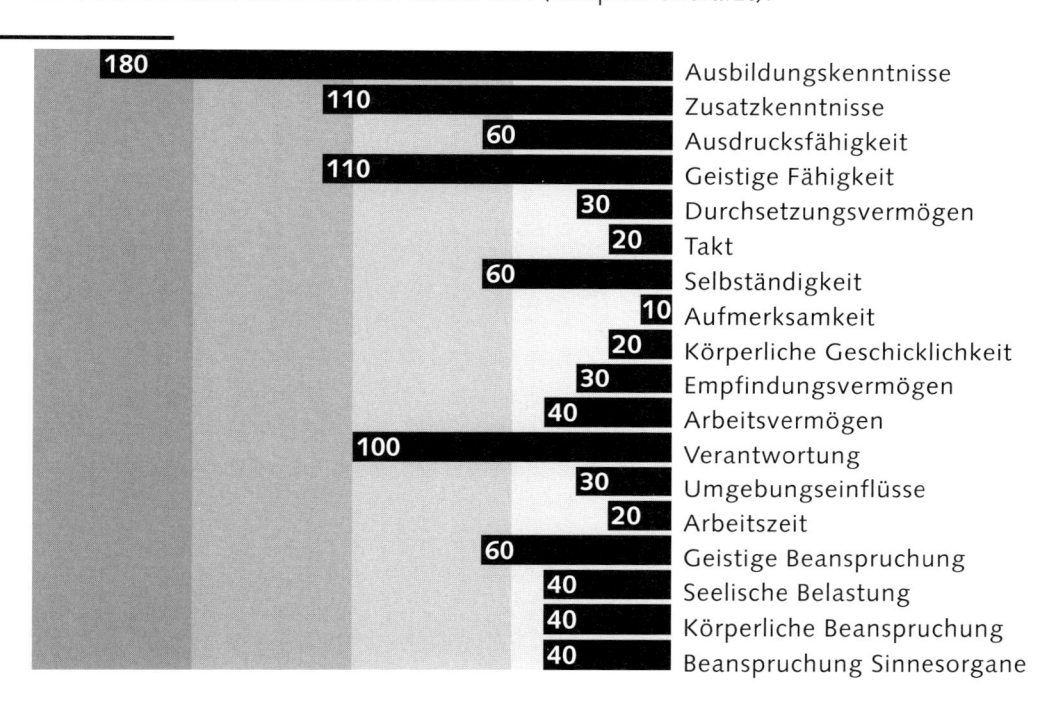

Gewicht	Merkmal
180	Ausbildungskenntnisse
110	Zusatzkenntnisse
60	Ausdrucksfähigkeit
110	Geistige Fähigkeit
30	Durchsetzungsvermögen
20	Takt
60	Selbständigkeit
10	Aufmerksamkeit
20	Körperliche Geschicklichkeit
30	Empfindungsvermögen
40	Arbeitsvermögen
100	Verantwortung
30	Umgebungseinflüsse
20	Arbeitszeit
60	Geistige Beanspruchung
40	Seelische Belastung
40	Körperliche Beanspruchung
40	Beanspruchung Sinnesorgane

Wo liegen nun die möglichen Diskriminierungsquellen im Bewertungssystem? Stark vereinfacht ausgedrückt können wir drei Hauptquellen der Benachteiligung von typischen Frauenberufen in der Bewertung definieren.[1]

Auswahl der Merkmale

3 Bereits die Auswahl der Merkmale enthält ein subjektives Werturteil, das Frauenberufe möglicherweise benachteiligt.

Die Frage ist: Sind Merkmale, die für weibliche Arbeitsplätze typisch sind, im Verfahren ausreichend berücksichtigt? Solche Merkmale könnten sein:
- Merkmale, die aus dem *Kontakt mit anderen* resultieren, wie *Zuwendung, Freundlichkeit, Takt, Geduld.*
- Merkmale, die beim Umgang mit *speziellen Personengruppen* (Kinder, Kranke, Alte, Behinderte) von Bedeutung sind; soziale Kompetenz, Erkennen von subtilen sozialen Signalen.

- Merkmale aus dem Bereich der *Konzentrations- und Aufmerksamkeitsleistungen*, wie *Wahrnehmung von Details, Anforderungen an das Kurzzeitgedächtnis, Wiederaufnahme einer Tätigkeit nach Unterbrechung* (beispielsweise durch Telefon).
- Merkmale aus dem Bereich *Geschicklichkeit*, wie *Körperbewegungen, Fingerfertigkeit, Auge-Hand-Koordination.*

Ein Vergleich obiger Merkmale, mit denjenigen in der Tabelle auf Seite 165 zeigt, dass eine Vielfalt von Merkmalen, die die typischen Frauenarbeitsplätze auszeichnen, in den gängigen Bewertungsverfahren nicht enthalten sind. *Frauen können dadurch, dass die Eigenschaften, die sie in ihren Berufen benötigen, als nicht existent taxiert werden, gar nicht auf eine genügend hohe Punktzahl bei der Bewertung kommen.*

Gewichtung der Merkmale

Auf die Bedeutung der Gewichte der einzelnen Merkmale haben wir oben schon hingewiesen. Es wird hier nochmals anhand der Merkmale «körperliche Geschicklichkeit» (typisches Merkmal für Frauenarbeitsplätze) und «körperliche Beanspruchung» (kommt gehäuft vor bei typischen Männertätigkeiten) gezeigt, wie sich mit der Gewichtung diskriminierende Elemente in die Arbeitsbewertung einschleichen.

Im untersuchten Bewertungsschema resultieren für die genannten Merkmale die folgenden Werte:

Körperliche Geschicklichkeit   gewichtet mit Faktor 20
Arbeitsvermögen   gewichtet mit Faktor 40
(körperliche Konstitution)

Dies bedeutet, dass auch bei sehr hohen Anforderungen an die Geschicklichkeit bei erhöhtem Arbeitstempo, wie insbesondere die Bildschirmarbeit oft verlangt, nur die halbe Punktzahl erreicht werden kann, im Vergleich zu einer schweren körperlichen Arbeit.

Durchführung der Arbeitsbewertung

Das beste Arbeitsbewertungssystem kann nur so gut sein, wie seine AnwenderInnen. Die bisher genannten Fehlerquellen liegen in der Systematik selber; grosse Schwierigkeiten und mögliche Ungerechtigkeiten liegen aber auch in der Anwendung des Systems. Welche Arbeitsplätze werden bewertet? Von wem werden sie bewertet? Waren die FunktionsinhaberInnen selber an der Bewertung beteiligt? Waren überhaupt Frauen an der Bewertung beteiligt oder in einer der Bewertungskommissionen vertreten? Im Kanton Basel-Landschaft hat keine Frau bei der analytischen Bewertung der Funktionen der öffentlichen Hand mitgewirkt. Es muss also angenommen werden, dass die mangelnde Lobby bei den typisch weiblichen Funktionen zu einer relativ schlechteren Einstufung der Frauenberufe geführt hat.

Ein Beispiel aus der Praxis

☽ Die Unzulänglichkeiten der analytischen Arbeitsbewertung oder jeglicher Bewertung überhaupt werden besonders deutlich, wenn wir versuchen, anhand von Funktionen, deren Arbeitsinhalt allgemein bekannt ist, die Bewertung nachzuvollziehen. Bereits die Auswahl eines solchen Exempels birgt Gefahren und wird nicht unwidersprochen bleiben. Welche typisch weibliche Funktion lässt sich überhaupt mit einer typisch männlichen Funktion vergleichen? Trotz dieser Schwierigkeiten wagen wir einen Vergleich: *Krankenschwester und Polizeimann.*

Merkmal	Untermerkmal	Bezeichnung	Polizeimann	Krankenschwester	Gewicht
A 1/2		Ausbildungskenntnisse	4	5	180
A 3		Zusatzkenntnisse	4	3.5	110
B 1		Ausdrucksfähigkeit	1.5	1.5	60
	B 1a)	mündlich			
	B 1b)	schriftlich			
	B 1c)	in anderer Form			
B 2/4		Geistige Fähigkeiten	2	2	110
	B 2	Logisches Denken			
	B 3	Schöpferisches Denken			
	B 4	Geistige Regsamkeit			
B 5		Durchsetzungsvermögen	2.5	2	30
B 7		Takt	3	3	20
	B 7a)	Einfühlungsvermögen			
	B 7b)	Selbstbeherrschung, Geduld			
	B 7c)	Umgangsformen			
B 8/9		Selbständigkeit	2.5	2	60
	B 8	Initiative, Unternehmergeist			
	B 8a)	Ausdauer, Beharrlichkeit			
	B 9	Entschlusskraft			
B 10		Aufmerksamkeit	3	2.5	10
C 1		Körperliche Geschicklichkeit	3	3.5	20
C 2		Empfindungsvermögen (Sinnesorgane)	3.5	3	30
C 3		Arbeitsvermögen (körperlich)	3	3	40
D 2		Umgangsbelastung	3	3	
E 1/7		Verantwortung	2	2	100
	E 1	Eigene Arbeitsausführung			
	E 2	Eigene Entscheide			
	E 3	Arbeitsablauf			
	E 4	Arbeit anderer			
	E 5	Betriebswerte			
	E 6	Sicherheit anderer			
	E 7	Eigene Weiterbildung			
F 1/2		Umgebungseinflüsse	3.5	2.5	30
H 1		Exponiertheit bzw. Kritik	2	2	
H 2		Arbeitszeit	2.5	3.5	20
L 1		Geistige Beanspruchung	2	2	60
L 2		Seelische Beanspruchung	2.5	2.5	40
L 3		Körperliche Beanspruchung	2	2.5	40
L 4		Beanspruchung der Sinnesorgane	2.5	2	40
		Lohnklasse	16	17	

14 Das Arbeitsbewertungssystem

Die Funktion Polizeimann kommt auf einen totalen Arbeitswert von 339 Punkten (= Lohnklasse 16); die Funktion Krankenschwester kommt auf einen Arbeitswert von 331 Punkten (= Lohnklasse 17), sie hat einen niedrigeren Grundlohn. Welche signifikanten Unterschiede bei den einzelnen Merkmalen sind anzufechten? Beim Merkmal «Durchsetzungsvermögen» liegt der Polizeimann mit Stufe 2,5 um einen halben Punkt höher als die Krankenschwester. Hier zeigt sich die Problematik der *subjektiven* Festlegung des Arbeitswertes. Was verstehen wir unter Durchsetzungsvermögen? Wird bei einer Krankenschwester weniger Durchsetzungsvermögen erwartet als bei einem Polizeimann? Ein weiterer Unterschied liegt beim Merkmal «Selbständigkeit». Auch hier liegt der Polizeimann um einen halben Punkt höher. Er arbeitet also selbständiger als die Krankenschwester. Stimmt das? Wie aufmerksam muss eine Krankenschwester sein? Ihr Arbeitswert beim Merkmal «Aufmerksamkeit» liegt jedenfalls um einen halben Punkt tiefer als derjenige des Polizeimanns. Auch das «Empfindungsvermögen» wird bei der Polizei offenbar mehr beansprucht als in der Kranken-

Der Polizist: Er leistet dieselbe körperliche Arbeit, seine Sinnesorgane sind mehr beansprucht als diejenige der Krankenschwester – gemäss Arbeitsbewertung.

1

pflege; entsprechend ist die Bewertung dieses Merkmals beim Polizeimann wieder um einen halben Punkt höher. Beim Merkmal «Arbeitsvermögen, körperlich» ist nicht einzusehen, weshalb Polizeimann und Krankenschwester die gleiche Stufe erreichen, obwohl eine Krankenschwester bekanntlich schwere körperliche Arbeit leistet (Heben von Patienten, Betten machen etc.). Diesem Umstand trägt lediglich das Merkmal «körperliche Beanspruchung» Rechnung. Hier kommt die Krankenschwester einen halben Punkt höher als der Polizeimann. Unverständlich ist auch, weshalb der Polizeimann bei Belastungsmerkmal «Beanspruchung der Sinnesorgane» einen um einen halben Punkt höheren Wert als die Krankenschwester erreicht. Gravierend und für den Gesamtarbeitswert ausschlaggebend werden die genannten Merkmalswerte durch die *unterschiedliche Gewichtung* der Merkmale. So hat in unserem Fall das Merkmal «Körperliche Geschicklichkeit» ein Gewicht von nur 20, während das Merkmal «Selbständigkeit» ein Gewicht von 60 hat. Es zeigt sich, dass der Krankenschwester ein höherer Arbeitswert beim Merkmal «körperliche Geschicklichkeit» relativ wenig bringt, wenn dieses Merkmal ein vergleichsweise niedriges Gewicht hat.

Die Auseinandersetzung mit der analytischen Arbeitsbewertung macht deutlich, wo die *Schwächen* des Systems liegen. Ein solches Schema gaukelt *Objektivität* vor. Da die Funktionen mittels der gleichen Merkmale bewertet werden, scheinen sie gerecht eingestuft zu sein. Allerdings täuscht die Komplexität des Systems darüber hinweg, dass die Stufenwerte rein *subjektive Werte* sind. Ebenso sind die Gewichtung und die Auswahl der Merkmale subjektiv. Die Arbeitsbewertung, auch

Die Krankenschwester: Laut Arbeitsbewertung braucht sie weniger Durchsetzungsvermögen und ist weniger selbständig und aufmerksam als der Polizist.

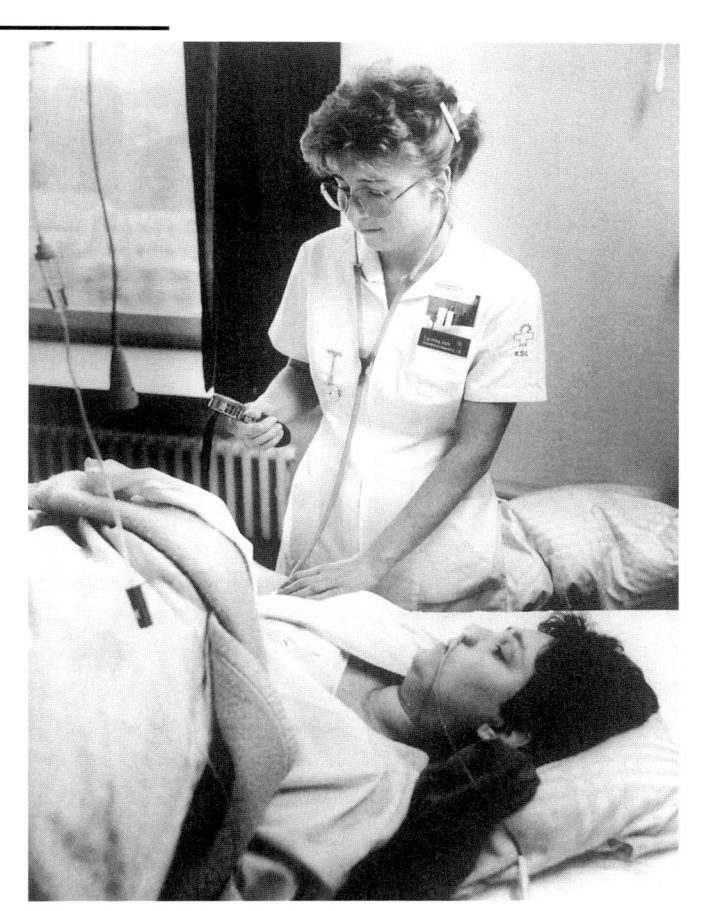

wenn sie analytisch mittels «wissenschaftlicher» Methoden erfolgt, ist also nichts anderes als ein Spiegelbild von allgemeinen gesellschaftlichen Normen und Wertschätzungen. Der Lohn wird deshalb auch immer dem gesellschaftlichen Wert der zu bewertenden Funktion entsprechen. Frauenberufe werden nur dann besser bezahlt werden, wenn sie eine gesellschaftliche Aufwertung erhalten. Es ist daher notwendig, dass die Verhandlungsposition der Frauen auf dem Arbeitsmarkt stärker wird. Dies ist möglich, wenn in bestimmten Frauenberufen Mangel an Arbeitskräften herrscht. Dies ist aber auch möglich, wenn durch gewisse infrastrukturelle Massnahmen (verbessertes Angebot an ausserhäuslicher Kinderbetreuung, Entlastung der Frauen bei der Arbeit im Haushalt etc.) die Frauen auf dem Arbeitsmarkt flexibler werden, d.h. wenn sie weniger an einen bestimmten Arbeitsplatz gebunden sind. Mit andern Worten: Es ist eine gesellschaftspolitische Aufgabe, Rahmenbedingungen zu schaffen, die den Frauen in den Lohnverhandlungen eine gleich starke Ausgangslage wie den Männern ermöglicht.

Die *Stärke* der analytischen Arbeitsbewertung liegt in der erhöhten *Transparenz* bei der Lohnfestlegung. Mit ihrer Hilfe ist klar nachvollziehbar, wie ein bestimmter Arbeitswert zustande kommt. Für grosse Unternehmen und Organisationen wird dieses Instrument zur Lohnfestsetzung auch in Zukunft noch benutzt werden. Es ist allerdings einer kritischen Prüfung im weiter oben beschriebenen Sinn zu unterziehen. Aus diesem Grunde hat auch die eingangs erwähnte Arbeitsgruppe der Baselbieter Regierung den Vorschlag gemacht, eine Besoldungsrevision unter Berücksichtigung der heutigen Erkenntnisse einzuleiten. Die Bewertungsschemata müssen stets an neue Gegebenheiten angepasst werden und den gesellschaftlichen Wandel mitmachen. Es geht nicht an, dass – wie dies in manchen Organisationen der Fall ist – Bewertungssysteme, welche vor mehr als zwanzig Jahren entwickelt wurden, die Grundlage für unsere heutigen Löhne bilden. Ausserdem gibt es bereits aufschlussreiche Lohngleichheitsprozesse (zum Thema Lohngleichheitsprozesse vgl. Aufsatz Nr. 15 von Elisabeth Freivogel) von Frauen, welche auf die Unzulänglichkeiten bestehender Bewertungssysteme aufmerksam machen; sie sind Anlass genug zum Handeln.

Anmerkungen

1
Vgl. hierzu auch Ulich et al., Gleicher Lohn für gleiche Arbeit, Forschungsbericht Nr. 2, 2. Januar 1988, im Auftrag des EJPD.

Literatur

Lohngleichheit für Mann und Frau, Schlussbericht der vom Eidgenössischen Justiz- und Polizeidepartement eingesetzten Arbeitsgruppe, Bern Oktober 1988.

Semmer Norbert, Arbeitsbewertung und Lohndiskriminierung. Referat gehalten im März 1991 vor Mitarbeiterinnen und Mitarbeitern der kantonalen Verwaltung Basel-Landschaft.

Kappel, H., Organisieren – Führen – Entlöhnen mit modernen Instrumenten. Handbuch der Funktionsbewertung und Mitarbeiterbewertung, Zürich 1986.

Bildernachweis

1 und 2
Foto Christian Roth,
Basellandschaftliche Zeitung, Liestal

Elisabeth Freivogel,
lic. iur. LL.M., Basel, Advokatin,
u.a. Vertreterin der Klägerinnen
in verschiedenen Lohngleichheitsprozessen

Gleicher Lohn für gleichwertige Arbeit

Erst seit 1981 (Inkraftsetzung Art. 4 Abs. 2 Bundesverfassung) hat jede in der Schweiz erwerbstätige Frau einen direkt einklagbaren Anspruch auf Bezahlung des gleichen Lohnes für gleichwertige Arbeit, sei sie nun von einem öffentlichen Arbeitgeber angestellt oder arbeite sie für eine private Firma. Der Anspruch besteht ausdrücklich nicht nur bei gleicher (identischer) Arbeit, sondern auch bei verschiedener, aber gleichwertiger Arbeit. Die Frage, ob das Geschlecht als ausschlaggebend für eine Ungleichbehandlung zu betrachten sei, war früher von den Anschauungen und Wertvorstellungen der Zeit abhängig; diese vermochten eine Ungleichheit in der rechtlichen Behandlung zu rechtfertigen (z.B. Verweigerung der Zulassung zur Advokatur gegenüber Dr. Emilie Kempin-Spyri, der ersten Schweizer Juristin, vgl. das Buch von Eveline Hasler, Die Wachsflügelfrau). Diesem Ansatz ist nun die Grundlage entzogen.

Geschlechtsspezifische Zuteilung von Arbeit

Die Garantie von gleichem Lohn für *gleichwertige* Arbeit ist von zentraler Bedeutung. Gleicher Lohn kann nur durchgesetzt werden, wenn eine Vergleichsposition gegeben ist, d.h. wenn die Arbeit einer Frau mit der Arbeit eines Mannes verglichen werden kann. Die systematische Zurücksetzung der Frau im Erwerbsleben hat aber zur Folge gehabt, dass der Arbeitsmarkt praktisch vollständig geschlechtsspezifisch geteilt ist: Frauen machen Arbeit, die von Männern nicht verrichtet wird, und umgekehrt. Frauen sind überwiegend in wenigen beruflichen Betätigungen und hierarchisch auf den untersten Stufen konzentriert. Könnte nur die gleiche Arbeit verglichen werden, so könnte die Frage der Lohngerechtigkeit selten überprüft werden.

Lohndiskriminierung weist viele Facetten auf, die hier nicht abgehandelt werden können. Grundlegend sind jedoch *die geschlechtsspezifische Zuteilung von Arbeit* einerseits und die dadurch ermöglichte Minderbewertung von Frauenarbeit. Für die Beseitigung von Lohndiskriminierung ist es deshalb umso wichtiger, dass auch ungleiche Arbeiten miteinander verglichen und in bezug auf ihre Gleichwertigkeit beurteilt werden. Die Frage nach den Bemessungskriterien und Bewertungsmethoden der Gleichwertigkeit verschiedener Arbeit ist nicht leicht zu beantworten. Nichts-

15 Lohngleichheitsprozesse

Fabrikarbeit: getrennt nach Männer- und Frauenabteilung.

1

destotrotz entbindet dies im Streitfall die Behörden und insbesondere die Gerichte nicht davon, sich mit der Problematik konkret auseinanderzusetzen. Gerade um die Bewertung von Beschäftigungen zu erleichtern und das Erstellen von Lohnskalen zu ermöglichen, wurden vielfältige Methoden entwickelt. Vor allem im Hinblick auf die Beseitigung der geschlechtsspezifischen Lohndiskriminierung besteht ein erhebliches Interesse an Bewertungssystemen, mit denen personen- und damit auch geschlechtsunabhängige Umschreibungen von Arbeitsplätzen vorgenommen werden können. Allerdings ist unübersehbar, dass auch analytische Arbeitsplatzbewertungssysteme in sich meist noch diskriminatorisch sind: Sowohl die Auswahl der Entscheidungskriterien als auch die Gewichtung der einzelnen Kriterien im Gesamtrahmen und die eigentliche Bewertung der einzelnen Kriterien sind das Resultat einer Wertung (zur Arbeitsbewertung vgl. Aufsatz Nr. 14 von Inge Fehlbaum). Diese wiederum erfolgt nicht aufgrund konkreter, messbarer Angaben, sondern ist in hohem Masse abhängig von allgemeinen gesellschaftlichen Wertschätzungen und in besonderem Masse von den Wertungen der Personen, die in den Kommissionen sitzen, welche mit der Bewertung betraut sind. Sehr oft wird den ausgesprochen «männlichen» Kriterien mehr Gewicht zugemessen als jenen Kriterien, die als «weiblich» betrachtet werden. Die den Frauen zugeschriebenen Qualitäten (Geschicklichkeit, Fingerfertigkeit, Beziehungsfähigkeit, Exaktheit, Emotionalität etc.) oder der Schwierigkeitsgrad bestimmter weiblicher Tätigkeiten (beständige Aufmerksamkeit, ständig wiederkehrende Tätigkeiten, Betreuung/Pflege etc.) werden erwiesenermassen unterbewertet. Systematisch werden bestimmte Eigenschaften im Zusammenhang mit einer Tätigkeit als typisch weiblich eingestuft und damit zusammenhängend geringer bewertet als männliche Eigenschaften. Zudem werden praktisch immer die Umrechnungsfaktoren zur Festlegung der Lohnkurve mit dem Blick auf eine möglichst grosse Angleichung der Lohnkurve an

Für die Beseitigung von Lohndiskriminierung ist es deshalb umso wichtiger, dass auch ungleiche Arbeiten miteinander verglichen und in bezug auf ihre Gleichwertigkeit beurteilt werden.

die Marktverhältnisse festgelegt. Nun werden aber Frauenarbeit und weibliche Anforderungseigenschaften auf dem Arbeitsmarkt in notorischer Weise unterbewertet, und somit verschärfen die freien Marktmechanismen gerade die Diskriminierung: Frauen sind auf dem Arbeitsmarkt meist «billiger» zu haben als Männer, und in den Bereichen, wo Frauenarbeit erwünscht ist, besteht meist ein Überangebot. Die Angleichung der Lohnkurve an die Marktverhältnisse zementiert somit die bestehende Lohndiskriminierung.

Lohndifferenzen zwischen Frauen und Männern

Allgemein werden Lohndifferenzen zwischen Frauen und Männern immer wieder mit dem Hinweis auf unterschiedliche Bildung, Ausbildung, berufliche Erfahrung, allgemeine Arbeitserfahrung, unterschiedliches Dienst- und Lebensalter sowie unterschiedliche Belastung etc. erklärt. Mittlerweile wurden jedoch Methoden entwickelt, die es erlauben, derart personenbezogene Merkmale auszusondern und zu quantifizieren und so empirisch zu untersuchen, ob die Lohndifferenzen tatsächlich damit erklärbar sind. Die Untersuchungen kommen zum Schluss, dass nur ein Bruchteil der Lohndifferenzen mit diesen personenbezogenen Merkmalen zu erklären ist, dass jedoch in jedem Falle ein erheblicher Anteil an den Lohndifferenzen sachlich unerklärbar bleibt und nur auf geschlechtsbedingte Diskriminierung zurückgeführt werden kann. Die Geschlechtertrennung in der Arbeit selbst, gekoppelt mit der Existenz eines doppelten Arbeitsmarktes, ist die Quelle des Problems der Lohndiskriminierung: *Die Frauenarbeit ist unterbewertet, weil sie von Frauen verrichtet wird.* Insbesondere drängt sich der Schluss auf, dass traditionelle Frauenberufe und generell Arbeiten, die traditionellerweise von Frauen verrichtet werden, allgemein in diskriminatorischer Weise unterbewertet sind und die Entlöhnung dem Lohngleichheitsgrundsatz widerspricht. Der Nachweis gegenwärtiger oder vergangener Arbeitstrennung entlang der Geschlechterlinie schafft die Vermutung der Lohndiskriminierung.

Diese Erkenntnisse sind für die Führung von Lohngleichheitsprozessen wichtig. Gleichzeitig dürfte aus den obigen Erörterungen klar geworden sein, dass komplexe Fragestellungen angegangen und vielschichtige Mechanismen durchschaut werden müssen. Es kann deshalb nicht erstaunen, dass die Erfahrung mit Lohngleichheitsprozessen in der Schweiz bis heute noch bescheiden ist. Die Lohnbemessungsgrundlagen sind häufig undurchsichtig, unbekannt, oder es existieren gar keine, d.h. die Lohnfestsetzung folgt gar keinem System. Über Löhne wird nicht gesprochen, das Lohngeheimnis ist noch weit verbreitet. Kompetente Fachstellen, die mit Arbeitsplatzbewertung und Diskriminierungsmechanismen vertraut sind, die anstehenden Fragen beurteilen und die Frauen beraten könnten, fehlen weitgehend. Das notwendige juristische Fachwissen ist noch kaum verbreitet. Für die Abklärung notwendige Unterlagen und Kenntnisse liegen beim Arbeitgeber und können (ausser im Prozess über die Gerichte) nicht erhältlich gemacht werden. Aussergerichtliche Abklärungs- und Vermittlungsverfahren mit Akteneinsichtsrecht existieren noch nicht. Lohnbemessung ist nicht transparent, und der Wille zur Offenlegung besteht kaum. Auch die Gerichte sind mit der Materie noch nicht vertraut. Im Prozess sind meist umfangreiche Abklärungen, Rechtsschriften und Gutachten notwendig. Die Prozesse sind aufwendig, der Ausgang schlecht einschätzbar und das Prozessrisiko (auch aufgrund weitgehend fehlender Gerichtspraxis) gross. Die Prozesse dauern lange. Einzelne Frauen verfügen meist weder über die Kraft noch über die Finanzen noch über das Durchhaltevermögen noch über die Zeit noch den Zugang zum notwendigen Fachwissen und zu den Fachpersonen, um derartige Prozesse durchzustehen. Sie sind deshalb dringend auf kollektive Unterstützung angewiesen, beispielsweise von Berufsverbänden oder Gewerkschaften. Sie sind jedoch schlecht organisiert und gehören häufig keinem Verband an. Verbände und Gewerkschaften sind ihrerseits männerdominiert und Frauenanliegen gegenüber wenig aufgeschlossen. Es wird um die Privilegien anderer (sprich: männlicher) Verbandsmitglieder gebangt, und es treten Interessenskonflikte auf. Die Unterstützung muss von den Frauen auch innerhalb des Verbandes zuerst erkämpft werden.

> Lohnbemessung ist nicht transparent, und der Wille zur Offenlegung besteht kaum. Auch die Gerichte sind mit der Materie noch nicht vertraut.

Ein Beispiel: der Lohngleichheitsprozess von Basler Kindergärtnerinnen, Hauswirtschaftslehrerinnen und Handarbeitslehrerinnen

N Nachfolgend wird der mühsame Weg anhand eines konkreten Beispiels dargestellt. Es handelt sich um den Lohngleichheitsprozess von Kindergärtnerinnen, Hauswirtschaftslehrerinnen und Handarbeitslehrerinnen im Kanton Basel-Stadt. Diese Berufsgruppen haben in mehreren Schweizer Kantonen begonnen, sich zur Wehr zu setzen. Die Baslerinnen haben hier Pionierarbeit geleistet, welche glücklicherweise von den Frauen in anderen Kantonen mit Vehemenz genutzt wird. *Auch im Kanton Baselland sind entsprechende Vorstösse hängig.* Beispielsweise verlangen die Kindergärtnerinnen, unterstützt vom Verband des Personals öffentlicher Dienste (VPOD), eine höhere Lohneinstufung (Eingabe an den Regierungsrat des Kantons Baselland vom 27. August 1990). Die Situation ist vergleichbar mit Basel-Stadt. In Baselland sind die Kindergärtnerinnen zwar von den einzelnen Gemeinden angestellt. Ihre Besoldung stützt sich aber auf die Regierungsratsverordnung über die Lehrkräftefunktionen vom 16. Mai 1982 und auf die Ämterklassifikation. Die meisten Kindergärtnerinnen im

Kanton sind in der Lohnklasse 18 eingereiht. Der Ämterklassifikation liegt ein Bewertungssystem zugrunde, welches mit dem baselstädtischen fast identisch ist. Es erscheinen dieselben Merkmale, welche einer Bewertung unterzogen werden. In beiden Kantonen werden die Kindergärtnerinnen in diesen Merkmalen in einer Art und Weise bewertet, dass von einer «*Leichtlohngruppe bei den Lehrberufen*» gesprochen werden muss.

Bezeichnung	Oberlehrer/-in	Primarlehrer/-in	Handarbeitslehrer/-in	Kindergärtner/-in
Ausbildungskenntnisse	11.5	7	6	5
Zusatzkenntnisse	5.5	4.5	3	3
Geistige Fähigkeiten	4	3	2.5	2.5
Ausdrucksfähigkeit	4.5	4	3	2.5
Verantwortungsbewusstsein	3	3	2.5	2.5
Selbständigkeit	3	3	2.5	2.5
Durchsetzungsvermögen	3	3	2.5	2
Takt	3.5	4	3	3.5
Arbeitsvermögen	1.5	1.5	1.5	1.5
Geschicklichkeit	1	2.5	3.5	3
Empfindungsvermögen	2.5	3.5	3	3.5
Geistige Beanspruchung	4	2.5	2.5	2
Seelische Belastung	3	3	2.5	2.5
Körperliche Beanspruchung	1	1.5	1.5	1.5
Beanspruchung der Sinnesorgane	2.5	3	3	3
Umgebungseinflüsse	0.5	1	1	1
Arbeitszeit	0.5	0.5	0.5	0.5
Lohnklasse	12	16	20	21

Bewertungsraster der Lehrkräfte Basel-Stadt: ein Vergleich.

Die Erfahrung der Kindergärtnerinnen Basel-Stadt

1 1981 setzt sich eine Arbeitsgruppe zusammen und studiert Bewertung und Einreihung der Kindergärtnerinnen. Die Frauen stellen fest, dass sie in Merkmalen wie Verantwortungsbewusstsein, Selbständigkeit, Durchsetzungsvermögen, Ausdrucksfähigkeit, seelischer Belastung, Takt, geistigen Fähigkeiten, geistiger Beanspruchung etc. weniger Punkte erhalten als andere Lehrkräfte. Ebenso stellen sie fest, dass diejenigen Merkmale, die vermehrt Frauen und damit Frauenberufen zugeschrieben werden, wie Einfühlungsvermögen, Takt, Geschicklichkeit, seelische Belastung, mit viel geringeren Umrechnungsfaktoren versehen sind als andere, so dass selbst dort, wo hohe Punktzahlen zugeordnet wurden, sich dies lohnmässig kaum auswirkt. Die Frauen gelangen an ihren Verband. Dieser setzt eine Kommission ein, die sich, wie sich herausstellte, grossenteils aus vehementen Gegnern einer Besserstellung dieser Berufe

15 Lohngleichheitsprozesse

Frauen – eine Randgruppe?
Lehrkörper
von Birsfelden 1917.

zusammensetzt. Aktionsunfähigkeit! 1984 wird eine neue Kommission eingesetzt. Ich werde beauftragt, die rechtlichen Möglichkeiten abzuklären. Ende 1985 beschliesst der Verband, die Kosten eines Prozesses zu übernehmen, und 19 Frauen beschliessen, im Verfahren als Klägerinnen aufzutreten.

3

Nun beginnt die eigentliche Arbeit. Die Geschichte der Lehrberufe und ihre Unterstellung unter ein einheitliches Schulgesetz wird eruiert. Die geschlechtsspezifische Zusammensetzung der verschiedenen Lehrkräftekategorien über die Jahre hinweg wird statistisch verfolgt. Die Zäsur im Bereich der Merkmalbewertung zwischen den drei reinen Frauenberufen und den übrigen Lehrkräftekategorien wird herausgearbeitet. Die Arbeit der drei Kategorien wird in bezug auf jedes als unsachgemäss bewertet erachtete Merkmal genau beschrieben und den anderen Kategorien gegenübergestellt. Es wird begründet, weswegen die unterschiedliche Bewertung sachfremd, ohne ersichtlichen sachlichen Grund ist. Die oben bereits erörterten Diskriminierungsmechanismen werden erläutert. Es wird argumentiert, dass die vorliegende Minderbewertung einzig mit derartiger Diskriminierung erklärt werden kann. Eine enge Zusammenarbeit zwischen mir als Anwältin und der Arbeitsgruppe ist unabdingbar: Die Berufskenntnis der Klägerinnen bildet die Grundlage der Arbeit an den Rechtsschriften. Im Sommer 1987 sind die Grundlagen soweit erarbeitet, dass die eigentliche Rechtsschrift entstehen kann. Am 27. Oktober 1987 wird sie dem Regierungsrat des Kantons Basel-Stadt eingereicht. Am 21. Juni 1988 wird die Forderung nach Höhereinstufung um zwei Lohnklassen vom Regierungsrat vollumfänglich abgewiesen. Zur Begründung wird im wesentlichen angeführt, dass der Lohngleichheitssatz nicht verletzt sei, da ein Kindergärtner gleich viel verdiene wie eine Kindergärtnerin. Die

Begründung geht somit offensichtlich an Inhalt und Bedeutung des Lohngleichheitssatzes der Bundesverfassung vollständig vorbei. Der Entscheid wird an das Verwaltungsgericht Basel-Stadt weitergezogen. Mehrfach muss das Gericht den Regierungsrat auffordern, die tatsächlich sich stellenden Fragen zu beantworten und nicht auszuweichen. Am 27. Juni 1990 wird das Urteil des Verwaltungsgerichtes Basel-Stadt vom 23. März 1990 zugestellt (zur Geschichte der Lehrerinnen im Kanton Baselland vgl. Aufsatz Nr. 4 von ruth haener). Die Klägerinnen bekommen in fünf von den acht angefochtenen Merkmalen Recht. Das Gericht stellt fest, dass keine sachlichen Gründe bestehen, die Klägerinnen in den Merkmalen «Verantwortungsbewusstsein, Selbständigkeit, Durchsetzungsvermögen, seelische Belastung und Takt» schlechter zu bewerten als andere Lehrkräfte und dass die Schlechterbewertung geschlechterdiskriminatorisch und damit verfassungswidrig sei. Bezüglich der Merkmale «geistige Fähigkeiten, geistige Beanspruchung und Ausdrucksfähigkeit» führt das Gericht die Schlechterbewertung im wesentlichen auf das unterschiedliche Alter der zu unterrichtenden Kinder zurück, was es als nicht offensichtlich sachfremd erachtet.

Trotz der teilweisen Gutheissung der Beschwerde lehnt das Gericht jedoch eine sofortige Korrektur der Lohneinstufung ab. Es ist der Meinung, dass es nicht Aufgabe des Gerichtes sei, in das Lohngesetz einzugreifen und dass die notwendige Korrektur vom Gesetzgeber bei der nächsten Lohngesetzrevision vorgenommen werden müsse. Dieser Ausgang war für mich offensichtlich unhaltbar. Die direkte und unmittelbare Durchsetzbarkeit des Lohngleichheitsanspruches als Individualrecht und die Nichtanwendung eines bundesverfassungswidrigen kantonalen Gesetzes in diesem Bereich war m.E. nicht anzuzweifeln. Ich war überzeugt, dass verfassungswidrige kantonale Gesetze ab sofort nicht mehr anzuwenden sind und ab sofort der Lohn zu bezahlen ist, der einer nichtdiskriminatorischen Bewertung und Einstufung entspricht.

Zu diesem Zeitpunkt waren aber die seitens des Verbandes zugesprochenen finanziellen Mittel erschöpft, und der Verband war nicht erpicht darauf, das Verfahren weiterzuführen. Er legte vorerst den Klägerinnen nahe, sich zufriedenzugeben und aufzuhören. Dazu waren die Klägerinnen glücklicherweise längst nicht mehr bereit. Sie entschlossen sich, weiterzumachen und nötigenfalls die Finanzen anderweitig zu beschaffen. Der Verband entschloss sich dann aber mitzuziehen.

Somit wurde das Verfahren an das Schweizerische Bundesgericht weitergezogen. Das Bundesgericht gab den Klägerinnen mit Urteil vom 31. Mai 1991 Recht und hob das Urteil des Verwaltungsgerichtes Basel-Stadt auf. Dies auf doppelter Grundlage: Einerseits hält das Bundesgericht unzweideutig fest, dass eine festgestellte Verletzung der Lohngleichheitsgarantie sofort zu beheben ist. Der Lohn, der bei verfassungskonformer Bemessung resultieren würde, ist sofort zuzusprechen. Andererseits wurde seitens des Bundesgerichtes die Verletzung des rechtlichen Gehörs der Klägerinnen festgestellt, indem entgegen ihrem Antrag (für die vom Verwaltungsgericht abgewiesenen Merkmale «Ausdrucksfähigkeit, geistige Fähigkeiten und geistige Beanspruchung») kein Expertengutachten eingeholt wurde. Das Verwaltungsgericht hatte diesem Antrag nicht stattgegeben, weil es sich selber in der Lage erachtete, diese Fragen zu beantworten. Diese Auffassung hält gemäss Bundesgericht einer Überprüfung nicht stand, da die geforderte Prüfung spezifische Fachkenntnisse voraussetzt, die ein Gericht nicht ohne weiteres hat.

> Das Bundesgericht hält unzweideutig fest, dass eine festgestellte Verletzung der Lohngleichheitsgarantie sofort zu beheben ist.

15 Lohngleichheitsprozesse

Die Klägerinnen
Beatrice Messerli und
Yolanda Pfaff mit
Anwältin Elisabeth Freivogel
vor dem Bundesgericht.

4

Das Verfahren liegt nunmehr wieder beim Verwaltungsgericht Basel-Stadt zur weiteren Behandlung gemäss Erörterungen des Bundesgerichts. Das Verwaltungsgericht wird ein Gutachten einholen und nach dessen Eingang wiederum entscheiden. In jedem Falle wird es den Lohn zusprechen müssen, der sich bei Aufhebung der festgestellten verfassungswidrigen Bewertung ergibt, ob bis dahin das Lohngesetz formell revidiert ist oder nicht.

Die Klägerinnen sind nach wie vor entschlossen – und aufgrund des bisherigen Erfolges auch ermutigt –, das Verfahren bis zum Ende durchzuziehen. Seit dem Erfolg beim Bundesgericht hat sich auch das «finanzielle Blatt» gewendet: es scheint, dass um die weitere Kostengutsprache nun nicht mehr gekämpft werden müsse. Einerseits hat der Verband, der das Verfahren von Anfang an finanziell getragen hat, den Grundsatzentscheid gefällt, es auch weiterhin zu tragen. Andererseits haben verschiedene andere Verbände ihre Bereitschaft bekundet, wenn nötig ebenfalls finanzielle Hilfe zu leisten. Bereits heute sind gewisse Erfolge durch die Hartnäckigkeit der Klägerinnen festzustellen: in zahlreichen Kantonen (und insbesondere in Basel-Stadt) werden bei Lohngesetz- und Besoldungsrevisionen die speziellen Frauenberufe wie Kindergärtnerin, Hauswirtschaftslehrerin, Handarbeitslehrerin, aber auch das gesamte Gebiet der Pflegeberufe, mit besonderer Aufmerksamkeit unter dem Gesichtspunkt der Lohngleichheit neu bewertet.

Literatur

Lohngleichheit für Mann und Frau, Schlussbericht der vom Eidgenössischen Justiz- und Polizeidepartement eingesetzten Arbeitsgruppe «Lohngleichheit», Oktober 1988 sowie die einzelnen diesem Schlussbericht zugrunde liegenden Forschungsberichte, nämlich

– Forschungsbericht Nr. 1, Kugler Peter, Lohndiskriminierung in der Schweiz: Evidenz von Mikrodaten.

– Forschungsbericht Nr. 2.1, Baitsch Christoph/Mussmann Carin/Ulich Eberhard, Arbeitspsychologische Überlegungen.

– Forschungsbericht Nr. 2.2, Baitsch/Mussmann/Ulich, Arbeitspsychologische Untersuchungen.

– Forschungsbericht Nr. 3.1, Ley Katharina/Dünki Marianne, Durchsetzung des Lohngleichheitsgrundsatzes, Befragungen zur tatsächlichen Durchsetzung.

– Forschungsbericht Nr. 3.2, Ley/Dünki, Rechtsmeinungen und Klageverhalten von Frauen.

– Forschungsbericht Nr. 4.1, Linder Wolf/Rochat Agnes/Brendow Marc, Gestaltung des rechtlichen Instrumentariums, Analyse und Vergleich ausländischer Implementationserfahrungen zur Lohngleichheit von Mann und Frau.

– Forschungsbericht Nr. 4.2, Linder/Rochat/Brendow, Gestaltung des rechtlichen Instrumentariums, die Wirksamkeit einzelner Instrumente und Möglichkeiten der Übertragung auf die Schweiz.

– Annex zu den Forschungsberichten 4.1 und 4.2, Gesetzestexte zur Frauen-Gleichstellung.

Bericht der Eidgenössischen Kommission für Frauenfragen 1979, Die Stellung der Frau in der Schweiz, Erster Teil: Gesellschaft und Wirtschaft; und Teil IV: Frauen und Politik, insbesondere Kaufmann Claudia, Massnahmen zur Gleichstellung von Mann und Frau.

Frauenfragen, herausgegeben von der Eidgenössischen Kommission für Frauenfragen, insbesondere:

– Köhler Strasser Andrea, Die Kindergärtnerin ist ein Frauenberuf. Wird auch einer bleiben?, in F 2/91 S. 36 ff.

– Freivogel Elisabeth, Lohngleichheitsprozesse in der Praxis. Schwierigkeiten und Folgerungen, in F 1/91 S. 11 ff.

von Roten Iris, Frauen im Laufgitter, Erstauflage Verlag Hallwag Bern, 1958, Zweite Auflage eFeF Verlag Zürich 1991.

Mahrer Isabell, Gleicher Lohn für gleichwertige Arbeit, Zürich 1983.

Reis Hans, Die Lohndifferenzen zwischen Männern und Frauen in der Schweiz: Eine empirische Untersuchung unter besonderer Berücksichtigung des Postulats gleicher Lohn für gleiche Arbeit, Bern 1985.

Lewin Ralph, Arbeitsmarktsegmentierung und Lohnstruktur. Theoretische Ansätze und Hauptergebnisse einer Überprüfung am Beispiel der Schweiz, Basler Sozialökonomische Studien, Zürich 1982.

Blau Francine D./Färber Marianne A., The Economics of Women, Men and Work, Prentice-Hall (New Jersey) 1986.

Bildnachweis

1
Kantonsmuseum Basisland, Liestal

2
Karikatur von Marie Marcks

3
Ortsmuseum Birsfelden

4
Yolanda Pfaff, Basel